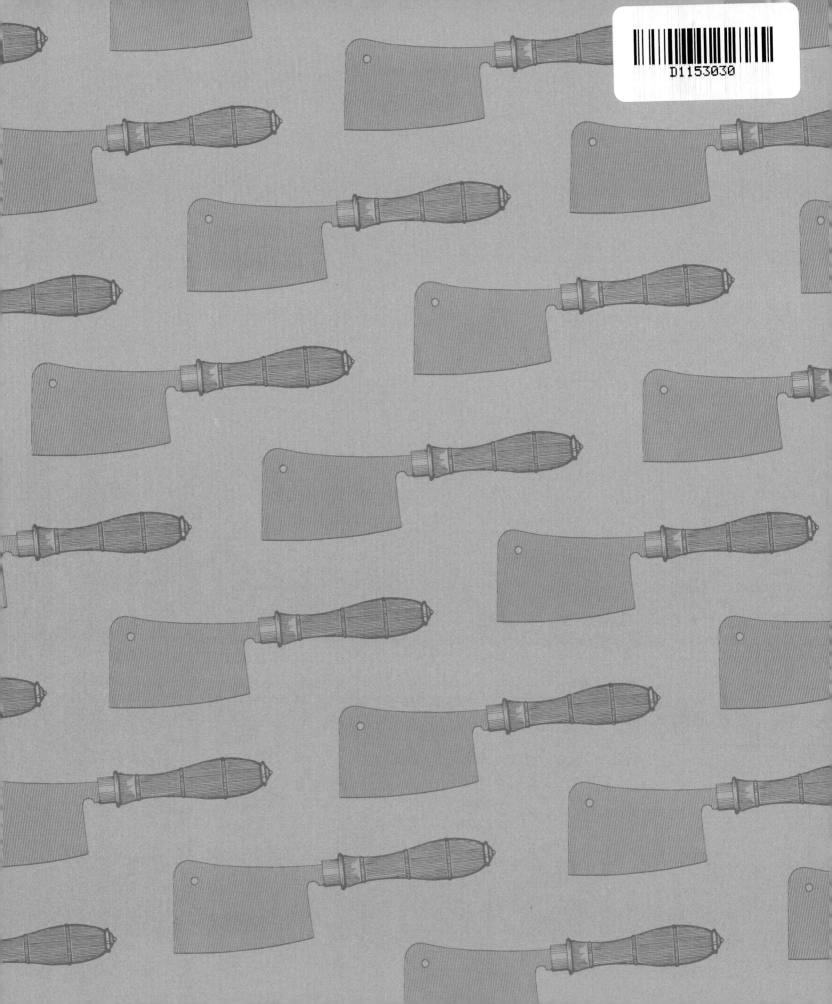

Le Porc

par
LES RÉDACTEURS DES ÉDITIONS TIME-LIFE

ÉDITIONS TIME-LIFE ● AMSTERDAM

TIME-LIFE BOOKS
DIRECTRICE DES PUBLICATIONS POUR L'EUROPE: Kit van Tulleken
Directrice adjointe: Gillian Moore
Responsable de la conception artistique: Ed. Skyner
Responsable du service photographique: Pamela Marke
Responsable de la documentation: Vanessa Kramer
Responsable de la révision des textes: Ilse Gray

CUISINER MIEUX
Rédacteur en chef: Alan Lothian
Coordination: Liz Timothy
Chef maquettiste: Rick Bowring

COMITÉ DE RÉDACTION POUR LE PORC
Rédacteur: Tony Allan
Responsable de l'Anthologie: Markie Benet
Rédaction: Gillian Boucher, Jay Ferguson,
Mary Harron, Thom Henvey
Maquette: Mary Staples, Cherry Doyle
Documentation: Eleanor Lines
Assistante de fabrication: Katie Lloyd
Droits étrangers: Mary-Claire Hailey
Assistante de rédaction: Molly Sutherland

CHARGÉS DE LA RÉALISATION DES OUVRAGES
Responsable de la coordination: Ellen Brush
Responsable de la qualité: Douglas Whitworth
Circulation: Pat Boag, Joanne Holland
Iconographie: Philip Garner
Département artistique: Julia West
Service de la rédaction: Anetha Besidonne,
Debra Dick, Margaret Hall

SECRÉTARIAT DE RÉDACTION POUR L'ÉDITION FRANÇAISE
Michèle Le Baube, Cécile Dogniez,
Nouchka Pathé
Avec la collaboration de Laurence Giaume

Traduit de l'anglais par Geneviève Blondy-Mauchand,
Simone Guiraud et Danièle Bonan-Laufer

ISBN 2-7344-0356-0

LES MONDES ENCHANTÉS
PEUPLES ET NATIONS
L'ENCYCLOPÉDIE TIME-LIFE DU BRICOLAGE
CLASSIQUES DE L'EXPLORATION
LA PLANÈTE TERRE
PEUPLES EN PÉRIL
LA CONQUÊTE DU CIEL
LA DEUXIÈME GUERRE MONDIALE
LA GRANDE AVENTURE DE LA MER
CUISINER MIEUX
L'ENCYCLOPÉDIE TIME-LIFE DU JARDINAGE
LE FAR WEST
LES GRANDES CITÉS
LES GRANDES ÉTENDUES SAUVAGES
LES ORIGINES DE L'HOMME
LIFE LA PHOTOGRAPHIE
TIME-LIFE LE MONDE DES ARTS
LES GRANDES ÉPOQUES DE L'HOMME
LIFE LE MONDE DES SCIENCES
LIFE LE MONDE VIVANT
LIFE DANS L'ESPACE
LE GRAND LIVRE DU BATEAU
LE GRAND LIVRE DE LA PHOTOGRAPHIE
LA GUERRE VUE PAR LIFE
LIFE À HOLLYWOOD
VU PAR LIFE

Couverture: Un rôti de porc dans le filet, désossé
puis farci à la sauge et à l'oignon, est ici découpé
en tranches bien nettes. Pour lui donner cet aspect
glacé *(chapitre 2),* on a fréquemment arrosé le
rôti avec son jus pendant la cuisson.

LE CONSEILLER PRINCIPAL:
Richard Olney, d'origine américaine, vit et travaille en France
depuis 1951, où il fait autorité en matière de gastronomie. Il est
l'auteur de *The French Menu Cookbook* et de *Simple French
Food* pour lequel il a reçu un prix. Il a également écrit de
nombreux articles pour des revues gastronomiques en France et
aux États-Unis, parmi lesquelles les célèbres *Cuisine et Vins de
France* et *La Revue du Vin de France.* Il a dirigé des cours de
cuisine en France et aux États-Unis et il est membre de plusieurs
associations gastronomiques et œnologiques très renommées,
entre autres L'Académie Internationale du vin, La Confrérie des
Chevaliers du Tastevin et La Commanderie du Bontemps de
Médoc et des Graves.

LES PHOTOGRAPHES:
Tom Belshaw est né près de Londres et a commencé à travailler dans le cinéma.
Possédant maintenant son propre studio à Londres, il s'est spécialisé dans les photos
culinaires et les natures mortes pour le compte de l'édition et de la publicité.
Alan Duns est né en 1943 dans le Nord de l'Angleterre et a suivi les cours de l'Ealing
School of Photography. Il a travaillé dans la publicité, mais s'est spécialisé dans la
photographie culinaire. Ses travaux ont paru dans d'importantes revues britanniques.

LES CONSEILLERS INTERNATIONAUX:
France: *Michel Lemonnier* collabore à *Cuisine et Vins de France* depuis 1960 et écrit
également dans plusieurs importants périodiques français spécialisés dans la
gastronomie. Cofondateur et vice-président de l'association Les Amitiés Gastronomiques
Internationales, il donne souvent des conférences sur le vin et est membre de la plupart
des Confréries et Académies viti-vinicoles de France et surtout de l'Académie
Internationale de Vin où il fut le parrain de Richard Olney. Il partage sa vie entre la
France et le Maroc. **Grande-Bretagne:** *Jane Grigson,* diplômée de l'université de
Cambridge, a grandi dans le Nord de l'Angleterre. Depuis la parution de son livre
Charcuterie and French Pork Cookery, en 1967, elle a publié un certain nombre
d'ouvrages culinaires, parmi lesquels *Good Things, English Food* et *Jane Grigson's
Vegetable Book.* Elle est correspondante de la rubrique gastronomique du supplément en
couleurs de l'*Observer* de Londres depuis 1968. *Alan Davidson* est l'auteur de *Fish and
Fish Dishes of Laos, Mediterranean Seafood* et *North Atlantic Seafood* et de l'*Oxford
Symposia* consacré à l'histoire de la cuisine. Il est le fondateur de *Prospect Books,*
publications érudites sur la gastronomie et l'art culinaire. **Allemagne fédérale:** *Jochen
Kuchenbecker* a une formation de chef cuisinier, mais a travaillé pendant dix ans comme
photographe culinaire dans plusieurs pays européens avant d'ouvrir son propre
restaurant à Hambourg. *Anne Brakemeier,* qui vit également à Hambourg, a écrit des
articles sur la cuisine dans de nombreux, périodiques allemands. Elle est coauteur de
trois livres de cuisine. **Italie:** *Massimo Alberini,* né à Padoue, est un écrivain gastronome
très connu et un journaliste qui s'intéresse plus particulièrement à l'histoire de la cuisine. Il
a écrit 18 ouvrages dont *4000 Anni a Tavola, 100 Ricete Storiche* et *La Tavola
all'Italiana.* **Pays-Bas:** *Hugh Jans* vit à Amsterdam où il traduit des livres et des articles de
cuisine depuis plus de vingt-cinq ans. Il a également écrit plusieurs ouvrages, parmi
lesquels *Bristo Koken* et *Koken in een Kasserol* et ses recettes sont publiées dans de
nombreux magazines néerlandais. **États-Unis:** *Carol Cutler* vit à Washington D.C. et est
l'auteur de *Haute Cuisine for Your Heart's Delight* et de *The Six-Minute Soufflé and Other
Culinary Delights* qui fut primé. Rédactrice à *International Food and Wine* et à *Working
Woman,* deux périodiques américains, elle donne souvent des conférences sur tout ce qui
a trait à l'alimentation et la gastronomie, et appuie ses exposés par des démonstrations
pratiques. *Julie Dannenbaum* a dirigé une école de cuisine à Philadelphie pendant
plusieurs années et est l'auteur de deux ouvrages culinaires ainsi que de nombreux
articles. La regrettée *José Wilson* fut pendant quinze ans responsable de la rubrique
gastronomique du magazine *House and Garden;* elle a écrit plusieurs livres consacrés à
la décoration et à la cuisine, notamment *The Complete Food Catalogue* avec la
collaboration d'Arthur Leaman.

Une aide précieuse a été apportée pour la préparation de cet ouvrage par les membres
du personnel des Éditions Time-Life dont les noms suivent: *Maria Vincenza Aloisi,
Joséphine du Brusle* (Paris); *Janny Hovinga* (Amsterdam); *Elizabeth Kraemer* (Bonn); *Ann
Natanson* (Rome); *Bona Schmid, Maria Teresa Marenco* (Milan).

TABLE DES MATIÈRES

INTRODUCTION 5 — Une source inépuisable/Tableau de la coupe du porc/
Le découpage : une technique facile à acquérir/Saumures
et marinades/Retenir l'arôme de la viande dans la marmite/
Sauces d'accompagnement pour le porc/Quatre façons
d'agrémenter le porc frais/Comment confectionner des saucisses

POÊLER ET FRIRE 21 — **1** — Deux modes de cuisson pour petits morceaux/
Trois préparations faciles à réaliser/
Le déglaçage, ou comment obtenir des sauces variées/
Des sauces bien liées grâce au jus de cuisson/
Des escalopes de porc panées

GRILLER ET RÔTIR 31 — **2** — Hautes températures au service de la cuisson/La cuisson au gril :
pour parfaire la saveur/Sauces aigres-douces pour les travers/
Travers marinés à la sauce piquante/Un rôti au glaçage ambré/
Rôtis parfumés aux herbes ou aux fruits/Pour le plaisir de l'œil et
du palais/Le cochon de lait rôti : un plat de choix pour fins gourmets

POCHER 49 — **3** — Une excellente façon d'attendrir la viande/
La potée : un plat du terroir/
Porc salé aux pois cassés : un plat consistant/
Un mariage insolite/
Un filet en gelée succulent et décoratif

BRAISER ET CUIRE À L'ÉTOUFFÉE 59 — **4** — Cuisson lente pour plats mijotés/
L'apprêt final d'un jambon entier/
Braiser un morceau de porc farci/
Comment farcir des côtelettes « doubles »/
Le ragoût : un plat aux multiples saveurs

MODES DE CUISSON DIVERS 69 — **5** — La choucroute, accompagnement traditionnel du porc/Une croûte
de pâte aux multiples usages/Tranches de porc et de pommes enrobées de pâte/
Oreilles de porc panées relevées à la moutarde/Deux plats de
jambon gratiné/Un plat de saucisses original/Timbale de jambon aux épinards/
Une façon subtile d'accommoder les restes/Les boulettes : repas simple ou garniture

ANTHOLOGIE DE RECETTES 83 — Farces et sauces 84/Confection des saucisses 86/
Poêler et frire 89/Griller et rôtir 99/Pocher 113/
Braiser et cuire à l'étouffée 120/
Tourtes et soufflés 151/Préparations spéciales 159/
Préparations de base 165

INDEX DES RECETTES 168

INDEX GÉNÉRAL/GLOSSAIRE 172

SOURCE DES RECETTES 174

REMERCIEMENTS ET SOURCES DES ILLUSTRATIONS 176

Une source inépuisable

Le porc est un animal extrêmement précieux: facile à nourrir et à élever, très prolifique, il a toujours constitué pour l'homme une ressource alimentaire essentielle. Seule viande vraiment accessible à la paysannerie en Europe pendant des siècles, il revêt en Chine une importance telle que, représenté sous un toit, il devient l'idéogramme de la « maison ». Le porc n'a rien perdu de sa renommée bien que la plupart des consommateurs disposent aujourd'hui d'un grand choix de viandes, tout au moins dans les pays occidentalisés. On estime à 4 ou 500 millions le nombre de porcs dans le monde entier — soit environ un animal pour dix habitants. Trois principales races de porcs — la race asiatique, la napolitaine et la celtique — ont fourni les nombreuses espèces existant en Europe.

Ce livre traite de la façon dont on peut transformer la viande de porc en mets délicieux, que cette viande soit à l'état frais ou déjà traitée tel le jambon fumé illustré sur la page ci-contre qui attend de servir à la confection d'un plat.

Le schéma de la page 8 représente l'animal vu de profil et montre les principaux morceaux destinés à la vente au détail; le reste de l'introduction est consacré à la description de quelques-unes des techniques culinaires qu'il est souhaitable de connaître lorsqu'il s'agit de la viande de porc: on y trouvera expliqués, par exemple, le désossage et la fabrication des saucisses. Les principaux modes de cuisson — friture, grillade, rôtissage, pochage et braisage — sont abordés dans les chapitres qui suivent et forment la première partie de l'ouvrage. Des renseignements utiles y figurent également qui vous permettront de réaliser, à votre choix, l'une des 221 recettes réunies dans l'anthologie, seconde partie du livre.

Contexte historique

L'homme de l'âge de la pierre commença par tuer les sangliers qui rôdaient autour de son habitation, en quête de nourriture. Puis il se mit à observer les déplacements des hardes de cochons à demi sauvages, afin de pouvoir en capturer en cas de besoin. C'est probablement en Chine qu'apparurent les premiers cochons domestiques; en effet, la première recette connue est d'origine chinoise. Datant d'environ 500 ans av. J.-C. — ce qui la situe vers le début ou le milieu de la période Chou —, elle décrit la cuisson au four (il s'agissait en l'occurrence d'une simple fosse chauffée) d'un cochon de lait recouvert de paille ou de chaume mêlés à de l'argile. Les mêmes procédés de cuisson sont encore pratiqués de nos jours dans les îles polynésiennes.

Dans la Grèce antique, le porc abondait et peuplait particulièrement les environs d'Athènes, pauvres en pâturages suffisamment fournis pour assurer la nourriture du gros bétail. Les Romains, eux aussi friands de sa viande, promulguèrent des lois qui réglementaient la vente au détail. Les méthodes de conservation — salage et fumage — leur étaient familières. Une recette datant du IIe siècle av. J.-C. préconise d'enduire la viande de sel et de la laisser ainsi pendant dix-sept jours; de la mettre à sécher deux jours dans un courant d'air, après l'avoir badigeonnée d'huile et de vinaigre; enfin, de la fumer, également pendant deux jours. La viande de porc, ainsi conservée, pouvait sans dommage aucun être facilement transportée à travers tout l'Empire romain.

Pour les serfs de l'Europe médiévale; le porc qu'on engraisse facilement et dont la viande peut être conservée représentait une ressource alimentaire d'importance vitale. Le fourrage étant rare pendant la saison froide, une tradition naquit qui voulait qu'on tuât un animal en fin d'année. Une fois salée et préparée avec des céréales séchées et des légumes secs — également faciles à conserver —, sa chair devint la nourriture typique des mois d'hiver.

« Tuer le cochon » est une coutume demeurée vivace autant en Europe qu'aux États-Unis (où le porc fut introduit en 1493 par les Espagnols, lors du second voyage de Christophe Colomb). L'abattage donne lieu à des réjouissances auxquelles sont immanquablement conviés amis et voisins; en échange de l'aide qu'ils apportent au dépeçage de la bête, ils reçoivent un morceau de viande qu'ils remportent chez eux. Parfois, on paie un fermier des environs, connu pour son habileté, ou le boucher-charcutier du village, pour abattre l'animal. Puis les propriétaires et leurs invités se mettent à la besogne.

C'est aux hommes qu'incombe le soin de vider le porc de son sang, de le laver et de lui racler la peau; il arrive qu'on brûle les soies en enveloppant l'animal de paille enflammée: la couenne acquiert ainsi une saveur particulière. Une fois la carcasse débitée, les femmes interviennent. Prenant garde à ne pas perdre la moindre parcelle de viande, elles en prélèvent tout d'abord plusieurs portions, destinées au repas de fête qui réunira tous les participants. Une bonne partie du reste rejoint le pot de saumure ou le plat de salage; les morceaux les plus gras sont hachés menu pour la confection des pâtés et des saucisses salées ou fumées. Le sang sert à faire le boudin, les déchets entrent dans la composition du fromage de tête, de l'andouille et de toute la charcuterie. De la graisse, on tire le saindoux aux multiples usages culinaires: en fait, chez les peuples qui n'élèvent pas d'ovins et ne cultivent pas d'oléagineux, il a pendant des siècles remplacé le beurre et l'huile.

Les différents systèmes de réfrigération, de plus en plus répandus, ont progressivement rendu inutiles bon nombre de ces manipulations, tout comme les anciennes méthodes d'élevage ont peu à peu cédé la place aux procédés modernes de l'industrie porcine. Dès le XVIIe siècle, les gros propriétaires, soucieux de progresser, ne tardèrent pas à inaugurer des techniques pour le moins révolutionnaires. Poussés surtout par l'enthousiasme que suscita chez eux la science toute neuve de l'élevage des porcs, ils cherchèrent à améliorer la race en veillant à la bonne alimentation et à la reproduction de leur cheptel.

A l'origine, ils s'efforcèrent surtout d'obtenir des sujets de plus en plus gras pour répondre à la demande croissante de saindoux. Le cochon idéal des XVIIIe et XIXe siècles est une créature quasi sphérique, aux extrémités minuscules. Au XIXe siècle, les huiles végétales et autres corps gras commencent à envahir le marché, ce qui entraîne un désintérêt pour ces animaux obèses. Ces cinquante dernières années ont vu s'affirmer un courant favorable au porc long et mince, élevé essentiellement pour sa chair. Désormais, les acheteurs sélectionnent les sujets à échine longue — laquelle fournit les morceaux les plus charnus, par conséquent les plus chers — et dotés de jambons bien développés.

Jambon et poitrine fumée

Ainsi qu'on l'a vu plus haut, le travail de la viande de porc est né de la nécessité de la conserver pour qu'elle puisse être consommée pendant les mois d'hiver. Si ce traitement subsiste, alors que la réfrigération permet de garder la viande à l'état frais, c'est parce qu'il a donné d'excellents résultats dans le domaine de la gastronomie. Le procédé comprend deux opérations distinctes : la première, qui est obligatoire, consiste à saler la viande pour éviter la prolifération des bactéries et à la déshydrater partiellement ; la seconde, le fumage, a pour but de la sécher davantage et de lui donner couleur et saveur.

Saler la viande selon la méthode traditionnelle consiste à la saupoudrer de cristaux de sel selon la technique dite « à sec » ou à

la tremper dans la saumure. Un troisième procédé a cours aujourd'hui parmi de nombreux producteurs : il revient à injecter une solution de saumure dans l'animal abattu. Cette méthode accélère le processus et assure un salage uniforme ; elle présente, toutefois, un inconvénient : le liquide employé dans la solution ne s'évapore pas toujours complètement lors du fumage et, de ce fait, accroît artificiellement le poids de la viande, aux dépens du consommateur.

Pour fumer le porc suivant la méthode classique, on suspend la viande au-dessus d'un four à pain ou sous le manteau d'une cheminée à large foyer, hors de portée de la flamme, où elle pourra rester de quelques heures à plusieurs mois, voire une année entière. On peut en rehausser la saveur en faisant brûler des plantes aromatiques : genévrier, laurier, sauge ou pin. De nos jours, les fabricants de jambon et de poitrine fumée appliquent diverses techniques. Les meilleurs produits sont obtenus grâce à un fumage bénéficiant d'un bon système d'aération ; certains morceaux sont simplement enrobés d'une solution qui imprègne la viande d'un goût « fumé », par un procédé connu sous le nom de « vaporisation électrostatique ».

N'importe quel morceau de porc à l'état frais, même de la meilleure qualité, peut être salé, et tous peuvent être fumés. Le mot jambon désigne, à proprement parler, la cuisse de l'animal mais le même vocable s'applique parfois à la viande de l'échine et des épaules.

Le jambon se présente sous trois formes distinctes : à cuire, cuit ou cru. Dans le premier cas, il doit être mis à tremper pendant un certain temps pour perdre son goût salé, mais le temps de trempage dépend de la taille du jambon et de la nature du traitement qu'il a subi. Le plus sage est de suivre les directives du détaillant qui vous l'a vendu, mais même un petit jambon devra être mis à dessaler au moins une nuit entière. Une fois sorti de l'eau de trempage, le jambon sera poché à feu doux avant d'être servi à table *(page 56)*.

Dans le deuxième cas, c'est le boucher qui s'est chargé lui-même de pocher le jambon ou de le faire cuire à la vapeur avant de le mettre en vente. Il pourra alors être servi froid ou réchauffé ; dans la seconde préparation, il y aura lieu soit de le passer au four enveloppé dans une feuille de papier d'aluminium, qui retient l'humidité, soit de le braiser dans un fond de cuisson parfumé aux aromates *(page 60)*.

Enfin, lorsque le jambon est vendu cru, c'est qu'il a subi un traitement particulièrement long et un contrôle sanitaire extrêmement sévère. Dans cette catégorie, on range le jambon de Bayonne en France, le jambon de Westphalie en Allemagne et d'excellents jambons polonais, tous très savoureux, et qui servent de base à des préparations plus élaborées. Ces jambons peuvent aussi être consommés froids, coupés en fines tranches, en tant que hors-d'œuvre ou plat principal.

Par « poitrine fumée », on entend tout morceau salé ou fumé autre que les pattes de derrière. En Grande-Bretagne, où cette industrie est très prospère, on prélève la poitrine fumée sur des animaux sensiblement plus gras que les autres. A l'inverse du jambon, celle-ci est préparée par quartiers entiers ; les pattes de derrière sont ensuite détachées pour être vendues sous le nom de « jambonneau fumé ». Pour ajouter à la confusion, on appelle en France « jambonneau de poitrine fumée » la partie basse des cuisses à condition qu'elle soit vendue séparément.

La poitrine fumée est débitée en tranches fines, que l'on peut faire frire ou griller *(bacon)*, ou en tranches plus épaisses à pocher ou à braiser. Ces dernières demandent généralement à être mises à tremper pendant toute une nuit avant la cuisson. De une à trois heures suffisent pour un morceau modérément salé ; un jambonneau avant fumé exigera au moins six heures.

Le porc et la santé

Une certaine croyance qui remonte aux temps les plus anciens, selon laquelle le porc serait un animal impur, justifie l'interdiction d'en consommer la viande chez les juifs et les musulmans. Il est vrai que cet animal est — plus que n'importe quel autre animal de ferme — capable de survivre dans les pires conditions; un environnement insalubre est préjudiciable à la qualité de la viande qui devient alors le foyer de terribles maladies. Aujourd'hui, heureusement, une prise de conscience générale a conduit les éleveurs à veiller à ce que la nourriture réservée à leurs animaux réponde à un critère d'hygiène absolue. Le consommateur bénéficie donc de toute la garantie nécessaire.

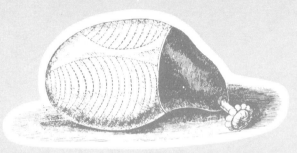

La seule maladie encore transmise à l'homme par le porc — à l'état frais ou salé — est la trichinose, due à un ver parasite qu'il est impossible de déceler sur l'animal vivant. Grâce aux efforts des producteurs, soumis à des contrôles extrêmement sévères, la fréquence des contaminations a connu une baisse sensible. Il arrive, toutefois, qu'on rencontre la trichine dans le porc frais; il est donc recommandé de le laisser cuire longtemps.

Mais il ne faut pas pour autant pécher par excès de prudence et cuire la viande exagérément. 59° suffisent à tuer le parasite. Pour plus de sécurité, nous conseillons 75° (auparavant, on préconisait 80-85°). Comme il s'agit de la température intérieure de la viande, si vous ne disposez pas d'un thermomètre, suivez nos conseils et ne servez jamais le porc saignant.

On discute encore de savoir s'il faut ou non utiliser le salpêtre dans les saucisses et autres morceaux pour leur donner couleur et saveur, mais aussi pour prévenir la prolifération des toxines du botulisme. On soupçonne, en effet, le salpêtre d'être cancérigène. Le risque n'existant qu'à condition d'en ingérer de grandes quantités, son emploi a été fortement réduit.

Achat et conservation du porc

En règle générale, les bêtes sont abattues à huit mois au maximum. Le porc à l'état frais est donc toujours une viande provenant d'un animal jeune. Vous trouverez en page 8 la description des morceaux proposés à la vente. Les côtes premières sont d'un blanc légèrement rosé. La viande de l'échine et de l'épaule est plus sombre, son aspect plus grossier: chair et gras sont fermes au toucher. Les os des très jeunes porcs tirent sur le rouge, ceux des sujets plus âgés sont blancs et durs.

Quand vous achetez du jambon et de la poitrine fumée, veillez à ce que le gras soit blanc et ferme et la viande rose. Les jambons à cuire ont parfois une surface bleutée: cette coloration que l'on appelle «la fleur» est le signe d'une parfaite maturation. Pour le jambon comme pour la poitrine fumée, assurez-vous qu'ils sont cuits; sinon, demandez les consignes de trempage.

Comme n'importe quelle autre viande, le porc doit être placé dans la partie la plus froide du réfrigérateur, libéré de son emballage. Posez votre morceau à même la grille et recouvrez-le d'un saladier suffisamment grand pour permettre à l'air de circuler librement et éviter à la viande de se dessécher. Une assiette glissée sous la grille recueillera le sang. On conserve ainsi de un à deux jours le porc haché, de trois à quatre jours le porc frais, de cinq à sept jours la poitrine fumée et le jambon.

Pour congeler la viande, enveloppez les morceaux dans un emballage spécial et fermez hermétiquement. Si vous congelez le porc immédiatement après achat, vous le conserverez de trois à six mois. Le jambon et la poitrine fumée se prêtent moins bien à une longue conservation: leur gras devient rance à cause du sel.

Cuisson et consommation du porc

En matière de cuisine, la coutume a longtemps voulu que l'on traitât le porc de deux façons différentes bien que complémentaires. D'une part, comme viande destinée aux banquets et autres réjouissances d'envergure, dans la tradition des hures de sanglier et des cochons de lait rôtis. C'est ainsi que le poète latin Juvenal décrit le porc comme *animal propter convivia natum* — animal idéal pour les festins.

D'autre part, en dépit de sa renommée initiale, le porc frais n'occupe qu'une place mineure dans la grande cuisine classique. Escoffier, le grand chef français, observe dans son *Guide culinaire* que, bien qu'il mérite l'estime dans laquelle on le tient, il n'aurait jamais dû avoir accès à la grande cuisine (ou accessoirement) si le jambon n'avait pas suscité un certain intérêt culinaire. Le goût insipide de cette viande explique en partie le dédain des gastronomes, inconvénient auquel il est possible de remédier en peu de temps en salant la viande avant cuisson *(page 12)*. En revanche, le porc occupe une place de choix dans la cuisine familiale; les recettes les plus populaires se fondent sur un souci d'économie constant, qu'il s'agisse du porc en ragoût accompagné de légumes secs, de la choucroute, de la potée *(page 50)*. Le nombre de plats que l'on peut confectionner avec du porc est infini et le plaisir de les réaliser réside dans la variété des ingrédients et des aromates. Vous pouvez ainsi parfumer un rôti au romarin, ou le préparer à l'italienne ou à la provençale; servir un morceau relevé au paprika avec de la crème aigre et des cornichons émincés, comme en Europe centrale; ou l'orientaliser, avec une sauce aigre-douce à laquelle viendront se joindre gingembre, sucre ou miel.

La boisson dépendra évidemment du plat. Au XVIe siècle, Rabelais écrit que le porc est un «compulsoire à beuvettes», expression justifiée que l'on pourrait traduire par «pousse à boire». La bière se marie très bien avec le petit salé et la choucroute, de même qu'un bon cidre ou un vin blanc d'Alsace. L'échine ou le cochon de lait demandent un vin rouge plus vert et plus fruité de Loire ou d'Anjou, du Beaujolais ou des Côtes-du-Rhône. Les préparations légèrement amères se contenteront d'un vin blanc doux, un Sauternes très frais, par exemple. Votre expérience et votre palais sont les meilleurs juges.

1 Tête. La tête se vend entière ou coupée en deux. La viande qu'elle contient, comme la langue et la cervelle, fait normalement partie des abats. Si vous faites cuire un cochon de lait entier *(pages 44-47)*, conservez précieusement cette viande : une fois le cochon cuit, vous la détacherez des os et servirez tout en même temps. Les oreilles sont un véritable délice : on les fait longuement pocher puis on peut ensuite les recouvrir de moutarde et de chapelure avant de les griller.

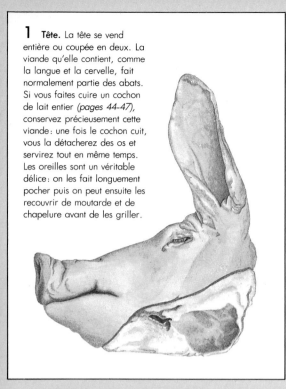

2 Lard gras. Cette couche de gras accompagnée de sa couenne se vend séparément de la longe. On peut utiliser le lard gras pour barder des morceaux maigres à rôtir ou le couper en lardons à piquer dans la viande. La couenne gélatineuse sert à préparer des bouillons *(page 14)* et à enrichir les ragoûts.

3 Échine. Ce morceau tendre, charnu et entrelardé est une bonne viande économique à rôtir, braiser ou pocher. On l'achète parfois en rôti désossé et roulé ou en côtes à poêler ou à griller.

4 Palette. C'est l'os et la viande de l'omoplate que l'on détache de l'échine. La chair tendre et douce donne un bon petit rôti. On peut également la braiser ou l'utiliser pour préparer des saucisses *(page 18)*.

CÔTE DE PORC DANS L'ÉCHINE

RÔTI DE PORC DANS L'ÉCHINE

ÉCHINE

PALETTE

Tableau de la coupe du porc

Le dessin numéroté ci-contre représente la coupe d'un porc. Les principaux morceaux sont désignés par des chiffres qui renvoient aux différents encadrés renfermant les indications quant à la façon dont ils sont généralement découpés dans le commerce.

La gorge, zone hachurée située entre les morceaux 1 et 11, ne porte aucun numéro car les bouchers ne la vendent que sous forme de chair à saucisse. En dépit des différences régionales de coupe proprement dite et d'appellations commerciales, les renseignements qui figurent ici s'appliquent à n'importe quel morceau d'une partie donnée.

Certains morceaux se vendent avec leur couenne. Cependant, les bouchers l'enlèvent de la longe et de l'échine jusqu'à la pointe du filet, pour la vendre séparément. Si vous désirez de la viande non parée, précisez-le à votre boucher.

Le porc frais se vend souvent sous la dénomination demi-sel, ce qui signifie qu'on l'a légèrement salé pour atténuer le goût imperceptiblement sucré de la viande. On appelle petit salé, notamment les travers et la poitrine, des morceaux que l'on a fait saler de 3 jours à un mois ou plus et que l'on vend pochés. D'autres morceaux salés sont également décrits dans les encadrés.

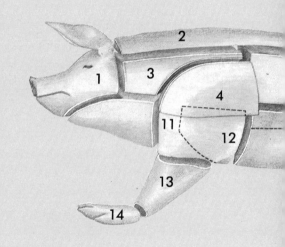

14 Pieds. On les fait d'abord longuement pocher ; ensuite, on peut soit les recouvrir de chapelure et les griller *(page 76)*, soit les servir avec une sauce piquante. La gélatine qu'ils contiennent permet d'enrichir les ragoûts et de préparer des bouillons pour gelées.

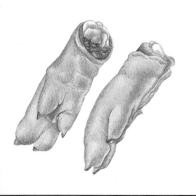

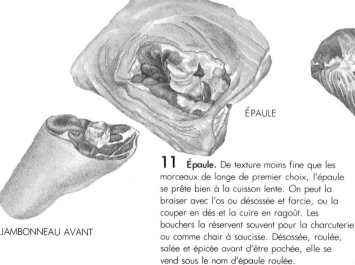

PLAT DE CÔTES

ÉPAULE

JAMBONNEAU AVANT

11 Épaule. De texture moins fine que les morceaux de longe de premier choix, l'épaule se prête bien à la cuisson lente. On peut la braiser avec l'os ou désossée et farcie, ou la couper en dés et la cuire en ragoût. Les bouchers la réservent souvent pour la charcuterie ou comme chair à saucisse. Désossée, roulée, salée et épicée avant d'être pochée, elle se vend sous le nom d'épaule roulée.

12 Plat de côtes. C'est un morceau coupé en tranches de l'intérieur de l'épaule. Frais, il s'utilise de la même façon. On le vend souvent salé et poché sous le nom de petit salé.

13 Jambonneau avant. Ce morceau osseux et gélatineux se prête bien au salage et au pochage. On le mange chaud ou froid, sans sa couenne et enrobé de chapelure.

5 Carré de côtes. On divise souvent ce morceau de premier choix en côtes à griller ou à poêler. Le carré entier avec os ou désossé convient pour un rôti ou un plat braisé. On peut préparer une « couronne » en découpant deux carrés en demi-cercle et en les ficelant. Farcie et rôtie, cette couronne constituera un plat de résistance somptueux pour un grand dîner *(page 42)*.

6 Milieu de filet. On peut rôtir ce morceau de premier choix avec l'os ou désossé et roulé. On le coupe également en côtes à poêler ou à griller. On peut détacher et couper le cœur en escalopes à poêler. Le filet mignon tendre et maigre se trouve sous le milieu et la pointe de filet. On peut le braiser, le rôtir entier ou le découper en noisettes à poêler.

7 Pointe de filet. Ce petit morceau est osseux mais tendre et très savoureux. Sa chair est moins sèche que le milieu de filet et plus maigre que l'échine. On peut la rôtir ou la braiser entière, avec ou sans os, et la détailler en côtes à poêler, griller ou braiser. On la vend parfois, comme le milieu de filet et le carré de côtes, salée, fumée et désossée.

MILIEU DE FILET

POINTE DE FILET

FILET MIGNON

NOISETTES

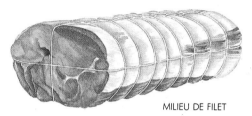

MILIEU DE FILET

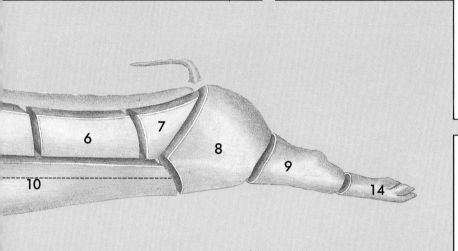

6 7

10

8

9

14

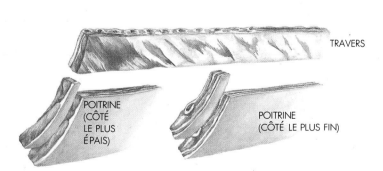

TRAVERS

POITRINE (CÔTÉ LE PLUS ÉPAIS)

POITRINE (CÔTÉ LE PLUS FIN)

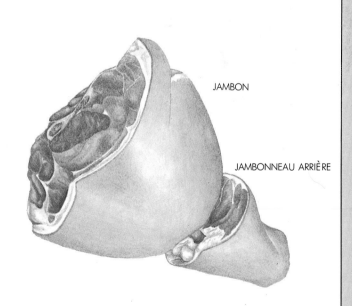

JAMBON

JAMBONNEAU ARRIÈRE

10 Poitrine. La poitrine se vend normalement avec la couenne, mais sans les os des côtes. Le côté le plus épais qui se trouve au milieu du porc contient plus de viande que le côté le plus fin, situé à l'arrière. On la vend en tranches fines à griller ou en plus gros morceaux à pocher ou à cuire en ragoût. C'est un morceau qui convient bien pour les saucisses *(page 18)* car il contient du maigre et du gras. Dans la région parisienne, les bouchers découpent et dégraissent de 4 à 5 cm de la partie supérieure sans la désosser. Ils obtiennent ainsi le travers que l'on peut rôtir ou griller avant de le glacer avec une sauce *(page 34)*. La poitrine salée et pochée s'appelle petit salé ou lard maigre ; salée et fumée, c'est du bacon ou du lard fumé.

8 Jambon. Jadis, on le vendait presque toujours fumé. Le jambon frais est excellent rôti, poêlé ou grillé en tranches. On peut l'acheter cru (jambon à cuire), cuit et moulé (jambon de Paris) ou fumé et salé comme les jambons de campagne dont certaines variétés (Bayonne et Toulouse) peuvent se manger crues.

9 Jambonneau arrière. On le laisse parfois attaché au jambon pour rôtir la jambe entière *(page 36)* mais, en général, on le vend à part. C'est un morceau maigre et osseux, moins tendre que le jambon. Frais, on peut le rôtir avec l'os ou le désosser et le farcir, ou encore le saler pour le pocher ensuite.

Le découpage : une technique facile à acquérir

Comment désosser un carré de porc

Tous les morceaux pris dans les côtes de porc sont reliés aux vertèbres ; les côtes premières et le milieu de filet sont également prolongés par les os des côtes. En désossant ces morceaux, étape essentielle si l'on veut farcir et rouler la viande *(page 40)*, on les découpera plus facilement une fois cuits. La plupart des bouchers désossent la viande si on le leur demande, mais il suffit d'un petit couteau pointu pour le faire soi-même.

Bien que tous les carrés de porc comportent les mêmes os, la façon de désosser la viande peut varier. Certains morceaux de milieu de filet, comme ici, sont vendus avec le rognon. On peut soit le laisser en place : roulé à l'intérieur du filet, il sera cuit lorsque la viande sera à point ; soit l'enlever *(page de droite)* et le cuire séparément.

Le filet mignon, qui se trouve sous le milieu de filet, est souvent préparé à part ; laissé sur le morceau, comme ici, il constitue une épaisseur supplémentaire de viande tendre.

Avant de pouvoir détacher les vertèbres, il faut dégager les os des côtes de la viande puis les arracher. Une fois que les os des vertèbres ont été libérés de la chair, l'os entier se dégage aisément.

1 **Enlever le rognon.** Posez le carré de porc, les côtes tournées vers le haut. Dégagez le rognon de la chair et, avec un petit couteau, coupez la membrane graisseuse le reliant au filet. Enlevez tout morceau de gras ou de chair afin que le rognon soit parfaitement net et compact.

2 **Couper autour des manches des côtes.** En tenant fermement le carré, coupez le long des deux côtés du manche de la côte. Pressez légèrement sur le couteau afin de ne pas couper la viande plus loin que l'os.

3 **Couper sous les manches des côtes.** Avec les doigts, tirez le manche vers le haut et glissez la lame du couteau entre le manche et la chair. Avancez la lame près de la colonne vertébrale pour détacher le manche de la chair.

4 **Libérer les manches.** Saisissez le manche entre le pouce et l'index ; de l'autre main, tenez la colonne vertébrale pour maintenir le carré. Tordez le manche pour le casser et arrachez-le. Enlevez tous les manches de cette façon.

5 **Détacher le filet mignon.** Le filet mignon est attaché à la colonne vertébrale par une membrane. Coupez-la : le filet mignon tombera, laissant apparaître les vertèbres. Maintenez la lame près de l'os pour ne pas entamer la viande.

6 **Détacher les vertèbres.** Les prolongements des vertèbres font saillie, à intervalles réguliers, à l'emplacement où se terminent les manches. Déterminez leur position du bout des doigts, puis coupez sous et autour d'eux avec la pointe du couteau pour les dégager.

7 **Enlever la colonne vertébrale.** Faites avancer la lame du couteau le long de la colonne vertébrale, en soulevant l'os pour le détacher de la chair. Réservez la colonne vertébrale et les manches des côtes pour les ajouter à un bouillon de porc *(page 14)*.

Désosser un morceau d'échine

L'échine de porc comprend la palette — articulation de l'épaule — et une partie de la colonne vertébrale qui doivent être enlevées si l'on désire préparer la viande pour la farcir *(page 62)*.

Sur ce morceau, la colonne vertébrale soutient un ensemble de côtes ainsi que des bouts d'os qui doivent être dégagés *(opérations 1 et 2)* si l'on veut libérer les vertèbres.

La palette est enserrée entre deux couches de chair. Le dessus de l'os est plat, mais le dessous comporte une protubérance qui avance dans la chair; vous devrez donc suivre soigneusement son contour avec la lame d'un couteau pour dégager l'os.

1 **Dégager les côtes de l'échine.** Posez l'échine, côté plat sur votre plan de travail. Avec un petit couteau pointu, coupez sous les côtes qui font saillie du côté des vertèbres. Détachez-les sans les casser *(ci-dessus)*.

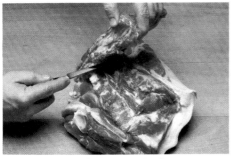

2 **Enlever la colonne vertébrale.** En commençant par couper du côté opposé à la colonne vertébrale, libérez les vertèbres et les petits bouts d'os attachés aux vertèbres. Soulevez la colonne vertébrale pour la dégager de la chair.

3 **Découvrir l'omoplate.** Une couche de chair recouvre le dessus de l'omoplate. Insérez le couteau entre la chair et l'os et coupez le long de la surface lisse de l'os pour le séparer de la viande. Soulevez la viande au fur et à mesure que vous la détachez de l'os.

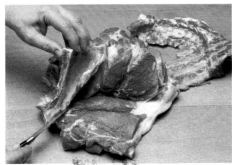

4 **Enlever l'omoplate.** La face interne de l'omoplate a une forme irrégulière. Insérez le couteau sous l'os. En gardant le côté tranchant du couteau contre la surface de l'os, coupez autour de l'os en saillie et soulevez-le au fur et à mesure pour le dégager.

5 **Échine désossée.** Une fois que l'omoplate *(premier plan, ci-dessus)* et les vertèbres, avec les os qui leur sont rattachés *(arrière-plan, ci-dessus)*, ont été enlevés, il vous reste un morceau de viande désossé prêt à être farci.

Préparer un jambon

Les jambons frais, qui sont rarement farcis, sont toujours meilleurs s'ils sont cuits avec l'os. Mais vous pouvez enlever l'os du bassin, ce qui permettra de découper plus aisément le jambon lorsqu'il sera cuit.

L'os est généralement scié en deux et il ne reste qu'un petit morceau, comme ici, facile à enlever. Si l'os est plus grand, vous devrez couper plus profondément dans la viande pour le dégager.

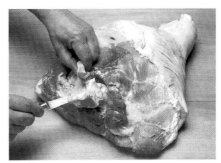

1 **Détacher l'os du bassin.** Posez le jambon sur votre plan de travail, côté large vers vous. Avec un petit couteau pointu, coupez délicatement autour de l'os pour le séparer de la viande.

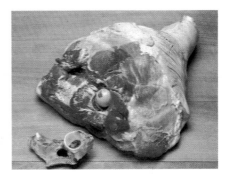

2 **Enlever l'os.** Saisissez l'os d'une main et tirez-le fermement vers vous pour faire apparaître le cartilage le reliant au fémur. Coupez le cartilage pour séparer les os, en laissant apparaître l'extrémité du fémur.

Saumures et marinades

La viande de porc fraîche est plus savoureuse si elle est salée ou marinée avant d'être cuite. Le salage, qui peut durer de 12 heures à un mois, permet aussi de conserver la viande; c'était d'ailleurs sa fonction essentielle avant l'apparition du réfrigérateur. Mariner la viande, c'est-à-dire la faire macérer avec des ingrédients aromatiques pour l'attendrir et modifier sa saveur, dure généralement moins longtemps.

Une nuit de salage permet au porc de perdre son goût parfois trop sucré; on doit ensuite l'essuyer avec un linge et le traiter comme de la viande fraîche. La viande qui reste salée pendant une longue période prend peu à peu une texture différente, s'assèche et se raffermit. Après plus de 3 à 4 jours de salage, on doit faire tremper la viande avant de la cuire afin qu'elle rejette une partie du sel. On compte de 3 à 4 heures de trempage pour la viande qui a été salée pendant 3 jours et environ 6 heures pour les morceaux salés pendant 5 jours. Si le salage a duré 1 semaine ou davantage, la viande doit tremper toute une nuit; avant de la cuire, on la couvre d'eau froide, on amène doucement à ébullition, et on la blanchit quelques instants avant de la rincer et de l'égoutter.

Le porc destiné à être salé peut être soit enfermé entre des couches de gros sel de mer: c'est le salage à sec, soit immergé dans la saumure. En réalité, le terme de salage à sec est impropre puisque cette méthode produit sa propre saumure, lorsque le jus donné par la viande dissout le sel. Ce procédé est recommandé pour les morceaux plats et peu épais, tels que la poitrine et les oreilles (*ci-dessous*), parce que l'on peut facilement déposer en couches le sel mélangé aux herbes et aux autres aromates (*recette page 166*).

Les morceaux plus épais seront de préférence salés dans une saumure (*recette page 166*). On utilisera un pot à saumure en porcelaine, en grès ou en terre cuite: un récipient en métal risquerait d'altérer le goût de la saumure.

On peut certes confectionner les marinades avec presque toutes les combinaisons d'ingrédients aromatiques, mais elles comportent toujours un élément acide, tel que le vinaigre ou le vin, qui décompose les fibres dures de la viande et apporte aussi un léger goût piquant qui contraste avec des ingrédients comme les oignons et les herbes.

La quantité de liquide employé varie. Les marinades «mouillées» telles que le mélange à base de vin rouge présenté page de droite (*encadré en haut, à droite*) contiennent suffisamment de liquide pour couvrir la viande; elles conviennent particulièrement aux morceaux qui seront braisés, car on peut les incorporer dans le liquide de cuisson.

Les marinades «sèches» contiennent beaucoup moins de liquide; elles servent à badigeonner la viande, comme la pâte au poivron vert présentée page de droite (*encadré en bas, à droite; recette page 96*), et non à l'immerger. Elles constituent un enrobage épicé pour les morceaux qui seront poêlés ou frits.

Le porc peut mariner jusqu'à 24 heures à température ambiante ou 30 heures environ au réfrigérateur: si on la laissait plus longtemps, la viande prendrait un goût faisandé.

Porc salé à sec

1 Saler la viande. Dans une terrine, mélangez le gros sel avec les aromates, ici quatre-épices et clous de girofles moulus, genièvre et poivre concassés, et herbes séchées. Foncez un plat en grès ou en verre d'une couche de ce mélange et posez la viande dessus, ici de la poitrine et des oreilles de porc. Frottez le porc avec le mélange salé, puis recouvrez et entourez la viande de sel.

2 Tourner la viande. Couvrez le plat et mettez-le dans un endroit frais. Retournez la viande de temps en temps pour qu'elle soit salée uniformément. Laissez en attente au moins 12 heures; pour les recettes exigeant du porc salé, celui-ci devra être salé pendant 3 à 7 jours. Au bout de 10 jours environ, le jus rendu par la viande formera une saumure. Jetez-la après avoir retiré la viande.

Porc salé dans la saumure

1 **Préparer la saumure.** Remplissez une grande casserole d'eau froide. Enfermez les aromates, ici genièvre, clous de girofle et thym en branche et en fleur, dans une mousseline et mettez-les dans la casserole. Ajoutez du gros sel et un peu de sucre. Amenez à ébullition à feu moyen; écumez. Retirez du feu au bout de 2 à 3 minutes.

2 **Couvrir la viande avec la saumure.** Laissez refroidir la saumure. Piquez la viande, ici de l'échine, en plusieurs endroits avec une aiguille à brider, afin que la saumure puisse bien la pénétrer, et mettez-la dans un pot assez profond. Retirez les aromates et jetez-les. Versez la saumure froide sur la viande *(ci-dessus)*.

3 **Maintenir la viande dans la saumure.** Pour que la viande ne remonte pas à la surface, posez dessus une assiette chargée d'un objet lourd. Utilisez un poids en pierre, en céramique ou en verre, tel que le bocal rempli d'eau utilisé ici: un poids en métal réagirait avec la saumure. Vérifiez que la viande est immergée, puis couvrez le pot.

4 **Retirer la viande.** Placez le pot à l'écart de la lumière et de toute source de chaleur, qui pourrait faciliter la formation de bactéries. Remuez tous les 3 jours avec une cuillère en bois. Lorsque le porc est salé à votre goût, retirez-le du pot avec des pinces ou une fourchette à découper *(ci-dessus)*.

Marinade au vin rouge

Recouvrir la viande d'aromates. Pour faire une marinade « mouillée », mettez la viande, ici du jambonneau avant coupé en cubes, dans une terrine. Saupoudrez-la d'herbes et d'aromates, ici du persil, du thym, du laurier, de l'ail pilé et de l'oignon émincé. Versez du vin rouge. Couvrez et laissez à température ambiante.

Marinade au poivron vert

Aromatiser des côtes de porc. Épépinez et hachez des poivrons verts; mettez-les dans un mortier avec du sel et de l'ail ou du gingembre et de l'oignon. Pilez le mélange, puis mouillez avec du vin blanc. Versez le tout sur la viande, ici des côtes désossées, tournez-la pour bien l'imprégner. Couvrez et laissez à température ambiante 24 heures.

Retenir l'arôme de la viande dans la marmite

Un bon bouillon, que l'on obtient en faisant mijoter de la viande et des os avec des légumes aromatiques et des herbes, constitue l'un des meilleurs fonds de cuisson pour le porc ainsi que pour la plupart des viandes. Utilisé pour le braisage et le pochage, il sert en outre à confectionner les sauces (ci-contre).

Pour préparer le bouillon, on utilise des os de porc et des parures de viande crus, et on en enrichit la saveur avec des restes de poulet ou de veau. Si on prend des morceaux très gélatineux comme la couenne de porc, les hauts de jambonneau, les oreilles ou les pieds, le bouillon refroidi sera assez épais pour former une gelée qui servira à enrober et à décorer des plats froids (page 56). Avant d'ajouter les herbes et les légumes aromatiques, on recouvre la viande et les os d'eau froide puis on chauffe à petit feu. Lorsque l'eau bout, on enlève l'écume qui monte à la surface. Il vaut mieux ne pas faire bouillir à feu vif, car l'écume se disperserait et troublerait le bouillon. Pour bien écumer, on verse de l'eau froide, puis on amène à nouveau le liquide jusqu'à ébullition.

Le bouillon doit mijoter pendant au moins 3 heures. On le passera ensuite au tamis et on le dégraissera soigneusement avant de l'utiliser.

On peut préparer le bouillon d'avance et le conserver au réfrigérateur; il se gardera de 3 à 4 jours si on le fait bouillir quelques minutes tous les jours pour empêcher le développement des bactéries. Le bouillon dont on ne se servira pas immédiatement pourra se conserver pendant plusieurs mois au congélateur.

Comment faire un bouillon de porc

1 **Préparer le bouillon.** Placez les parures, les os de porc, le gésier et les ailes d'un poulet sur la grille posée au fond d'une marmite pour que les ingrédients n'attachent pas. Recouvrez d'eau froide.

2 **Écumer le bouillon.** Mettez à feu doux. Avec une écumoire, enlevez l'écume qui se forme pendant l'ébullition. Versez un peu d'eau froide, amenez de nouveau à ébullition et écumez.

3 **Préparer les aromates.** Attachez les herbes et les légumes frais: feuilles de poireau, branches de céleri, thym, persil et laurier. Prévoyez aussi ail, carottes et oignons dont un clouté.

4 **Faire mijoter le bouillon.** Ajoutez le bouquet garni et les légumes au bouillon, ainsi qu'une poignée de gros sel. Couvrez à demi la marmite. Laissez mijoter le bouillon pendant 3 heures.

5 **Passer le bouillon.** Enlevez la viande et les légumes. Passez le bouillon à travers une passoire recouverte d'une mousseline. Jetez les ingrédients solides qui restent dans la passoire.

6 **Clarifier le bouillon.** Laissez-le refroidir puis mettez-le au réfrigérateur toute la nuit. Le lendemain, enlevez la graisse figée et épongez les dernières traces avec un papier absorbant.

Sauces d'accompagnement pour le porc

Le bouillon de porc (*encadré page de gauche*), dont les utilisations sont multiples, peut également servir de fond pour les sauces.

La plus simple de ces sauces est le velouté (*recette page 167*), que l'on obtient en liant le bouillon avec un roux, mélange de farine et de beurre cuit. Pour parfaire la texture onctueuse du velouté, il faut le fouetter afin d'éliminer les grumeaux de farine, puis le faire mijoter pendant au moins 40 minutes pour donner du corps à

la sauce, tout en supprimant le goût de farine. Le velouté peut, à son tour, être utilisé comme base pour d'autres sauces accompagnant traditionnellement le porc. Ci-dessous, on le mélange d'abord à de l'oignon, du vin blanc et de la moutarde (*opérations 4 et 5*) pour faire une *sauce Robert* piquante (*recette page 167*). Si on ajoute des cornichons émincés (*opération 6*), la sauce Robert devient alors *sauce charcutière*. Ces deux sauces au goût relevé constituent un excellent accompagne-

ment pour les morceaux de porc servis grillés ou pochés.

Bien que les sauces Robert et charcutière, à base de velouté, soient les plus couramment associées avec le porc, il est possible d'innover. Ajoutée à un velouté, la sauce tomate, par exemple, donne une sauce savoureuse que l'on dégustera avec du porc grillé ou poché, tandis qu'un velouté parfumé avec un fond de cuisson au madère est un apprêt classique du jambon braisé (*page 60*).

Le velouté et ses variantes

1 Faire un roux. Faites fondre du beurre à feu doux dans une casserole. Ajoutez de la farine et mélangez. Faites cuire le roux pendant 3 à 4 minutes, en remuant constamment.

2 Ajouter le bouillon. Versez le bouillon d'un coup, tout en remuant. Continuez de remuer jusqu'à ce que la sauce bouillonne légèrement. Placez la casserole à demi hors du feu et laissez frémir.

3 Dépouiller la sauce. Écumez la pellicule de gras qui se forme sur le côté de la casserole qui est hors du feu. Laissez cuire à petits bouillons 40 minutes. A ce stade, vous pouvez servir le velouté.

4 Préparer la sauce Robert. A feu doux, faites revenir un oignon finement haché dans du beurre. Versez un peu de vin blanc. Ajoutez le velouté et remuez bien avec une cuillère en bois.

5 Terminer la sauce Robert. Écumez la sauce, si nécessaire, pour enlever toutes les impuretés. Ajoutez 1 cuillerée de moutarde et remuez pour bien l'incorporer. Rectifiez l'assaisonnement.

6 Préparer la sauce charcutière. Coupez de fines lamelles de cornichons dans le sens de la longueur. Ajoutez-les à la sauce Robert chaude et mélangez pour bien les répartir. Servez aussitôt.

Quatre façons d'agrémenter le porc frais

Si les farces permettent à certains morceaux de viande de conserver leur forme pendant la cuisson, elles servent avant tout à enrichir la saveur des plats qu'elles accompagnent. Elles conviennent donc particulièrement au porc frais, dont le goût peu prononcé se marie bien aux mélanges sucrés ou salés.

Bien que le porc puisse être simplement farci d'une poignée d'herbes ou de fruits secs *(page 40)*, la plupart des farces sont à base de pain et d'œufs. Le pain donne du corps au mélange, qui est ensuite lié par les œufs.

Presque toutes les farces contiennent des herbes mais, dans la préparation à base de sauge et d'oignons présentée ci-contre *(recette page 110)*, elles jouent un rôle important. Comme les feuilles de sauge fraîche ont un parfum prononcé légèrement âcre, on peut les blanchir pendant quelques secondes pour l'adoucir. Avant de les ajouter à la farce, on cuit les oignons au four dans leur peau afin de concentrer leur goût: leur douceur naturelle ressortira et contrastera avec le parfum âcre de la sauge.

La saveur de l'oignon est atténuée dans une farce à base de duxelles, combinaison d'oignons et de champignons hachés menu, rissolés au beurre, où le goût de ces derniers prédomine *(encadré page de droite, à gauche; recette page 123)*. Pour être très parfumée, la duxelles doit cuire jusqu'à ce que toute l'humidité contenue dans les champignons se soit évaporée et que les légumes commencent à attacher à la casserole.

Les farces à base de viande peuvent se préparer simplement avec des parures de viande et des aromates mélangés à un œuf et à du pain émietté *(encadré page de droite, au centre; recette page 145)*; on peut également ajouter certains légumes tels que les épinards *(encadré page de droite, à droite; recette page 85)*. Dans la mesure où le temps de cuisson du porc tient compte du volume de la farce, la viande n'a pas besoin d'être précuite. On peut toutefois utiliser des restes de viande cuite, mais afin que la farce ne se dessèche pas à la cuisson, il faudra ajouter un peu de viande grasse au maigre. Elle sera meilleure si on la hache à la main plutôt qu'au mixer, qui écraserait ses fibres et lui ferait perdre trop de jus.

Farce aux herbes aromatiques

1 **Préparer les ingrédients.** Faites cuire à four chaud des oignons non épluchés pendant 1 heure. Faites tremper de la mie de pain dans de l'eau chaude quelques minutes; essorez-la et mettez-la dans une terrine. Ajoutez les œufs et du lard haché; muscadez, salez, poivrez et saupoudrez d'herbes séchées. Blanchissez et égouttez la sauge.

2 **Mélanger les ingrédients.** Hachez les oignons pelés en petits morceaux. Attachez en bouquet les feuilles de sauge et hachez-les menu. Ajoutez les oignons et la sauge hachés à la préparation qui se trouve dans la terrine. Malaxez bien tous les ingrédients avec vos doigts *(ci-dessus)*.

3 **Rectifier la consistance.** Travaillez le mélange dans la terrine jusqu'à obtention d'une pâte humide. Si la préparation est trop liquide, ajoutez un peu de chapelure pour absorber l'excédent de liquide; si elle paraît friable, ajoutez un œuf entier. Pour épaissir la farce, saupoudrez-la d'une poignée de farine.

4 **Incorporer la farine.** Avec les doigts, mélangez la farine aux autres ingrédients de façon qu'elle soit bien répartie dans toute la farce. Le mélange final doit avoir une texture régulière et une consistance assez ferme pour pouvoir être manipulé facilement.

Farce à la duxelles

1 **Cuire la duxelles.** Faites rissoler doucement un oignon haché dans du beurre. Ajoutez les champignons hachés, augmentez la chaleur et laissez cuire de 2 à 3 minutes.

2 **Préparer les ingrédients.** Mélangez le pain émietté avec les œufs et les herbes. Ajoutez la duxelles. Assaisonnez le mélange avec du sel, du poivre, du persil haché, un peu de muscade et un jus de citron.

3 **Mélanger la farce.** Avec les doigts, travaillez délicatement le mélange. Maniez la farce avec douceur, sinon elle aurait une texture trop pâteuse.

Farce à la viande

1 **Hacher la viande.** Dans un mortier, pilez l'ail épluché avec le sel et le poivre. Hachez menu des parures de porc frais. Préparez du persil, un œuf, des herbes séchées et du pain émietté.

2 **Remuer le mélange.** Hachez menu le persil et ajoutez tous les ingrédients dans le mortier. Avec une fourchette, remuez le mélange jusqu'à ce que l'œuf ait été complètement absorbé.

3 **Malaxer la farce.** Malaxez pour bien mélanger tous les ingrédients et répartir uniformément la viande hachée et les assaisonnements. La farce doit être souple et avoir la consistance d'une pâte.

Farce aux légumes

1 **Préparer les épinards.** Équeutez les épinards et blanchissez les feuilles de 1 à 2 minutes. Égouttez-les dans une passoire. Passez-les rapidement à l'eau froide puis essorez-les pour extraire le plus de liquide possible.

2 **Préparer les ingrédients.** Hachez grossièrement les épinards. Hachez le porc désossé et mettez-le dans une terrine avec les œufs, le pain émietté, les herbes séchées, le persil, l'oignon hachés et l'assaisonnement.

3 **Mélanger la farce.** Mettez les épinards hachés dans la terrine. Avec les doigts, mélangez délicatement les ingrédients. Vous pouvez ajouter du pain émietté pour donner à la farce une texture ferme et compacte.

Comment confectionner des saucisses

Toutes les saucisses sont composées de chair de porc hachée ou moulue, enfermée dans une peau, mais la texture de la viande peut varier à volonté et l'assaisonnement dépendre des aromates utilisés. Quant à la préparation, on peut la loger dans des enveloppes de tailles et de formes différentes, vos goûts et vos besoins présidant à ces choix (*recettes pages 86-88 et 113*).

L'équipement nécessaire à la fabrication des saucisses est simple. L'appareil le plus utile est un hachoir, dont l'accessoire qui permet de former les saucisses (*opération 4, page de droite*) n'est pas indispensable : il existe diverses manières de remplir les saucisses à la main (*encadrés ci-contre en bas et page de droite*).

Afin que la saucisse ne se dessèche pas pendant la cuisson, on doit toujours mélanger gras et viande maigre. En général, il faut une part de gras pour deux parts de maigre, de préférence un morceau de poitrine ou du lard acheté séparément et de l'échine.

Les enveloppes pour saucisses sont en principe vendues par des grossistes, mais on peut en trouver au détail dans certaines charcuteries ou en demander à son boucher. Les boyaux naturels — intestins de porc, de mouton ou de bœuf — sont préférables aux boyaux synthétiques, à base de collagène, car ils sont perméables et plus résistants. On les conserve d'une manière générale dans de la saumure ou du sel à sec.

La taille des boyaux dépend de l'animal dont ils proviennent et de la partie de l'intestin à laquelle ils correspondent. Les boyaux de mouton et de porc permettent de préparer des saucisses que l'on peut faire frire ou griller ; les boyaux de bœuf, plus larges, conviennent mieux aux grosses saucisses, de texture plus grossière, qui seront pochées (*page 55*).

La crépine de porc, membrane graisseuse de l'estomac, constitue également une bonne enveloppe que l'on remplira à la main de chair à saucisse pour obtenir ce que l'on appelle des crépinettes.

1 **Faire tremper les boyaux.** Rincez tous les boyaux *(opération 2)* mais ne faites tremper dans une terrine d'eau tiède que ceux qui ont été salés à sec ; vous pouvez ajouter quelques gouttes de vinaigre ou de jus de citron pour enlever toute odeur. Laissez-les tremper 30 minutes environ, jusqu'à ce qu'ils deviennent tendres et élastiques.

2 **Rincer les boyaux.** Faites couler de l'eau froide dans chaque boyau, sous le robinet ou avec un entonnoir, comme ici, pour les rincer et les gonfler. Essorez-les, mais ne les séchez pas : un peu d'humidité leur permettra de conserver toute leur souplesse.

Grosses saucisses à pocher

1 **Préparer la viande.** Après avoir enlevé le gras de la viande maigre, coupez-la en cubes de 1 cm. Coupez un morceau de porc gras en petits morceaux puis passez-les avec la grille moyenne du hachoir. Passez le gras de la viande maigre avec la grille moyenne puis avec la grille fine pour hacher les parties nerveuses. Coupez du lard préalablement refroidi en petits cubes.

2 **Garnir les saucisses.** Dans une terrine, mélangez la viande et le lard avec les assaisonnements (*recette page 113*). Prenez un boyau de bœuf et fixez-le sur un tube en plastique, par exemple. Mettez la chair dans le tube puis tassez-la de façon à remplir le boyau régulièrement. Enlevez le tube et attachez le boyau à ses deux extrémités avec du fil de cuisine.

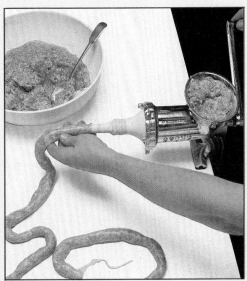

3 **Préparer la chair.** Mélangez la viande maigre et le lard. Débarrassez la viande de ses parties nerveuses, puis coupez-la en petits morceaux. Passez-la au hachoir. Incorporez du sel, du poivre et différents aromates ; ici on utilise un mélange d'herbes séchées, de muscade, de clous de girofle et de quatre-épices.

4 **Former les saucisses.** Adaptez sur le hachoir l'accessoire qui sert à former les saucisses. Enfilez sur le bec tout le boyau en laissant libre la longueur d'un doigt. Remplissez le hachoir de chair ; tournez la poignée. Lorsqu'un peu de chair est entrée dans le boyau, nouez l'extrémité. Tirez sur le boyau au fur et à mesure qu'il se remplit.

5 **Séparer les saucisses.** Lorsque le boyau est presque rempli, détachez-le de l'appareil et nouez-le. Avec les mains, roulez la saucisse afin de bien répartir la chair. Pincez-la à intervalles réguliers et tordez-la en lui faisant faire un tour complet. Pour qu'elle ne se déroule pas, tordez une extrémité de la saucisse vers la droite et l'autre vers la gauche. □

Garnir des saucisses à la main

Avec un entonnoir. Les saucisses peuvent être formées à la main sans équipement spécial. Sur le col d'un entonnoir, vous pouvez rouler un boyau étroit, par exemple un boyau de mouton, comme ici, et faire pénétrer la chair avec les doigts ou un pilon. Au fur et à mesure que le boyau se remplit, déroulez-le délicatement.

Avec une poche à douille. Les boyaux de bœuf peuvent être remplis avec une poche à douille à embout large. Roulez-en le maximum sur l'embout. D'une main, fermez la grande ouverture de la poche. Tenez l'embout entre le pouce et l'index de l'autre main ; avec vos doigts libres, faites avancer la chair. Éloignez le boyau de l'embout au fur et à mesure que le boyau se remplit.

Crépinettes

Envelopper la chair dans la crépine. Si la crépine a été salée à sec, faites-la tremper avant de l'utiliser *(opération 1, page de gauche, en haut)*. Rincez-la et coupez-la en carrés de 20 cm. Mettez une poignée de chair au centre de chaque carré *(recette page 85)*. Aplatissez la chair avec la main, puis enroulez la crépine en appuyant pour qu'elle adhère bien à la chair.

1
Poêler et frire
Deux modes de cuisson pour petits morceaux

Comment faire cuire la poitrine fumée

Pour obtenir des saucisses moins grasses

Le déglaçage

Un plat de saucisse bien présenté

Préparation des sauces

Pour relever la saveur du porc

La cuisson à la poêle s'applique parfaitement à la poitrine fumée, aux tranches de bacon, aux saucisses, aux côtes et aux petits morceaux de porc maigre. C'est d'ailleurs le seul point commun à tous ces morceaux: ils sont si différents qu'il faut adapter le mode de cuisson à chacun d'eux, selon son épaisseur et sa teneur en graisse.

Comme la viande de porc exige une cuisson prolongée, le rissolage — technique qui consiste à poêler rapidement la viande dans un peu de matière grasse, à forte température — ne convient qu'à de très fines tranches de porc frais. Les morceaux plus épais tels que les côtes de porc doivent commencer à cuire dans la matière grasse chaude. Lorsque la viande est dorée, on réduit la chaleur afin qu'elle cuise en profondeur sans brûler. Les côtes de porc épaisses pouvant demander jusqu'à 30 minutes de cuisson, on couvre parfois la poêle pour empêcher l'évaporation et garder à la viande sa texture moelleuse.

Au cours de cette cuisson lente, la viande donne beaucoup de jus: on pourra faire une sauce d'accompagnement en ajoutant du vin ou de l'eau dans la poêle et en remuant avec une cuillère pour incorporer le gratin qui s'est formé au fond.

Les saucisses n'ont pas besoin de rissoler. Un feu trop vif brûlerait leur peau qui, à moins d'être piquée en plusieurs endroits, risquerait d'éclater. Il est inutile de graisser la poêle: un peu d'eau suffit pour empêcher les saucisses d'attacher en début de cuisson; quand l'eau se sera évaporée, elles auront rendu assez de graisse pour y achever leur cuisson *(page 22)*. La poitrine fumée donne aussi suffisamment de matière grasse pour sa cuisson, mais il faudra en mettre un peu pour poêler les tranches de bacon, plus maigres. Tous ces morceaux devront cuire lentement.

La friture *(page 28)* constitue un autre mode de cuisson pour les petits morceaux de porc désossé. On les roule dans une pâte à frire, faite de farine ou d'œuf battu mélangé à de la chapelure; lorsqu'on plonge les morceaux de viande dans l'huile très chaude, la panure qui les enrobe est presque instantanément saisie. Cette méthode exigeant des températures élevées, elle ne convient que pour les tranches fines; les morceaux plus épais risqueraient de brûler avant d'être cuits en profondeur.

Un long morceau de saucisse enroulé et fixé avec des brochettes (page 26) est retiré, encore grésillant, de la poêle. Des morceaux d'ail et un bouquet garni ont été ajoutés en cours de cuisson pour parfumer la saucisse. Le jus de cuisson servira pour préparer une sauce.

Trois préparations faciles à réaliser

La poitrine fumée, le jambonneau fumé et les saucisses ne demandent ni une préparation ni une cuisson très élaborées, mais les méthodes de cuisson diffèrent néanmoins légèrement selon l'épaisseur et la teneur en graisse de la viande.

Comme la poitrine fumée est entrelardée, on ne verse dans la poêle que très peu ou même pas du tout d'huile. On mène la cuisson lentement et à feu doux afin que les tranches n'attachent pas et qu'elles ne se recroquevillent pas.

Le jambonneau fumé étant un morceau plus maigre et plus épais que la poitrine fumée, il faut le frire avec un peu d'huile de façon qu'il n'attache pas (*encadré page de droite*).

Les saucisses, enfin, contiennent de la graisse, mais celle-ci est retenue par la peau et ne peut s'écouler librement. Aussi devra-on piquer les saucisses avant de les mettre dans la poêle pour que la chair exsude la graisse au contact de la chaleur et que la vapeur s'échappe. Ce détail a son importance, car la chair, en se dilatant, risquerait de faire éclater la peau. On pourra ajouter un peu d'huile pendant la cuisson, à moins que l'on ne cuise les saucisses dans un peu d'eau (*opération 2, ci-contre en bas*); elles donneront, en effet, suffisamment de graisse lorsque l'eau se sera évaporée pour qu'il soit superflu d'en ajouter.

Comme le jambonneau fumé, les saucisses plates sans peau attacheront dans la poêle si elles sont cuites sans matière grasse. En outre, elles réduiront beaucoup en exsudant leur graisse.

La poitrine fumée

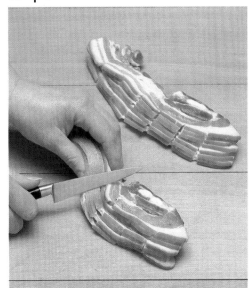

1 **Découper la couenne.** Afin que la poitrine fumée ne se recroqueville pas à la cuisson, découpez la couenne en tranches et faites de petites incisions à intervalles de 2 ou 3 cm avec un couteau (*ci-dessus*) ou des ciseaux.

2 **Mettre les tranches dans la poêle.** Graissez le fond d'une poêle avec un peu d'huile, si vous le désirez, puis mettez-y les tranches de poitrine fumée en veillant à ce qu'elles ne chevauchent pas, sinon la cuisson serait irrégulière.

Dorer des saucisses sans les faire éclater

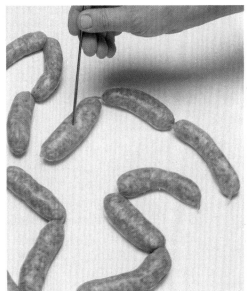

1 **Piquer les saucisses.** Séparez les saucisses ou gardez-les en chapelet, comme ici. Percez la peau en 2 ou 3 endroits, de chaque côté, avec un ustensile pointu, une brochette ou une aiguille à brider, par exemple.

2 **Ajouter l'eau.** Mettez les saucisses dans une poêle et versez juste assez d'eau froide pour couvrir le fond de la poêle. Portez à ébullition et laissez cuire les saucisses jusqu'à évaporation de l'eau, en les retournant plusieurs fois.

Le jambonneau fumé

3 Cuire la poitrine. Mettez la poêle à feu doux. Pressez les tranches avec un couvercle pour qu'elles ne se recroquevillent pas *(ci-dessus)*. Soulevez-le de temps en temps, décollez les tranches avec une fourchette et retournez-les lorsqu'elles sont dorées.

4 Faire revenir et égoutter la poitrine. Laissez revenir les tranches de 5 à 10 minutes, enlevez le couvercle et retirez les tranches avec une fourchette ou, si elles sont bien croustillantes, avec des pinces. Égouttez-les sur des serviettes en papier ou sur un linge. □

Frire des tranches de jambonneau fumé. Graissez légèrement une poêle et mettez-la à feu moyen. Enlevez la couenne des tranches de jambonneau ou incisez-la à intervalles de 2 ou 3 cm. Mettez les tranches dans la poêle chaude. Faites-les frire de 10 à 12 minutes selon l'épaisseur, en les retournant plusieurs fois.

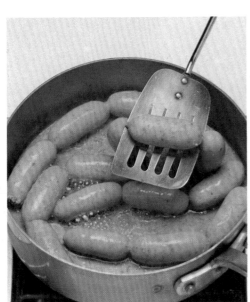

Les saucisses plates

3 Frire les saucisses. Lorsque toute l'eau s'est évaporée, la poêle doit être luisante de graisse. Sinon, ajoutez de l'eau et portez de nouveau à ébullition. Cuisez les saucisses 15 minutes environ à feu doux en les retournant de temps en temps avec la spatule pour qu'elles dorent uniformément, sans attacher.

4 Égoutter et servir les saucisses. Quand les saucisses sont entièrement dorées, soulevez-les avec la spatule et maintenez-les au-dessus de la poêle afin de permettre à l'excédent de graisse de s'écouler. Servez aussitôt. □

Poêler des saucisses plates. Mettez une poêle légèrement graissée à feu moyen et disposez-y les saucisses. Pendant qu'elles cuisent, pressez-les fermement, à plusieurs reprises, avec la spatule afin qu'elles expriment leur graisse. Faites-les dorer de chaque côté de 5 à 8 minutes selon l'épaisseur puis égouttez-les et servez aussitôt.

Le déglaçage, ou comment obtenir des sauces variées

Côtes de porc déglacées au vin

Lorsqu'on poêle une viande, il arrive que le jus de cuisson coagule et brunisse, ou caramélise en chauffant. Comme le porc doit être cuit assez longtemps, le gratin qui se formera au fond de la poêle sera particulièrement riche et abondant. Si l'on y incorpore un peu de liquide — procédé appelé déglaçage —, on obtient une sauce onctueuse que l'on servira avec le plat.

Plusieurs liquides peuvent être utilisés, permettant ainsi de réaliser toutes sortes de sauces. L'acidité du vin blanc sec, par exemple, employé dans la préparation ci-contre, compense la saveur douceâtre des côtes de porc, mais du vinaigre ou du cidre sec conviennent également. Pour souligner le goût naturel du porc, on utilisera de préférence du jus de fruits sucré, du cognac ou de la crème fraîche.

On pourra aussi déglacer la poêle avec du jus de cuisson de légumes. Ici (page de droite), on fait revenir des piments doux, jaunes et verts, préalablement pelés et égrenés, puis on les ajoute à des saucisses poêlées. On mélange ensuite le gratin de la poêle et les piments pour corser la saveur de la préparation.

1 **Assaisonner les côtes de porc.** Avec un petit couteau de cuisine, enlevez la couenne d'épaisses côtes de porc. Retirez l'excès de gras tout autour de la viande, en laissant juste ce qu'il faut pour qu'elle ne sèche pas. Assaisonnez la viande de chaque côté avec du sel et du poivre du moulin.

2 **Faire dorer la viande.** Faites chauffer un peu d'huile ou de saindoux fondu dans une grande poêle. Mettez-y les côtes en veillant à ce qu'elles ne se touchent pas: si elles étaient trop serrées, elles cuiraient à l'étouffée et ne doreraient pas. Cuisez-les à feu moyen 5 minutes environ. Retournez-les (ci-dessus) et faites dorer l'autre face.

5 **Déglacer la poêle.** Remettez la poêle sur le feu et versez suffisamment de liquide, ici du vin blanc sec (ci-dessus, à gauche). Mélangez et grattez fort avec une cuillère en bois afin que le gratin s'incorpore bien au liquide (ci-dessus, à droite). Faites réduire à feu vif jusqu'à obtention d'une sauce claire et savoureuse. Dressez les côtes de porc sur un plat de service chaud et recouvrez à la cuillère avec le liquide de déglaçage (ci-contre). Si vous le désirez, saupoudrez de persil haché. ☐

3 Couvrir la poêle. Baissez le feu et couvrez la poêle pour conserver la chaleur et empêcher l'évaporation : ainsi la viande ne sèchera pas. Laissez cuire les côtes de porc de 10 à 20 minutes, selon leur épaisseur, en les retournant une fois.

4 Retirer la graisse de la poêle. Quand les côtes de porc sont cuites, gardez-les au chaud dans le four. Videz la graisse qui se trouve dans la poêle avec précaution (ci-dessus) : conservez le jus de viande et le gratin.

Déglacer avec du jus de légumes

1 Cuire les piments doux. Faites-les griller à feu moyen, en les retournant souvent. Couvrez-les d'un linge humide et laissez-les refroidir. Pelez-les à la main, égrenez-les et coupez-les en lamelles. Faites chauffer de l'huile d'olive dans une poêle. Mettez-y les piments et de l'ail écrasé.

2 Ajouter les piments aux saucisses. Dans une autre poêle, faites dorer des saucisses (page 22) à feu moyen. En les retenant avec un couvercle, jetez la graisse de la poêle. Ajoutez ensuite les piments (ci-dessus).

3 Déglacer la poêle. Grattez le fond de la poêle avec une cuillère en bois pour détacher le gratin formé par le jus des piments. Saupoudrez de persil haché menu et laissez cuire une minute afin qu'il dégage tout son parfum. Servez immédiatement. ☐

Des sauces bien liées grâce au jus de cuisson

La sauce claire obtenue par déglaçage *(page 24)* gagnera en consistance si pour l'épaissir on y ajoute des ingrédients.

Certains légumes seront incorporés au jus de cuisson pour donner une sorte de purée. Dans la préparation ci-contre *(recette page 89)*, on cuit des tomates dans une poêle préalablement déglacée au vinaigre pour accompagner une saucisse.

La farine est l'ingrédient classique qui sert à épaissir une sauce, mais elle convient mieux aux ragoûts ou aux plats braisés qu'aux viandes poêlées. Pour le porc aux pruneaux présenté ci-dessous *(recette page 91)*, on recouvre la viande de farine de façon à donner une certaine consistance à la sauce, mais c'est en ajoutant de la crème fraîche qu'on la liera assez pour napper une cuillère. Après que les tranches de porc ont cuit au beurre, on déglace la poêle avec du vin dans lequel on a fait mariner et pocher des pruneaux *(encadré ci-dessous)*. On incorpore un soupçon de gelée de groseilles, puis on verse la crème au dernier moment et on la fait réduire.

Sauce tomate

1 **Préparer la saucisse.** Coupez environ 75 cm de saucisse *(page 18)* et mettez-la en spirale. Prenez deux brochettes assez longues pour traverser la spirale et introduisez l'une des brochettes près de l'extrémité de la spirale ; enfilez la seconde brochette perpendiculairement à la première *(ci-dessus)*.

2 **Poêler la saucisse.** Piquez la saucisse en plusieurs endroits et cuisez-la à la poêle avec un peu d'eau pour que la graisse s'exsude *(page 22)*. Lorsqu'elle est bien dorée, faites-la glisser sur une assiette, côté cuit au-dessus. Remettez-la dans la poêle pour faire dorer le second côté.

Garniture de pruneaux

Faire mariner et cuire les pruneaux. Les pruneaux pochés sont une excellente garniture pour de nombreux plats de porc rôti ou poêlé. Mettez-les dans un bol, couvrez-les de vin blanc et laissez tremper une nuit. Le lendemain, disposez-les dans un plat à four et versez la marinade dessus. Couvrez avec un couvercle ou du papier d'aluminium et pochez au four préchauffé à 150° (2 au thermostat) 1 heure. Égouttez les pruneaux.

Sauce à la crème fraîche

1 **Préparer la viande.** Demandez à votre boucher de vous faire des tranches de 1 cm d'épaisseur dans le filet mignon de porc. Retirez bien le gras, puis passez-les dans la farine *(ci-dessus)* et secouez-les pour enlever l'excédent.

2 **Poêler au beurre.** Dans une grande poêle, faites fondre du beurre à feu moyen. Dès qu'il grésille, mettez la viande. Poivrez et salez. Quand les tranches sont dorées d'un côté, retournez-les. Après 10 minutes de cuisson, déposez la viande sur un plat chaud et garnissez-la de pruneaux pochés *(encadré ci-contre)*.

3 **Déglacer la poêle.** Ajoutez de l'ail écrasé et un bouquet garni puis couvrez. Quand la saucisse est dorée des deux côtés, mettez-la sur un plat de service et gardez-la au chaud. Jettez la graisse de la poêle, puis déglacez avec du vinaigre, en remuant bien avec une cuillère en bois pour détacher le gratin.

4 **Faire la sauce.** Pelez, égrenez et hachez grossièrement des tomates mûres et mettez-les dans la poêle. Cuisez-les environ 10 minutes à feu moyen, en remuant souvent jusqu'à obtention d'une purée épaisse. Ajoutez quelques câpres et parsemez de persil haché menu. Laissez cuire 1 minute.

5 **Servir la saucisse.** Retirez les brochettes de la saucisse. Desserrez un peu la spirale pour permettre à la sauce de bien napper la saucisse. Versez la sauce tomate et servez aussitôt. Pour servir, coupez des portions de saucisse et ajoutez de la sauce avec une cuillère dans chaque assiette. □

3 **Faire la sauce et servir.** Versez le liquide de cuisson des pruneaux dans la poêle et déglacez à feu vif. Ajoutez 1 cuillerée de gelée de groseilles et remuez jusqu'à ce qu'elle soit dissoute. Versez 50 cl de crème fraîche épaisse, mélangez et faites frémir afin qu'elle réduise légèrement. Versez la sauce sur la viande à travers un tamis. Servez. □

27

Des escalopes de porc panées

Roulés dans l'œuf battu et la chapelure puis plongés dans la friture chaude, les petits morceaux de porc maigre désossé sont croustillants et moelleux à l'intérieur. En outre, pour contraster avec la texture de la viande, la panure dissimule parfois une délicieuse surprise: un mélange savoureux que l'on étend sur le porc avant de le paner.

Ici, les escalopes prises dans le filet mignon sont recouvertes, sur une face, d'une tapenade, mélange provençal qui doit sa saveur et sa couleur aux olives, aux câpres et aux anchois pilés *(recette page 84)*. Vous pouvez aussi utiliser d'autres condiments: de la moutarde aux herbes, du fromage râpé, un mélange de poivrons et d'ail ou d'oignons pilés *(recette page 96)*, par exemple.

Il importe de respecter quelques règles pour frire des tranches de porc: d'une part, elles ne doivent pas avoir plus de 1 cm d'épaisseur, sinon elles brûleraient à l'extérieur avant d'être cuites à l'intérieur; d'autre part, pour que la panure ne se détache pas en cours de cuisson, il faut bien sécher la viande et la rouler dans une première couche de chapelure ou de parmesan râpé avant de la tremper dans l'œuf battu.

Afin que la viande conserve sa forme pendant la cuisson, il suffit de la ciseler légèrement de chaque côté, en formant un quadrillage, après qu'elle a été panée.

Il n'est pas nécessaire d'utiliser une friteuse pour cuire les petits morceaux de porc. Une poêle suffira, à condition d'être assez profonde pour que la viande n'attache pas. Il ne faut la remplir de matière grasse qu'à demi; si l'on en met trop, en effet, elle risquerait de sauter sur le feu et de s'enflammer.

La matière grasse choisie doit pouvoir chauffer à une température élevée sans brûler. Les huiles d'arachide ou de maïs conviennent, tandis que l'huile d'olive donne au porc frit une saveur fruitée particulière et brûle à une température relativement basse; on peut, cependant, l'utiliser mais avec précaution. Quant au saindoux, il est particulièrement indiqué alors que le beurre, en revanche, brûlant à des températures très basses, ne convient absolument pas.

Afin que la viande panée soit rapidement saisie lorsqu'on la met dans la poêle, il faut chauffer la matière grasse à 180-190°. On peut mesurer la température avec un thermomètre à friture, ou bien laisser tomber un morceau de pain frais dans la poêle: s'il grésille aussitôt, la matière grasse est assez chaude.

Enfin, surveillez attentivement la cuisson: une minute en trop risquerait de dessécher la viande et de brûler la panure. Lorsque la viande est cuite, égouttez-la sur un linge ou un papier absorbant et servez-la immédiatement: plus elle est chaude, plus elle est succulente.

1 **Préparer une tapenade.** Mettez les olives dénoyautées, les câpres rincées puis les filets d'anchois et le poivre noir dans un mortier et pilez-les avec un pilon jusqu'à obtention d'une pâte. Ajoutez moutarde, cognac, jus de citron et huile d'olive tout en remuant, jusqu'à ce qu'ils soient absorbés.

2 **Étendre la tapenade sur la viande.** Enlevez le gras et les fibres nerveuses d'un morceau de porc maigre, ici du filet mignon. Coupez la viande en escalopes de 1 cm d'épaisseur au maximum. Avec un couteau de cuisine, tartinez chaque escalope, sur une seule face, d'une mince couche de tapenade.

3 **Paner les escalopes de porc.** Roulez les tranches de viande dans la chapelure, puis trempez-les dans l'œuf battu auquel vous aurez mélangé une cuillerée à soupe d'eau. Placez ensuite les escalopes sur un lit de chapelure. Pressez légèrement la panure avec le plat de la main pour l'égaliser.

4 **Ciseler la viande d'un léger quadrillage.** Avec un grand couteau de cuisine, ciselez les tranches de porc panées d'un léger quadrillage (ci-dessus). Laissez les escalopes à température ambiante pendant au moins 1 heure afin de permettre à la panure de sécher et de mieux adhérer.

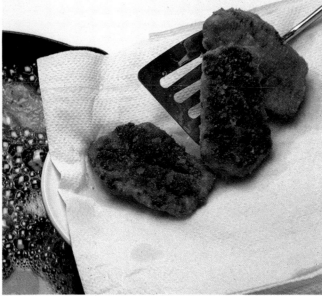

5 **Poêler les escalopes panées.** Chauffez assez de matière grasse dans une poêle pour que la viande n'attache pas. Amenez-la à la température de 180° au moins. Déposez les escalopes dans la poêle et laissez-les cuire 2 minutes de chaque côté. Quand elles sont dorées, retirez-les, égouttez-les et servez. □

2
Griller et rôtir
Hautes températures au service de la cuisson

Pour garder le moelleux de la viande

Cuisson du travers de porc

Comment obtenir un glaçage ombré

Une sauce facile à faire

Des herbes et des fruits pour les rôtis

Un arrosage indispensable

Farces inattendues

Barder la viande

Une couronne de porc rôti

Préparation du cochon de lait

Un rôti de porc en couronne, réalisé en joignant deux carrés de porc de même dimension *(page 42)*, découpé entre les côtes, fait apparaître une farce composée de chair à saucisse et d'épinards. La farce entoure également la couronne, tandis que des pommes de terre nouvelles, rissolées dans leur peau, complètent la garniture. Le rôti est servi accompagné du jus de cuisson.

Griller et rôtir : ces deux méthodes de cuisson par chaleur directe dérivent d'une origine commune, l'âtre. Autrefois, la viande était rissolée sur un gril, au-dessus des braises, ou tournée sur une broche devant les flammes jusqu'à ce qu'elle soit parfaitement savoureuse. Certes, cette tradition se perpétue avec le barbecue mais, de nos jours, on utilise plus souvent le gril de la cuisinière. Quel que soit l'équipement dont on dispose, en grillant et en rôtissant le porc, on vise à obtenir une viande dorée à l'extérieur et moelleuse à l'intérieur. La viande jeune et tendre est celle qui convient le mieux pour réussir grillades et rôtis. La plupart des porcs étant conduits à l'abattoir au bout de six mois, presque tous les morceaux de viande fraîche peuvent être cuits selon l'une ou l'autre méthode. A l'exception des tranches de poitrine fumée qui sont suffisamment grasses pour être grillées, les morceaux de porc salés ou fumés sont rarement grillés ou rôtis, mais plutôt pochés ou braisés, pour éliminer l'excès de sel et compenser la perte d'humidité résultant du salage et du fumage.

Grillé ou rôti, le porc frais doit toujours être cuit à point pour éviter tout risque de trichinose, mais pour que la viande maigre reste moelleuse, il faut la huiler généreusement avant de là griller ; le porc coupé en cubes enroulés dans des tranches de poitrine fumée peut être présenté sur des brochettes. Il est parfois nécessaire de barder les morceaux qui doivent être cuits au four, c'est-à-dire les couvrir de lamelles de lard ou de couenne, pour protéger les parties de la viande directement exposées à la chaleur. On laisse parfois la couenne sur la viande afin d'obtenir une enveloppe croustillante ; on peut également l'enlever et arroser la couche de graisse restante avec le jus de cuisson auquel on a ajouté du vin ou de l'eau pour former un glaçage *(page 38)*.

Quelle que soit la méthode choisie, on doit faire cuire la viande à une température interne de 75°. Vous trouverez page 36 les temps de cuisson nécessaires pour parvenir à cette température.

Lorsque la viande est cuite, on peut la garder au chaud de 10 à 15 minutes : ainsi, elle deviendra plus consistante et le rôti sera beaucoup plus facile à découper.

La cuisson au gril: pour parfaire la saveur

Comme le porc doit toujours être cuit à point, il faut le griller plus longtemps que le bœuf ou l'agneau, qui sont souvent servis saignants, et mener la cuisson à feu doux pour que la viande ne brûle pas en surface avant d'être cuite à l'intérieur. Pour les saucisses, cette cuisson à petit feu ne présente aucun risque car elles donnent assez de matière grasse pour pouvoir les arroser en cours de cuisson. Quant aux morceaux de porc maigre, il faudra les protéger afin qu'ils ne risquent pas de se dessécher.

Seuls les petits morceaux de porc tels que les côtes peuvent être grillés entiers. Ils doivent être badigeonnés d'huile afin que la viande n'attache pas au gril et reste moelleuse pendant la cuisson. On peut aromatiser la viande en la saupoudrant d'herbes, origan ou romarin, ou en recouvrant chaque morceau de plusieurs feuilles de sauge entières, comme dans la préparation ci-dessous. Le goût des herbes s'adoucit pendant la cuisson et leur parfum imprègne délicatement la viande.

Les morceaux de porc maigre plus gros seront coupés en cubes puis généreusement huilés pour griller sur des brochettes, ou encore enroulés dans de minces tranches de poitrine fumée grasse qui donneront suffisamment de graisse pour arroser le tout.

On peut aussi intercaler entre les morceaux de porc des cubes de pain rassis, sans croûte, qui doreront et deviendront délicieusement croustillants, ou encore incorporer des légumes sur les brochettes: des carrés de poivron vert ou des petits champignons, par exemple.

Les brochettes de porc peuvent se servir avec du riz ou être présentées sur une chiffonnade de laitue *(page de droite, en haut; recette page 112)*.

La cuisson au gril convient, certes, pour toutes les saucisses de porc frais, mais cette méthode semble tout particulièrement indiquée pour les crépinettes *(page 19)*. En effet, la crépine fond pendant la cuisson des saucisses, enrichissant ainsi la viande et lui donnant d'appétissantes marbrures rissolées.

Côtes de porc grillées aux feuilles de sauge

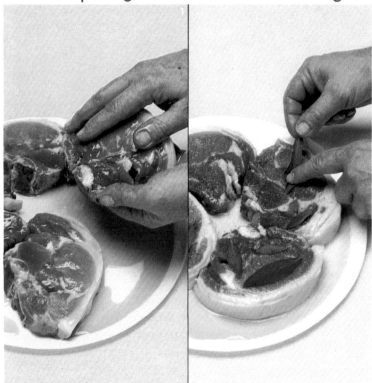

1 **Préparer les côtes de porc.** Débarrassez les côtes de leur excès de gras, en laissant une bordure de 1 cm au maximum. Versez un peu d'huile d'olive sur chaque côte et badigeonnez-en la viande *(ci-dessus, à gauche)*. Salez et poivrez. Appliquez 3 ou 4 feuilles de sauge fraîche sur l'une ou les deux faces de chaque côte *(ci-dessus, à droite)*. Laissez la viande 1 heure à température ambiante, pour qu'elle s'imprègne de l'arôme de la sauge. Préchauffez le gril.

2 **Griller les côtes.** A feu moyen, faites saisir la viande, 1 minute de chaque côté. Réduisez la chaleur, ou éloignez les côtes du gril pour qu'elles cuisent doucement. Les côtes de 2 à 3 cm d'épaisseur exigent 5 minutes de cuisson de chaque côté environ, les côtes plus épaisses jusqu'à 10 minutes. Pour vérifier le degré de cuisson, piquez-les avec une brochette: le jus doit être clair, sans aucune trace de rose. Servez aussitôt. □

Brochettes de porc grillées à la poitrine fumée

1 **Préparer les ingrédients.** Coupez la viande, ici du filet mignon, en cubes de 2 à 3 cm, autant de pain rassis et le double de poitrine fumée en cubes plus petits. Mettez le tout dans une terrine et versez dessus l'huile d'olive mélangée avec le poivre, le sel et les herbes. Malaxez avec vos doigts.

2 **Composer les brochettes.** Enfilez la viande et le pain sur de longues brochettes, en insérant le porc entre 2 tranches de poitrine fumée et en intercalant un cube de pain entre chaque « sandwich ». Grillez les brochettes à température moyenne 15 minutes environ en les tournant régulièrement.

3 **Servir les brochettes.** Lavez de la laitue, séchez-la et taillez-la en chiffonnade. Mettez-la sur un plat de service creux. Dans un bol, mélangez un jus de citron, du sel et un peu d'huile d'olive. Assaisonnez la salade avec ce mélange, posez les brochettes par-dessus et garnissez de quartiers de citron. ☐

Crépinettes grillées

1 **Préparer les crépinettes.** Formez les crépinettes en enveloppant de la chair à saucisse dans la crépine *(page 19)*. Préchauffez le gril. Pour qu'elles n'attachent pas, huilez-les légèrement, ou huilez le gril lorsqu'il est encore froid. Placez les crépinettes sur le gril.

2 **Griller les crépinettes.** Placez les crépinettes à 8 cm au moins de la source de chaleur. Faites cuire à chaleur modérée 7 minutes environ, jusqu'à ce que la crépine soit dorée. Retournez les crépinettes et faites rissoler l'autre côté 7 minutes.

3 **Servir les crépinettes.** Servez les crépinettes dès qu'elles sont grillées. Ici, elles sont accompagnées de pommes émincées, rissolées au beurre, mais on peut aussi les servir avec une purée de pommes de terre ou des huîtres, comme à Bordeaux. ☐

Sauces aigres-douces pour le travers

Travers rôti à la sauce barbecue

Le travers de porc — petit morceau situé sur le côté de l'abdomen de l'animal — peut être grillé ou rôti. Pendant la cuisson, on arrosera généreusement la viande d'une sauce très relevée afin de la parfumer et lui donner un beau glaçage.

Comme bien des morceaux de porc frais, le travers aura plus de saveur si on le fait mariner toute une nuit avec des fines herbes *(page 12)*. On le séchera ensuite soigneusement, en laissant cependant quelques aromates pour en corser la saveur, puis on le mettra à four chaud pendant 10 minutes pour le dégraisser. On pourra découper les côtes pour la cuisson, mais le travers gardera mieux son jus et sera plus facile à manier en bande.

Dans les cuisines orientale et occidentale, on emploie traditionnellement des sauces piquantes, composées d'ingrédients très relevés. Ici, on nappe la viande en cours de cuisson d'une sauce barbecue qui a longuement mijoté jusqu'à ce qu'elle ait réduit et épaissi *(opération 6, ci-dessous; recette page 85)*. On peut également utiliser des préparations plus légères pour faire mariner le travers, puis pour l'arroser durant la cuisson *(page de droite, en bas; recette page 112)*.

1 **Préparer la sauce.** Mettez du piment en grains concassé, une gousse d'ail écrasée, de la moutarde en poudre et des aromates variés dans un mortier. Écrasez avec le pilon jusqu'à obtention d'une pâte. Versez les ingrédients liquides, ici le jus d'une demi-orange et le même volume de vinaigre et de miel.

2 **Passer le mélange au tamis.** Mélangez bien le tout, puis versez la préparation dans un bol à travers un tamis, pour filtrer les morceaux de piment que vous jetterez ensuite. Utilisez le pilon pour faire passer ce qui reste.

6 **Napper la viande avec la sauce.** Sortez le plat du four. Inclinez-le et retirez la graisse à la cuillère. Avec une louche, versez assez de sauce sur les côtes pour les napper entièrement *(ci-dessus)*. Abaissez la température à 180° (4 au thermostat) et renfournez le plat.

7 **Cuire le travers de porc.** Arrosez la viande toutes les 10 minutes avec la sauce et le jus de cuisson. Si le jus s'évapore, ajoutez de la sauce ou un peu d'eau. Quand la sauce a formé un épais glaçage, au bout de 45 minutes environ, sortez le plat du four.

8 **Découper et servir la viande.** Maintenez le travers avec le dos d'une fourchette; divisez chaque bande en parts, en tranchant entre les côtes avec un couteau bien aiguisé. Disposez-les sur un plat de service. Ici, on a garni le travers de porc avec du cresson. ☐

3 **Cuire les oignons et les tomates.** Émincez un oignon et faites-le fondre dans un peu d'huile sur le feu. Ajoutez des tomates fraîches pelées, égrenées et réduites en purée. Si vous utilisez des tomates en conserve, passez-les dans la poêle à travers un tamis (ci-dessus). Augmentez alors un peu le feu.

4 **Mélanger et terminer la sauce.** Versez les autres ingrédients à travers un tamis dans la poêle et mélangez-les avec l'oignon et les tomates. Portez la sauce à ébullition sans cesser de remuer. Baissez le feu: la sauce doit simplement frémir. Laissez-la réduire de moitié 30 minutes, en la remuant.

5 **Dégraisser le travers de porc.** Sortez la viande de la marinade, et séchez-la. Enlevez les aromates, mais conservez ceux qui adhèrent à la surface. Placez les morceaux de porc dans un plat non graissé, et faites-les rôtir au four préchauffé à 200° (6 au thermostat) 10 minutes, pour les dégraisser.

Travers marinés à la sauce piquante

1 **Faire mariner le travers.** Pilez de l'ail et des épices, ici clou de girofle, cannelle et quatre-épices, afin d'obtenir une pâte. Ajoutez des lamelles de racine de gingembre et les ingrédients liquides de la marinade: sauce au soja, miel et xérès. Frottez le travers avec ce mélange. Laissez mariner la viande 4 heures en la retournant 2 ou 3 fois.

2 **Griller le travers.** Sortez les morceaux de la marinade. Passez-la pour enlever les lamelles de gingembre. Disposez les morceaux sur une grille et faites-les griller à four moyen. Faites dorer chaque côté, puis badigeonnez-en un de marinade, ici avec une branche de romarin. Quand le côté badigeonné est sec, répétez l'opération.

3 **Découper les bandes.** Tournez les côtes plusieurs fois en les mouillant régulièrement. Au bout de 30 minutes, quand les deux côtés sont dorés et croustillants, posez les morceaux sur un plat de service ou sur une planche. Découpez la viande en la maintenant avec le dos d'une fourchette. □

Un délice sous une croûte dorée

Le porc rôti avec la couenne forme une croûte dorée qui rend cette viande délicieuse. La couenne devient alors si craquante qu'il suffit de la fendre sur toute sa longueur pour la retirer d'un seul morceau et la couper en bandes minces et croustillantes.

Avant la cuisson, on incisera toute la couenne, on la frottera de sel et on l'enduira d'huile. Comme elle réduit en cours de cuisson, les incisions empêcheront le rôti de se déformer; la couenne deviendra croustillante et dorée grâce au sel et à l'huile qui en accentuent la saveur.

Pour que l'extérieur soit bien craquant et l'intérieur à point, on fait d'abord rissoler rapidement la viande à feu vif et on continue la cuisson à feu plus doux, en suivant les instructions figurant dans l'encadré ci-dessous. Généralement, on sert le rôti de porc bien croustillant avec une sauce obtenue à partir du fond de cuisson mais on peut aussi l'épaissir avec un peu de farine ou en préparer une plus légère en ajoutant simplement un peu d'eau ou de vin dans le plat à rôti pour déglacer le gratin; on clarifie ensuite le fond de cuisson pour le débarrasser de la graisse.

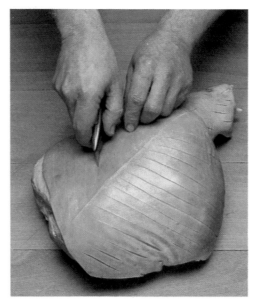

1 **Inciser la couenne.** Désossez un jambon de porc *(page 11)*. Enlevez les morceaux de gras de la pointe charnue du filet. Avec un couteau bien aiguisé ou une lame, comme ici, pratiquez une incision centrale dans le sens de la longueur, puis continuez à inciser chaque côté en enfonçant la lame légèrement afin de ne pas entamer la chair.

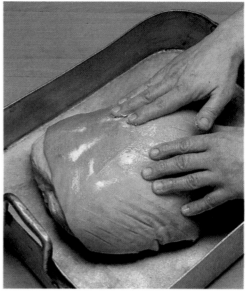

2 **Badigeonner à l'huile.** Mettez le jambon dans un plat à rôti, ou posez-le sur une grille de façon qu'il ne baigne ni dans la graisse ni dans le jus qu'il donnera en cours de cuisson. Badigeonnez-le abondamment d'huile d'olive. Saupoudrez de sel et frottez pour le faire pénétrer dans les incisions que vous aurez pratiquées.

Températures et temps de cuisson des rôtis

Le porc devant toujours être bien cuit, il sera rôti à une température assez basse pendant la majeure partie du temps où il reste au four.

Toutefois, une assez forte chaleur en début de cuisson colorera le rôti et rendra sa surface croustillante. La plupart des morceaux de porc doivent commencer à rôtir dans un four à 200° (6 au thermostat); au bout de 10 minutes, abaissez la température à 170° (3 au thermostat) afin que la viande cuise en profondeur. La seule exception à cette règle est le cochon de lait *(page 44)* qui dore à four doux.

Les temps de cuisson sont à peu près les mêmes pour tous les morceaux car la viande de porc est généralement vendue jeune. A titre indicatif, les morceaux de filet, y compris le rôti en couronne *(page 42)*, demandent environ 25 minutes de cuisson par livre. Pour les morceaux tels que jambon, collier ou jambonneau avant, il faut compter 30 minutes par livre.

Les morceaux farcis seront pesés avec leur farce pour calculer le temps de cuisson requis.

Le temps nécessaire à la cuisson d'un cochon de lait entier varie avec la taille de l'animal. Un porcelet de 4,5 kg sera cuit au bout de 2 heures 30 minutes; comptez 3 heures de cuisson pour un porcelet de 6 kg et 3 heures 30 minutes pour un animal de 8 kg.

Quel que soit le morceau que vous préparez, il est recommandé de cuire la viande à une température interne de 75° pour éviter tout risque de trichinose. Pour vous assurer que cette température est bien atteinte, glissez un thermomètre à viande dans la partie la plus charnue du rôti — mais non en contact avec un os — environ 30 minutes avant la fin du temps de cuisson prévu. Si vous n'avez pas de thermomètre à viande, enfoncez une aiguille à trousser ou une brochette dans la viande; le porc est cuit lorsque le jus est clair, sans aucune trace rosée.

6 **Retirer la couenne rissolée.** Maintenez le jambon avec le dos d'une fourchette à découper et tranchez la couenne le long de l'incision centrale. Avec un couteau et une fourchette, enlevez chaque moitié de couenne. Réservez pour servir avec la viande.

3 **Rôtir le jambon.** Mettez le plat dans un four préchauffé à 200° (6 au thermostat). Dix à 20 minutes après, réduisez la température à 170° (3 au thermostat). Au bout de 1 heure environ, arrosez le jambon avec la graisse qui s'est accumulée au fond du plat; recommencez toutes les 20 minutes jusqu'à ce que la viande soit cuite.

4 **Enlever la graisse.** Sortez le plat du four et posez le jambon sur un plat chaud. Inclinez le plat et enlevez la graisse avec une cuillère à rôti. Versez le jus dans une casserole. S'il y a des résidus de jus de viande au fond du plat, ajoutez de l'eau ou du vin et déglacez à feu moyen. Ajoutez le jus du déglaçage dans la casserole.

5 **Clarifier la sauce.** Amenez à ébullition le liquide de la casserole, baissez le feu et posez la casserole à moitié hors du feu. Enlevez la pellicule de gras et d'impuretés qui se formera sur le côté froid de la casserole. Recommencez toutes les 3 ou 4 minutes, jusqu'à ce que la sauce soit clarifiée, puis versez-la dans une saucière chaude.

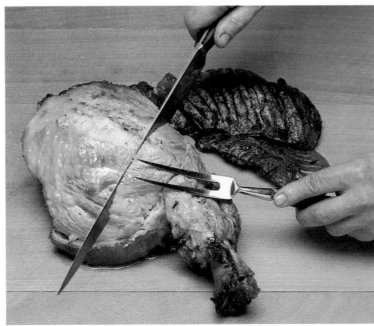

7 **Entamer la viande.** Avec la lame du couteau placée perpendiculairement à l'os, entaillez le jambon à environ 10 cm de l'articulation de la patte, à l'endroit où il s'élargit. Maintenez la viande avec le dos d'une fourchette et faites une seconde incision dans le même sens pour libérer un petit morceau de viande. Enlevez le morceau en laissant ainsi une encoche dans le rôti.

8 **Découper le jambon en tranches et servir.** Découpez le jambon en tranches perpendiculairement à l'os. Pour les détacher facilement, tranchez le long de l'os en introduisant le couteau dans l'encoche. Servez la viande avec la couenne rissolée et la sauce. Si vous le désirez, vous pouvez l'accompagner d'une sauce à la compote de pommes *(recette page 166)*. □

Un rôti au glaçage ambré

Si on enlève la couenne d'un jambon avant de le faire rôtir, on obtiendra un glaçage ambré, en arrosant régulièrement la viande en cours de cuisson. On pourra conserver la couenne pour enrichir des ragoûts ou des potées, ou l'utiliser comme barde pour un morceau de viande maigre afin qu'il ne perde pas son jus en cuisant.

On prépare traditionnellement un jambon à rôtir en l'assaisonnant et en le salant, après en avoir retiré la couenne. Ici, on pique la viande de morceaux d'ail que l'on peut remplacer par des feuilles de fenouil, du romarin ou de la sauge. Si le jambon est salé depuis la veille, le goût de la viande sera plus subtil et plus affirmé. Ces méthodes d'assaisonnement et de salaison conviennent pour tous les morceaux de porc, cuits avec ou sans couenne.

Durant presque tout le temps de la cuisson, le porc doit être arrosé régulièrement de la graisse et du jus qu'il perd. Lorsqu'il est presque cuit, on vide la graisse du plat et on en déglace le fond avec de l'eau ou du vin. On arrose ensuite la viande fréquemment afin d'obtenir un glaçage ambré.

En fin de cuisson, il faudra veiller à ce que tout le liquide se soit évaporé, laissant ainsi des dépôts glacés sur la viande. Si le plat semble s'assécher trop rapidement, on ajoute une cuillerée supplémentaire de liquide de cuisson à chaque arrosage. Au contraire, s'il reste du liquide alors que la viande est presque cuite, on en vide une partie dans une casserole, on le fait rapidement réduire, puis on en arrose la viande jusqu'à ce qu'il soit évaporé.

Ce rôti rissolé sans couenne sera plus facile à découper. On peut soit découper les tranches de viande en biais autour du rôti, soit adopter la méthode anglaise qui consiste à couper les tranches perpendiculairement à l'os.

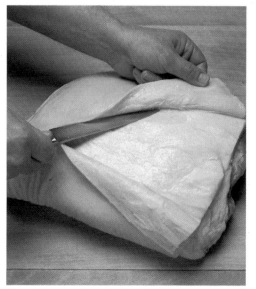

1 Enlever la couenne. Retirez l'os du quasi d'un jambon frais *(page 11)*. Incisez avec un couteau dans le sens de la longueur sans entamer la couche de gras. Glissez la lame du couteau sous la couenne et coupez parallèlement à sa surface. Tirez le morceau découpé vers l'arrière au fur et à mesure.

2 Piquer le jambon d'ail. Écrasez quelques gousses d'ail avec la lame d'un couteau et tapez sur la lame avec le poing pour les sortir de leur peau. Épluchez-les et émincez-les. Faites des entailles dans la partie large du jambon et près du manche pour y insérer l'ail.

5 Commencer la cuisson. Posez la viande dans un plat. Mettez au four préchauffé à 200° (6 au thermostat). Au bout de 15 minutes, baissez la température à 170° (3 au thermostat; *voir encadré page 36*). Arrosez la viande dès qu'elle a perdu de la graisse et du jus; recommencez toutes les 20 minutes.

6 Glacer le rôti. Sortez le plat du four lorsque le rôti est presque cuit. Mettez le jambon de côté et réservez le jus. Versez un verre de vin ou d'eau et déglacez le plat sur un feu moyen. Remettez le jambon au four. Arrosez souvent la viande avec le jus de cuisson pour former le glaçage.

3 **Saler la viande.** Posez le jambon sur un plat et saupoudrez-le d'herbes séchées, ici du thym, de l'origan, de la sarriette, et de gros sel *(ci-dessus)*. Frottez de sel et d'herbes tout le jambon. Couvrez-le et laissez-le toute une nuit au réfrigérateur ou au frais.

4 **Éponger le jambon.** Avant de faire rôtir la viande, épongez-la soigneusement avec un linge ou du papier absorbant *(ci-dessus)*. Vous pouvez laisser les herbes qui adhèrent au jambon: elles le parfumeront pendant la cuisson. Jetez le jus que le jambon aura exsudé.

7 **Découper le jambon.** Sortez le rôti du four et laissez-le refroidir 15 minutes. Coupez des tranches du côté charnu, en biais par rapport à l'os *(ci-dessus)*. Lorsque vous atteignez l'os, mettez votre couteau plus à l'horizontale pour séparer la viande de l'os *(ci-contre)*. Tournez le jambon de manière à découper des tranches tout autour de l'os. ☐

Rôtis parfumés aux herbes ou aux fruits

Rôti glacé parfumé au fenouil

Les farces composées d'herbes fraîches ou de fruits secs sont moins consistantes que les farces mixtes présentées à la page 16, mais ont une saveur plus fine. Pendant la cuisson, l'arôme des herbes pénètre dans un rôti de porc alors que les fruits rehaussent le goût naturel de la viande.

La sauge et le romarin sont les herbes qui parfument le plus les farces. On obtiendra un arôme plus subtil avec des feuilles de fenouil dont le goût anisé relève la saveur de la viande *(préparation ci-contre; recette page 100).*

Les fruits qui s'harmonisent le mieux avec le porc sont les prunes, les pommes et les abricots, qui sont utilisés dans la préparation page de droite.

Le filet est un bon morceau à farcir avec des herbes ou des fruits: il est aisé d'introduire des herbes dans des incisions pratiquées à cet effet dans la partie maigre de la viande, et le filet mignon au milieu convient fort bien pour maintenir les fruits en place. Avant de le rôtir, on désosse le filet *(page 10)* pour que le rôti soit facile à découper, et on le barde, afin qu'il ne sèche pas pendant la cuisson, avec la couenne.

1 **Préparer la farce aux herbes.** Hachez les herbes grossièrement, ici des feuilles de fenouil. Placez le filet désossé sur une planche. Percez chaque extrémité du rôti en plusieurs endroits avec un couteau à parer, en ménageant une ouverture pour la farce. Enfoncez les herbes dans chaque ouverture.

2 **Faire mariner la viande.** Posez la viande dans une jatte. Saupoudrez-la de toutes les herbes restantes et couvrez-la presque entièrement de vin blanc. Vous pouvez ajouter quelques gouttes de pastis. Laissez mariner le rôti à température ambiante de 4 à 5 heures, en le retournant 2 ou 3 fois.

6 **Servir le rôti.** Dès qu'un glaçage s'est formé et que la marinade s'est évaporée, posez le filet sur une planche à découper. Enlevez l'excès de graisse du plat, puis déglacez-le au vin blanc ou à l'eau, en faisant bouillir le liquide jusqu'à ce qu'il ait la consistance d'un sirop léger. Coupez la ficelle *(ci-dessus),* sans abîmer le glaçage. Découpez le rôti en tranches *(ci-contre)* et servez-le avec le jus de cuisson réduit. □

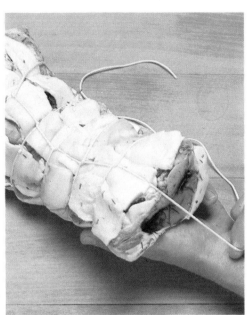

3 **Sécher et assaisonner la viande.** Enlevez la viande de la marinade. Placez une passoire au-dessus de la jatte, mettez-y la viande et laissez-la égoutter quelques minutes. Réservez la marinade. Essuyez ensuite le rôti avec un linge puis salez-le et poivrez-le.

4 **Barder et ficeler la viande.** Roulez le filet en cylindre. Couvrez la partie maigre avec du gras de porc, ici des bandes de lard. Ficelez-le en faisant une boucle tous les 4 cm. Passez la ficelle dans le sens de la longueur *(ci-dessus)*. Retournez le rôti et faites passer la ficelle dans les boucles de l'autre côté.

5 **Rôtir la viande.** Mettez le filet dans un plat à rôtir, à four chaud. *(Pour les temps de cuisson et les températures, voir page 36).* Lorsque la viande exsude son jus, arrosez-la toutes les 10 minutes. Au bout de 50 minutes, ôtez la graisse ; versez la marinade. Continuez la cuisson en arrosant fréquemment.

Filet rôti farci aux abricots secs

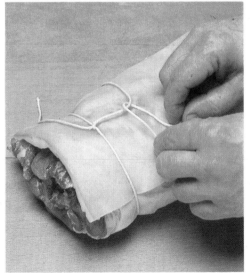

1 **Farcir le rôti.** Faites tremper les fruits, ici des abricots dénoyautés, dans du vin blanc pendant 3 heures environ. Posez le filet désossé, côté filet mignon au-dessus. Placez-y les abricots sur deux rangées : une de chaque côté du filet mignon *(ci-dessus)*.

2 **Barder et ficeler le rôti.** Roulez le filet autour des abricots et bardez-le avec une couenne ou une fine couche de lard. Attachez la viande avec une ficelle de cuisine *(opération 4, ci-dessus)*. Placez le filet dans un plat à rôtir non graissé, côté bardé en dessous.

3 **Rôtir et servir.** Laissez cuire à four chaud 10 minutes, puis abaissez la température *(voir encadré page 36)*. Quand le rôti est cuit, sortez-le. Coupez la ficelle, jetez la barde et découpez la viande en tranches *(ci-dessus)*. Accompagnez du jus de cuisson dégraissé. □

Pour le plaisir de l'œil et du palais

On obtient une couronne de porc rôti avec deux carrés de côtes dont les manches se dressent vers l'extérieur comme sur une couronne. On peut glisser une farce abondante à l'intérieur de la couronne et en disposer un peu tout autour. A table, on découpera la couronne entre les os en côtelettes séparées. La viande et la farce seront servies en même temps.

Pour réaliser cette recette, il faut deux carrés de 7 ou 8 côtes chacun, provenant d'un même porc afin d'avoir une dimension identique. On cintre les carrés de porc en coupant les os qui forment un angle droit avec le manche de la côte, ensuite on élimine la couche de lard qui recouvre la viande et on sépare les côtes à la base, au niveau du cartilage (*opérations 1 à 3*). On pourra hacher les parties grasses et les ajouter à d'autres ingrédients, un mélange d'épinards et de chair à saucisse, par exemple, comme ici, pour composer la farce. La graisse contenue dans la chair à saucisse rendra la farce moelleuse et enveloppera le rôti d'une croûte croustillante à la cuisson.

1 **Désosser partiellement le carré.** Placez le carré de porc sur une planche. Avec un couteau à désosser pointu, séparez l'os de la côte des vertèbres (*ci-dessus*) puis, en tenant bien la viande, tirez l'os pour le détacher de la colonne vertébrale. Enlevez la couche de gras et de viande qui couvre le filet : vous la hacherez dans la farce.

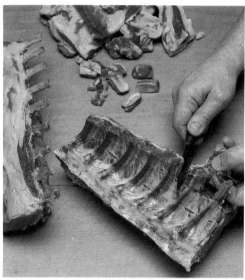

2 **Dégager les hauts des côtes.** Avec un couteau à parer, incisez une ligne qui coupe les côtes, à 2 cm de leur extrémité. Enlevez la viande entre les hauts des côtes jusqu'à cette ligne (*ci-dessus*); les manches ainsi dégagés formeront les pointes de la couronne. Réservez la viande pour la farce.

6 **Farcir la couronne.** Couvrez un plat à rôtir d'une feuille de papier d'aluminium et posez la viande dessus, de sorte que vous puissiez enlever le rôti du plat sans risquer de déranger la farce. Préparez la farce (*page 16*) et mettez-la à l'intérieur et à la base de la couronne (*ci-dessus*).

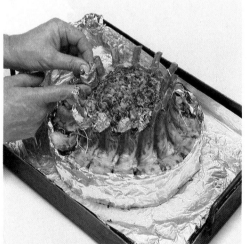

7 **Protéger la farce.** Pour protéger la farce à la base de la couronne, recouvrez-la d'une feuille de papier d'aluminium. Enveloppez chaque manche dans du papier d'aluminium, pour les empêcher de carboniser (*ci-dessus*). Arrosez les côtes d'huile. Mettez la viande au four préchauffé à 200° (6 au thermostat). Après 10 minutes de cuisson, réduisez la température à 170° (3 au thermostat). *Pour les temps de cuisson, voir page 36.*

8 **Enlever la feuille de papier d'aluminium.** Lorsque la couronne est cuite, enlevez le papier qui protège les manches des côtes (*ci-dessus*) et la base de la couronne. Repliez les extrémités de la feuille sur la couronne placée au fond du plat et glissez une large spatule en dessous. Soulevez la couronne et faites-la glisser sur un plat de service chaud. Dépliez la feuille d'aluminium et, avec la spatule, dégagez-la.

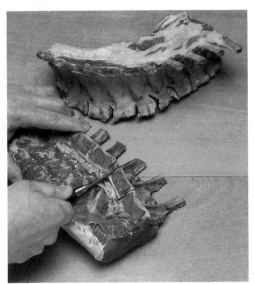

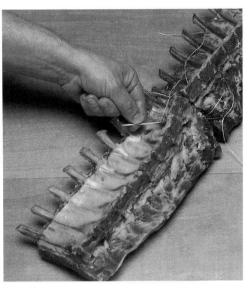

3 **Séparer les vertèbres.** Disposez les carrés de porc de façon que les manches des côtes pointent à l'extérieur. Les vertèbres doivent être tournées vers vous. Avec un petit couteau à parer, séparez les minces disques de cartilage entre chaque vertèbre.

4 **Assembler les carrés de porc.** Posez les carrés de porc, les manches des côtes à l'extérieur, et placez les deux carrés bout à bout. Enfilez une aiguille à trousser avec de la ficelle de cuisine et cousez ensemble les deux carrés en suivant l'os des côtes. Coupez et nouez le fil. Faites un autre point près de la base des vertèbres *(ci-dessus)*.

5 **Former la couronne.** Cintrez les carrés attachés pour former un cercle, les manches des côtes pointant à l'extérieur de la couronne. Si vous n'arrivez pas à joindre les deux extrémités, enlevez plus de graisse ou de chair sur le dessus du filet. Attachez les manches des deux côtes bout à bout et faites un point à la base de ces côtes.

9 **Découper le rôti.** Maintenez fermement le rôti avec le dos d'une fourchette à découper. Avec un couteau à découper, coupez entre chaque manche pour séparer les côtes. Servez chaque côte accompagnée d'une part de farce. Ici, le rôti est garni de pommes de terre nouvelles, cuites avec leur peau et dorées au gril. □

Le cochon de lait rôti : un plat de choix pour fins gourmets

Partout, le cochon de lait (recette page 110) fait partie de ces plats que l'on sert lors des grandes occasions. En effet, dans presque tous les pays consommateurs de porc, de l'Amérique du Sud à l'Union soviétique, c'est une viande somptueuse que l'on met généralement au menu des banquets et des réceptions.

La popularité du cochon de lait tient sans doute au fait qu'il est facile à trouver : comme les porcs ont de grandes portées, les éleveurs préfèrent souvent en vendre quelques-uns avant le sevrage, c'est-à-dire à deux mois environ, plutôt que d'assumer les frais de leur élevage. En outre, la viande succulente du cochon de lait rôti, enrobée de couenne croustillante, a toujours suscité l'intérêt des fins gourmets.

Les porcelets vendus dans le commerce sont déjà vidés et préparés ; l'abdomen a été ouvert et les intestins retirés. Mais ils demandent encore d'autres soins. Avec un petit couteau de cuisine, on retire les membranes ou les soies restant dans les oreilles et on arrache aussi celles des pattes. S'il reste des soies sur le corps de l'animal, on les brûle.

Pour relever la saveur de la viande, il faut saler le porcelet (page 12) et, avant de le farcir et de le faire cuire, le sécher complètement. Il existe une grande variété de farces pour le cochon rôti (recettes pages 84-85). Dans la démonstration ci-contre, on utilise un mélange de sauge et d'oignon.

Traditionnellement, le cochon de lait est rôti à la broche, au feu de bois, ce qui donne à la viande un agréable fumet. La meilleure cuisson se fait toujours au tourne-broche sur un feu ouvert, lorsqu'on en a la possibilité, mais le porcelet peut tout aussi bien être cuit au four à condition de l'arroser régulièrement, afin que sa peau soit bien dorée et croustillante.

On présente en général le cochon de lait rôti entier à table, avant de procéder au travail délicat du découpage (pages 46-47). On commence par un côté du cochon à la fois : on enlève d'abord les pattes, puis l'échine et l'abdomen, et on répartit la farce. Toute la viande est bonne à consommer et les os pourront éventuellement servir pour donner du corps à un bouillon.

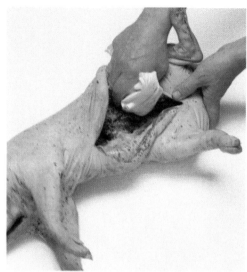

1 **Saler et sécher le porcelet.** Frottez la peau et l'intérieur de la cavité ventrale de sel et d'aromates variés (page 12). Laissez le porcelet sur un plat à température ambiante pendant toute une nuit. Le lendemain, séchez-le soigneusement à l'intérieur et à l'extérieur avec un linge ou du papier absorbant (ci-dessus).

2 **Farcir le porcelet.** Préparez la farce de votre choix, ici un mélange d'oignon et de sauge (page 16). Introduisez-la en la poussant vers la poitrine jusqu'à ce que toute la cavité ventrale soit remplie. Ne la tassez pas trop car elle se dilatera en cours de cuisson.

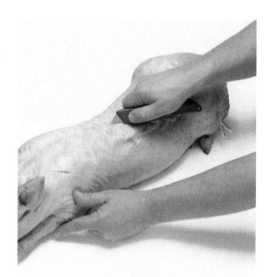

6 **Inciser la peau.** Retournez le cochon de lait. Avec un couteau bien aiguisé, faites de légères incisions le long de la colonne vertébrale, puis sur chaque flanc, en diagonale, à intervalles de 2,5 cm, de la tête à la queue. Les incisions n'auront pas plus de 1,5 cm de profondeur, afin de permettre à la graisse de s'écouler librement, sans pour autant entamer la chair.

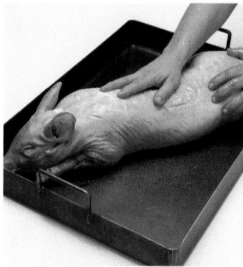

7 **Préparer le porcelet pour le four.** Placez le cochon sur le ventre dans un grand plat à four. Enduisez-le d'huile, puis frottez la peau avec une poignée de sel (ci-dessus). Faites de petits cônes en papier d'aluminium pour protéger les oreilles. Enveloppez également la queue de façon que la fine peau qui la recouvre ne brûle pas.

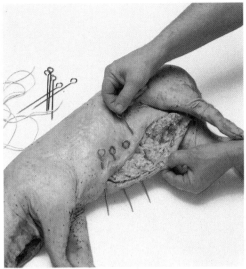

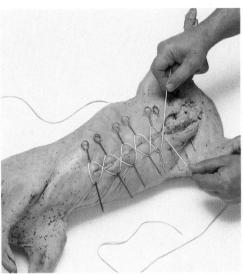

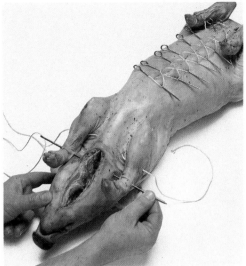

3 **Poser des pinces à brider.** Avec des pinces à brider ou des brochettes d'environ 10 cm de long, refermez l'ouverture ventrale tous les 2,5 cm *(ci-dessus)*. Poser les pinces à 2,5 cm du bord de l'ouverture afin que la peau ne se déchire pas en cours de cuisson.

4 **Brider le porcelet.** Coupez 90 cm au moins de ficelle à rôti. Passez-la autour des pinces en faisant un huit *(ci-dessus)*. A chaque tour, tirez sur la ficelle pour rapprocher les bords de l'ouverture. Nouez la ficelle et coupez-la après la dernière pince ou brochette.

5 **Attacher les pattes.** Passez une longue aiguillée de ficelle à travers la partie la plus charnue des pattes arrière de l'animal. Repassez la ficelle dans une patte, puis dans la chair entre les pattes, et enfin dans l'autre patte. Tirez et nouez. Passez l'aiguille deux fois dans les pattes avant et la gorge *(ci-dessus)*. Coupez et nouez la ficelle.

8 **Rôtir le porcelet.** Mettez le plat au four préchauffé à 180 °C (4 au thermostat). Au bout de 30 minutes, vérifiez qu'il s'est écoulé assez de graisse pour pouvoir arroser le porcelet. Sinon, badigeonnez-le d'un peu d'huile d'olive chaude. Arrosez le cochon de lait toutes les demi-heures. Il faut compter 15 minutes de cuisson par livre pour le cochon farci. Le porcelet est cuit lorsque la peau est dorée à point et bien croustillante. ▶

9 **Présenter le porcelet rôti.** Sortez le plat du four. Avec un linge, retirez les pinces à brider du porcelet. La ficelle qui était autour tombera d'elle-même. Coupez et enlevez les fils qui maintenaient les pattes. Enlevez le papier de protection des oreilles et de la queue. Placez le porcelet sur un plat de service et préparez la garniture, ici du cresson et des quartiers de pomme sautés. Découpez-le à table, sur le plat de service ou bien sur une planche à découper.

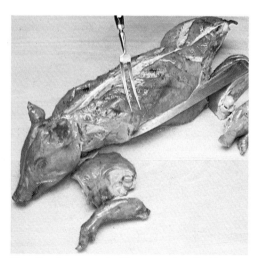

13 **Découper le filet.** Détachez le filet à partir du cou, puis coupez vers l'arrière depuis l'emplacement de la patte avant retirée jusqu'au haut du jambon *(ci-dessus)*, afin de séparer le filet de l'abdomen.

14 **Retirer et répartir le filet.** Avec le couteau et la fourchette, enlevez complètement le filet en dénudant ainsi la cage thoracique. Répartissez le filet en trois parts égales.

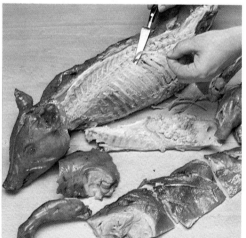

15 **Découper les côtelettes.** Découpez la peau de l'abdomen pour découvrir la farce. Avec un petit couteau pointu, coupez de chaque côté des côtelettes afin de séparer les os des lamelles de viande intercalées. Soulevez chaque côtelette avec le couteau et détachez-la de la colonne vertébrale.

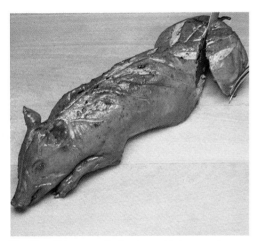

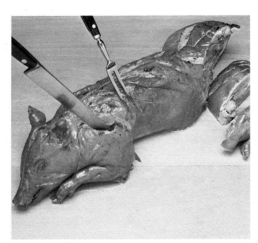

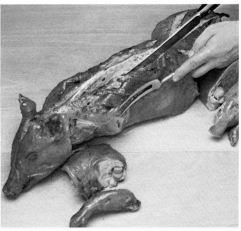

10 **Découper le jambon.** Maintenez la viande avec le dos d'une fourchette à découper et tranchez l'une des cuisses de l'avant du jambon vers la queue. Coupez ensuite la patte à l'articulation du membre arrière.

11 **Enlever l'épaule et la patte avant.** Découpez l'épaule du cochon à l'articulation de l'omoplate. Tranchez la palette jusqu'à 2,5 cm environ derrière l'oreille *(ci-dessus).* Coupez ensuite vers l'arrière le long des côtes afin de séparer la patte du corps. Coupez en deux à la jointure.

12 **Dégager la colonne vertébrale.** Pratiquez une incision peu profonde le long de la colonne vertébrale, en enfonçant la lame du couteau jusqu'à l'os. Puis, en maintenant le filet en place avec le dos d'une fourchette à découper, séparez-le des côtelettes : la lame doit passer le plus près possible des côtes.

16 **Enlever la farce.** Coupez le long du haut de la cage thoracique pour découvrir la farce et les lamelles de viande entre les côtes *(ci-dessus).* Découpez ensuite l'autre moitié du porc de la même façon. La tête peut être séparée du tronc avec un couperet, et fendue en deux. Enlevez la viande qui se trouve à l'intérieur et servez-la avec le reste du cochon de lait. □

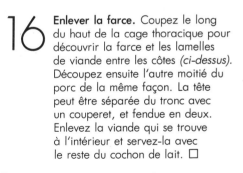

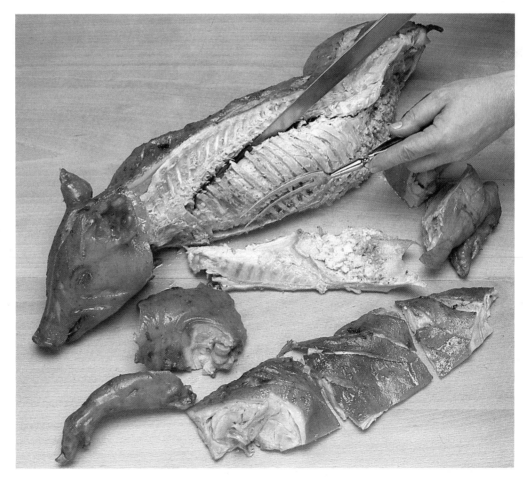

3

Pocher
Une excellente façon d'attendrir la viande

La potée : un plat unique

Pois cassés cuits à l'ancienne

Jambon au foin : un heureux mariage

Un choix de liquides de pochage

Larder de la viande maigre

La gelée, élément décoratif

Bien qu'ils soient toujours cuits dans un liquide à peine frémissant, les plats de porc pochés revêtent des formes très variées. Le filet froid présenté ci-contre, parfumé avec des truffes et enrobé de gelée, a été poché, de même que la potée *(page 50)*, où la viande et les légumes sont cuits à l'eau et servis dans la cocotte.

Les meilleures recettes de porc poché ont les mêmes origines que ce plat paysan. La plupart sont à base de porc salé ou fumé, de jambon et d'épaisses tranches de poitrine fumée ; le liquide absorbe le sel de la viande lors de la cuisson, atténuant ainsi sa forte saveur. Le pochage s'avère indispensable pour la préparation des pieds, des oreilles ou de la queue de porc, généralement durs et gélatineux : grâce à ce mode de cuisson, la viande est attendrie.

La réussite de votre plat dépend d'une surveillance attentive de la température de cuisson : une viande bouillie serait dure, mais si le porc est poché dans un liquide à peine frémissant, sans bouillir, les ligaments des muscles s'assouplissent et la viande s'attendrit.

L'expérience vous permettra de savoir à quel moment le liquide se met à frémir. S'il est à la bonne température, des bulles se forment au fond et sur les côtés du récipient et remontent doucement à la surface. Pour conserver une chaleur régulière, couvrez en partie le récipient : vous limiterez ainsi l'évaporation tout en empêchant la vapeur de s'accumuler et d'élever la température.

Le pochage a l'avantage de donner un bouillon très nourrissant dans lequel viande et légumes ont exhalé tout leur arôme. Afin qu'il ne soit pas trop léger, ne versez que la quantité d'eau nécessaire pour recouvrir le porc frais ; il en faudra davantage pour dessaler le porc salé ou le jambon. Le bouillon de porc salé pourra être utilisé ultérieurement, s'il n'est pas trop salé, pour pocher une autre viande. Avec quelques louches de bouillon de porc frais, vous pourrez mouiller le plat à table ; vous servirez le reste à part, en consommé clair, ou vous le conserverez pour préparer des potages ou bien des sauces.

Un bouillon de viande et d'os gélatineux que vous ferez glacer donnera une gelée aussi décorative que délicieuse.

En mettant à glacer le bouillon de pochage de la viande, il prendra en gelée que l'on découpera à la cuillère pour garnir un filet de porc froid piqué de truffes *(page 56)*. Ici, le filet est aussi recouvert d'une couche de gelée luisante dans laquelle on a fait prendre une garniture de persil haché.

La potée: un plat du terroir

Grâce au pochage, différents morceaux de porc peuvent cuire en même temps pour donner un plat riche et savoureux. La potée, plat paysan typiquement français, en est un exemple classique. Elle se compose habituellement de porc salé et de chou, mais on peut choisir les morceaux de porc et les légumes (*recettes pages 114-115*). Il n'existe pas une seule mais plusieurs recettes de potée, car elles varient selon les régions en fonction des produits disponibles.

La version adoptée ici comprend de la poitrine salée, des oreilles de porc salées, de la poitrine fumée, de la couenne et des saucisses à cuire accompagnées de légumes frais et de haricots secs. Les oreilles ont une saveur délicate et la gélatine qu'elles exsudent en cuisant donne du corps au liquide de pochage. Avant de les

mettre à cuire, on doit les rincer, flamber toutes les soies, puis gratter les membranes et les saletés qui se détachent de l'intérieur avec un couteau pointu. La couenne de porc, ficelée en rouleaux avant d'être mise dans la cocotte, donnera aussi de la gélatine pour le bouillon.

Les morceaux salés sont mis à tremper toute une nuit, puis blanchis avec la poitrine fumée et la couenne; il faut enlever l'écume au fur et à mesure qu'elle se forme à la surface. On met ensuite la viande, les haricots et les légumes aromatiques dans de l'eau froide pour la véritable cuisson. Les saucisses à cuire dont le temps de cuisson est moins long seront ajoutées à la fin. Si l'on utilise des haricots secs, il faut les faire tremper toute une nuit, les blanchir puis les rincer pour enlever l'écume.

Certains légumes aromatiques, les oignons et les navets par exemple, perdent parfois toute saveur et consistance sous l'effet d'une longue cuisson. Pour pallier cet inconvénient, il suffit de les enlever au moment de servir le plat.

D'autres légumes seront préparés à part comme garniture pendant la dernière demi-heure de cuisson: du chou cuit dans une partie du bouillon, des pommes de terre en robe des champs ou des oignons frais bouillis entiers.

Lorsque la potée est prête, le liquide de pochage s'est enrichi de tous les parfums de la viande et des légumes. On en verse toujours un peu pour mouiller la potée au moment de servir. On peut présenter le reste à part, en potage, avant le plat principal, ou bien le garder pour faire des consommés ou des ragoûts.

1 **Blanchir la viande.** Faites tremper la viande, ici un morceau de poitrine et deux oreilles de porc, toute une nuit. Égouttez-la et mettez-la dans une grande cocotte. Ajoutez un morceau de poitrine fumée et des morceaux de couenne de porc roulés et ficelés. Couvrez d'eau froide (*ci-dessus*). Amenez progressivement le liquide à un léger frémissement et maintenez-le 5 minutes à découvert.

2 **Égoutter la viande.** Après que la viande a blanchi, beaucoup d'écume s'est formée à la surface de l'eau. Versez le contenu de la cocotte dans une passoire afin de retirer l'eau salée et l'écume. Rincez la viande à l'eau froide, remettez-la dans la cocotte et couvrez à nouveau d'eau froide.

3 **Ajouter les haricots.** Si les haricots sont frais, ajoutez-les directement dans la cocotte. S'ils sont secs, comme les haricots beurre utilisés ici, transférez-les du récipient dans lequel ils auront trempé toute une nuit dans une casserole. Couvrez d'eau froide et portez à ébullition. Laissez blanchir quelques minutes. Égouttez les haricots, rincez-les, puis mettez-les dans la cocotte.

4 **Ajouter les légumes aromatiques.** Mettez la cocotte à feu moyen. Préparez les légumes, ici des carottes épluchées, des navets pelés et coupés en quatre et un oignon pelé et piqué de clous de girofle, mettez-les dans la cocotte avec un bouquet garni *(ci-dessus)*. Couvrez à demi et laissez frémir pendant 2 heures environ.

5 **Ajouter les saucisses.** Quarante minutes avant la fin de la cuisson, ajoutez les saucisses. Ici on a choisi des saucisses d'un grain assez épais composées d'un mélange d'épaule et de poitrine hachées *(page 18)*. Continuez le pochage, le récipient toujours à demi couvert.

6 **Préparer le chou en garniture.** Parez et coupez en quartiers un chou frisé de Milan. Faites-le blanchir de 2 à 3 minutes. Passez-le à l'eau froide puis pressez-le pour en extraire l'eau *(ci-dessus)*. Disposez les quartiers de chou dans une casserole, couvrez à demi de bouillon de la potée, et faites frémir de 20 à 25 minutes, sans couvrir.

7 **Servir la potée.** Posez la viande sur une planche à découper. Découpez les morceaux et disposez-les avec les rouleaux de couenne sur un plat de service chaud. Sortez les légumes et servez-les avec la viande, en retirant ceux qui ont perdu saveur et consistance. Entourez la potée avec le chou et les autres légumes de garniture, ici des pommes de terre en robe des champs. Mouillez la viande avec 1 ou 2 louches de bouillon *(ci-contre)*. □

Porc salé aux pois cassés : un plat consistant

Pendant des siècles, la viande de porc salée pochée avec des légumes secs fut l'un des plats que l'on servait couramment pendant les mois d'hiver. Il est vrai que cette association est particulièrement heureuse. En effet, le goût légèrement salé du porc se marie bien à la saveur des pois cassés, des lentilles ou des haricots.

Avant de les faire cuire, on fait tremper séparément, dans de l'eau, le porc salé et la plupart des légumes secs : cette opération débarrasse la viande de son excès de sel et hydrate les légumes secs. Les haricots doivent tremper toute une nuit, les pois cassés une heure, mais le trempage est inutile pour les lentilles.

Ici, le porc salé est poché et servi avec une purée de pois cassés à l'anglaise *(recette page 120)* : les pois cassés sont cuits à l'eau, passés au tamis et mélangés avec des œufs et du beurre. La préparation est enveloppée dans un linge et pochée avec le porc. Les haricots peuvent aussi cuire avec la viande, mais les lentilles doivent être préparées séparément pour conserver toute leur saveur.

1 Blanchir le porc salé. Faites tremper le porc salé, ici un petit salé de côtes dans l'échine, dans de l'eau froide pendant 3 à 12 heures, selon le temps durant lequel la viande est restée dans la saumure *(page 12)*. Mettez-le dans une grande cocotte remplie d'eau froide. Portez à ébullition. Laissez frémir de 2 à 3 minutes.

2 Ajouter les légumes aromatiques. Égouttez la viande et jetez l'eau. Rincez-la, mettez-la dans la cocotte, recouvrez-la d'eau fraîche et portez à ébullition. Écumez. Ajoutez les légumes aromatiques, ici carottes et oignons dont un clouté. Couvrez à demi la cocotte puis laissez cuire à petits bouillons, 25 minutes par livre.

6 Envelopper la purée de pois cassés. Mouillez un linge, essorez-le et étendez-le sur le plan de travail. Passez la farine au tamis au-dessus et frottez-la pour former une couche de protection qui empêchera les infiltrations. Versez la purée de pois sur le linge, assemblez les coins et attachez-les avec une ficelle.

7 Pocher la purée. Une heure avant la fin de la cuisson du porc, ajoutez dans la cocotte la purée de pois cassés. Posez-la sur la viande et les légumes de sorte que le linge soit recouvert par le liquide de cuisson. Replacez le couvercle pour qu'il couvre presque entièrement la cocotte et poursuivez la cuisson pendant le temps nécessaire.

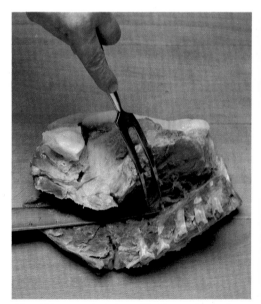

8 Découper le porc salé. Sortez la purée de pois de la cocotte. Avec une grande spatule ou une écumoire, posez le porc sur une planche à découper. Découpez la viande horizontalement, en suivant les côtes, pour détacher l'os. Puis, en maintenant les côtes avec le couteau, soulevez la viande avec une fourchette à découper *(ci-dessus)*.

3 **Faire cuire les pois.** Laissez tremper les pois cassés 1 heure environ. Mettez les légumes aromatiques, ici un oignon et une carotte, avec un bouquet garni (persil, thym et laurier) dans une casserole. Couvrez d'eau froide. Rincez les pois et mettez-les dans la casserole. Laissez cuire à petits bouillons pendant 1 heure environ.

4 **Passer les pois au tamis.** Versez les pois et les légumes aromatiques dans un tamis métallique pour les égoutter. Jetez les aromates et le bouquet garni. Placez le tamis sur une terrine et écrasez les pois au pilon *(ci-dessus).*

5 **Mélanger les ingrédients.** Laissez refroidir quelques minutes la purée de pois cassés. Lorsqu'elle est chaude mais pas brûlante, ajoutez le beurre et un œuf. Les pois cassés doivent être suffisamment chauds pour que le beurre fonde, mais pas trop sinon l'œuf commencerait à cuire. Mélangez les ingrédients avec une cuillère en bois.

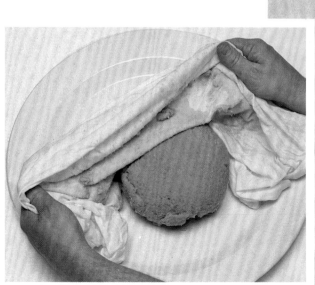

9 **Servir la viande avec les pois cassés.** Coupez la ficelle et dégagez la purée en la faisant glisser sur un plat préalablement chauffé *(ci-dessus).* Coupez la viande en tranches et disposez-les tout autour. Avant de servir, versez quelques cuillerées de liquide de cuisson sur la viande, pour la rendre plus moelleuse *(ci-contre).* ☐

Un mariage insolite

Jambon poché au foin

Pour parfumer le porc lorsqu'on le poche, on ajoute en général des aromates à l'eau de cuisson, mais il existe un autre procédé qui consiste à pocher un jambon avec du foin. Au XVIIᵉ siècle déjà, cette pratique était souvent recommandée par les ouvrages culinaires, sous prétexte que le foin attendrissait la viande. Si cette affirmation reste à prouver, il est certain, en revanche, que cette herbe donne un arôme très agréable à la viande de porc. Ici, on l'utilise pour parfumer un jambon d'York mais on peut le remplacer par n'importe quel jambon doux non fumé *(recette page 116).*

Le foin le plus parfumé est celui que l'on trouve au moment de la fenaison; il doit, de préférence, avoir été fauché récemment et séché au soleil. A moins d'habiter à la campagne, on peut en trouver dans les graineteries, mais il faut s'assurer qu'il est odorant. A défaut, on utilisera de l'herbe du jardin coupée à la main et mise à sécher quelques jours dans un endroit chaud et bien aéré. Il est inutile de laver le foin avant son utilisation: il suffit de bien le secouer.

Il est important de vérifier la température pendant la cuisson du jambon: pour exhaler tout son arôme, la viande doit être pochée à très petit feu; avec un thermomètre de cuisson, on règle la chaleur entre 80 et 95°. Lorsque le jambon est cuit, on jette le foin et le liquide de cuisson. On peut le servir chaud ou froid, comme ici, enrobé de chapelure grillée.

Il existe encore une autre manière de parfumer le liquide de cuisson: on ajoute à l'eau et aux aromates du vin, du cidre ou de la bière. Ici, des saucisses *(page 18)* sont cuites dans un court-bouillon composé de carottes, d'oignons, d'un bouquet garni et de vin blanc sec *(page de droite; recette page 167).* On les servira avec un peu de liquide de cuisson; le reste pourra être conservé et utilisé comme bouillon pour d'autres plats pochés ou braisés.

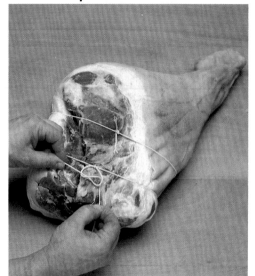

1 **Préparer le jambon.** Laissez tremper le jambon, ici un jambon d'York, dans de l'eau froide pendant une nuit, puis séchez-le avec un linge. Enlevez l'os du fémur *(page 11).* Pour resserrer l'espace laissé par l'os, enroulez deux longueurs de ficelle autour de l'extrémité large du jambon et nouez-les *(ci-dessus).*

2 **Ajouter le foin.** Placez une couche de foin propre au fond de la marmite. Posez le jambon dessus et recouvrez-le de foin *(ci-dessus).* Versez de l'eau froide. Couvrez la marmite à demi. Chauffez jusqu'à ce que l'eau commence à frémir puis réglez la chaleur.

6 **Découper et servir le jambon.** Coupez deux tranches de 1 cm d'épaisseur environ sur le dessous du jambon afin qu'il soit stable. Coupez les tranches perpendiculairement à l'os, puis le long de l'os pour les détacher *(encadré).* Mettez-les sur un plat de service avec l'os au centre. □

3 **Cuire le jambon.** A partir du moment où l'eau atteint la température de pochage, comptez 20 minutes de cuisson par livre. Lorsque le jambon est cuit, retirez la marmite du feu et laissez refroidir le jambon. Sortez-le lorsqu'il est tiède *(ci-dessus)*. Débarrassez-le des brins de foin, coupez et enlevez la ficelle.

4 **Enlever la couenne.** Avec un couteau à parer, fendez la couenne sur toute la longueur du jambon. Glissez une main dans cette fente pour séparer la couenne du gras sous-jacent. Arrachez-la de l'autre main. Avec le couteau, débarrassez le jambon de tous les résidus de couenne. Égalisez la couche de gras si besoin est.

5 **Enrober le jambon de chapelure.** Faites griller de la chapelure blanche quelques minutes jusqu'à ce qu'elle dore, puis étalez-la sur votre plan de travail. Posez le jambon sur la chapelure et saupoudrez-en sur toute sa surface. Tapotez la chapelure avec la main pour qu'elle adhère bien à la viande.

Saucisses cuites dans un court-bouillon au vin blanc

1 **Ajouter le vin au court-bouillon.** Dans une grande marmite, faites bouillir des oignons et des carottes émincés avec un bouquet garni dans de l'eau salée pendant 15 minutes environ. Laissez refroidir. Piquez la peau de deux grosses saucisses à pocher en deux ou trois endroits. Plongez-les dans le court-bouillon et ajoutez 25 cl environ de vin blanc sec *(ci-dessus)*.

2 **Pocher et servir les saucisses.** Couvrez à demi et amenez à petite ébullition. Réduisez le feu pour que l'eau ne frémisse plus. Pochez les saucisses 45 minutes environ, égouttez-les et mettez-les sur un plat de service. Coupez les saucisses en tranches épaisses. Garnissez avec une partie des aromates; ici, on a ajouté des pommes de terre nouvelles cuites en robe des champs. Arrosez d'un peu de liquide de cuisson et servez. □

Un filet en gelée succulent et décoratif

Pochés dans un bouillon riche en gélatine, des morceaux de porc maigres tels que le filet ou le jambon constituent d'excellents plats froids. Le bouillon ne sert pas seulement à la cuisson mais peut aussi être utilisé en gelée pour décorer le plat de viande. Le morceau de filet, grâce à sa forme, convient particulièrement à cette préparation *(recette page 117)*.

Le filet n'étant pas gras, on le lardera de lamelles de lard ou de lardons aromatisés et marinés dans un mélange d'ail et de cognac. En cuisant, la barde fondra lentement et rendra la viande moelleuse.

On peut ajouter d'autres aromates dans les incisions pratiquées dans le filet, une truffe hachée, par exemple. On peut aussi le piquer de pistaches hachées ou d'ail. Pour lui donner une belle couleur, on le saupoudre de sucre et on le passe à four très chaud avant de le pocher.

Afin que le bouillon soit encore plus riche en gélatine et se solidifie en refroidissant, on ajoutera quelques os, de la couenne, un pied de porc, une oreille ou la queue. On complétera avec un peu de vin blanc pour rendre le liquide de cuisson encore plus savoureux.

1 **Couper et parfumer les lardons.** Pilez une gousse d'ail avec du sel dans un mortier et ajoutez quelques gouttes de cognac. Débarrassez le filet de sa couenne, en ne laissant qu'une fine couche de lard. Coupez des lardons de 1,5 cm d'épaisseur et faites-les mariner dans le mortier. Réservez la couenne.

2 **Larder la viande.** Posez le filet, côté charnu vers le haut. Insérez le lardon dans une lardoire et enfilez-le dans la viande *(ci-dessus)*. Desserrez la pince et coupez le reste du lardon qui dépasse. Continuez jusqu'à ce que les lardons soient également répartis.

6 **Pocher la viande.** Ajoutez quelques os dans la marmite. Versez une demi-tasse de vin blanc, puis couvrez la viande avec le bouillon. Amenez doucement à ébullition. Réduisez le feu et couvrez à demi. Laissez frémir. Comptez 20 minutes de cuisson par livre.

7 **Passer le bouillon.** Après la cuisson, laissez refroidir le filet dans le bouillon, puis placez-le sur un plat de service. Passez le bouillon à travers une passoire garnie d'une mousseline humide. Jetez les os. Coupez et enlevez la couenne, puis enveloppez le filet dans une feuille de matière plastique. Laissez le filet et le bouillon au réfrigérateur pendant plusieurs heures ou pendant toute la nuit.

8 **Préparer la gelée.** Lorsque le bouillon a refroidi, enlevez la couche de gras. Renversez la gelée sur un plat. Placez le filet sur une grille au-dessus d'un plat creux. Faites fondre un tiers de la gelée à feu doux. Versez une partie du bouillon obtenu dans une timbale posée sur de la glace pilée. Remuez jusqu'à ce que le bouillon épaississe.

3 **Insérer la truffe.** Hachez grossièrement une truffe. Pratiquez une incision dans le filet, en évitant les lardons, et insérez un morceau de truffe *(ci-dessus).* Répartissez bien les morceaux de truffe dans le filet, mais pas dans le filet mignon. Soulevez délicatement le filet mignon et placez dessous 2 ou 3 morceaux de truffe.

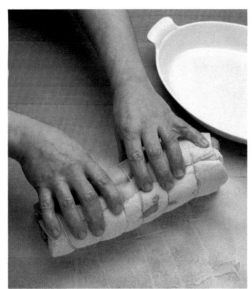

4 **Rouler la viande dans le sucre.** Étalez le reste de la marinade sur la viande. Roulez le filet en cylindre, le filet mignon se trouvant au centre. Pour protéger la chair exposée pendant la cuisson, recouvrez-la avec de la couenne. Ficelez le filet *(page 41).* Saupoudrez de sucre votre plan de travail et roulez-y la viande.

5 **Dorer la viande.** Placez le filet, côté couenne en dessous, dans un plat à rôtir. Mettez au four préchauffé à 220° (7 au thermostat). Laissez cuire 20 minutes environ. Avec deux cuillères en bois ou des spatules, transférez le filet dans une marmite ovale, côté couenne en dessous pour que la viande n'attache pas.

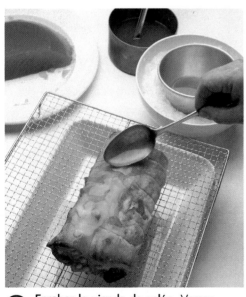

9 **Enrober la viande de gelée.** Versez rapidement à la cuillère le bouillon épaissi sur le filet pour le glacer. Placez la viande au congélateur de 2 à 3 minutes ou au réfrigérateur pendant 10 minutes pour que le bouillon se transforme en une couche de gelée. Faites épaissir un peu plus de bouillon et répétez l'opération.

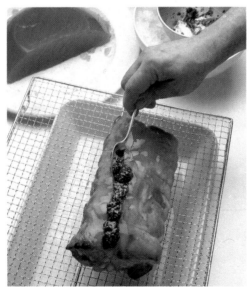

10 **Décorer avec du persil en gelée.** Versez encore du bouillon dans la timbale. Hachez menu un bouquet de persil frais et mettez-le dans la timbale. Remuez le mélange jusqu'à ce qu'il ait presque pris puis, à la cuillère, disposez-le sur toute la longueur du rôti *(ci-dessus).* Remettez le filet au réfrigérateur.

11 **Servir le filet.** Placez la viande sur un plat de service. Coupez une partie du filet en tranches fines puis glacez-les avec un peu de bouillon épaissi. Avec un couteau passé sous l'eau chaude, hachez la gelée qui reste *(ci-dessus)* et décorez-en le filet. Placez au frais avant de servir. □

4

Braiser et cuire à l'étouffée
Cuisson lente pour plats mijotés

Le vin cuit, un fond de cuisson précieux
Le liquide de cuisson, une sauce bienvenue
Mélange d'assaisonnements pour un ragoût
Comment farcir la viande

En fin de cuisson d'un ragoût de porc *(page 65)*, on ajoute des champignons de Paris sautés au beurre, des châtaignes cuites à la cocotte et une poignée d'oignons grelots glacés, également cuits à part. On aura enlevé le liquide de cuisson pour le clarifier, avant de le remettre à mijoter avec la viande et les légumes juste avant de servir.

Le braisage et la cuisson à l'étouffée sont les deux aspects d'une même façon de cuisiner. Dans les deux cas, la viande mijote dans un récipient couvert: elle devient moelleuse et son jus se mêle avec bonheur au liquide de cuisson. Le terme «braisé» s'applique généralement aux morceaux ficelés cuits entiers, que l'on farcit parfois pour les parfumer davantage, alors que celui de «ragoût» cuit à l'étouffée s'emploie lorsque la viande est coupée en morceaux. D'ordinaire, le liquide réduit suffisamment pour donner une sauce qui concentre la quintessence du plat.

Il vaut mieux précuire les morceaux de porc avant de les braiser ou de les cuire à l'étouffée. Les jambons et les morceaux salés sont normalement pochés au préalable, ce qui élimine presque tout le sel et réduit le temps de cuisson ultérieur. Quant au porc frais, on le fait d'abord rissoler: sous l'effet de la chaleur, son jus s'exsude, se dessèche à la surface et s'y concentre en une appétissante croûte dorée. Vous ferez rissoler les gros morceaux à four chaud et dorer à la poêle ou dans une cocotte ceux qui sont destinés aux ragoûts.

Bien que l'on puisse utiliser de l'eau, un liquide plus corsé tel que du bouillon ou du vin enrichira la sauce. On fait parfois mariner les morceaux de porc frais dans du vin ou un peu de vinaigre additionnés d'aromates, pour que la viande soit plus tendre et plus parfumée; la marinade passée sera ensuite mélangée au liquide de cuisson *(page 62)*. On peut également employer d'autres liquides de braisage: le cidre sec, par exemple, donnera un petit goût âpre à la viande alors que le lait, ingrédient inhabituel mais précieux, la dotera d'une belle couleur ambrée *(recette page 106)*. On pourra faire cuire certains petits morceaux, comme les côtes de porc *(page 64)*, dans leur propre jus, en les faisant simplement dorer, puis braiser sans rien ajouter.

Le braisage ou la cuisson à l'étouffée peuvent s'effectuer indifféremment au four ou sur le gaz. La chaleur du four enveloppe la viande uniformément et, quand la température est bien réglée, on peut laisser mijoter. S'il est plus facile de contrôler la température sur le gaz, il faut utiliser un récipient à fond épais pour obtenir une cuisson régulière ou une cocotte qui répartira convenablement la chaleur.

L'apprêt final d'un jambon entier

Un vin cuit légèrement doux tel que le porto, le xérès ou le madère est un excellent liquide de cuisson pour un jambon entier *(recette page 143)*. Il parfume la viande pendant la cuisson et constitue la base du glaçage. Il servira ensuite à préparer une sauce d'accompagnement.

Le jambon, frais ou cuit, se prête bien à cette préparation. Frais, il doit être poché plusieurs heures afin de réduire le temps de braisage ultérieur; cuit, il sera poché pendant une trentaine de minutes, juste le temps d'être suffisamment chauffé en profondeur.

Ce pochage préliminaire ramollit aussi la couenne, qui est alors plus facile à retirer. Le gras placé sous la couenne est ensuite incisé de façon que la viande s'imprègne bien du parfum du vin.

Pour que le jambon ne se dessèche pas pendant le braisage, on l'enveloppe d'une feuille de papier d'aluminium que l'on retire 20 minutes avant la fin de la cuisson: le jambon est alors saupoudré de sucre et arrosé de vin. Le jus qui reste sera dégraissé ou, comme ici, lié et enrichi avec un velouté.

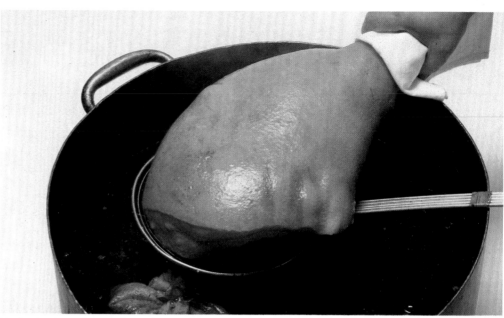

1 **Pocher le jambon.** Si le jambon est frais, comme ici, faites-le tremper dans l'eau froide 36 heures pour enlever l'excès de sel. Placez-le ensuite dans une cocotte. Couvrez d'eau froide et assaisonnez, ici avec un sachet de fleurs de tilleul (ou de thym-citronnelle). Amenez à petite ébullition, puis couvrez à demi. Laissez pocher, à raison de 15 minutes par livre. Lorsque le jambon est cuit, sortez-le de la cocotte avec une grande écumoire.

5 **Préparer le jambon pour le glaçage.** Sortez le plat du four et retirez le papier d'aluminium. Saupoudrez le dessus et les côtés du jambon de sucre glace. Pour que la pointe de l'os ne se carbonise pas, enroulez-la d'une petite cocotte de papier d'aluminium *(ci-dessus)*. Portez la température du four à 220° (7 au thermostat) et enfournez le plat sans le couvrir.

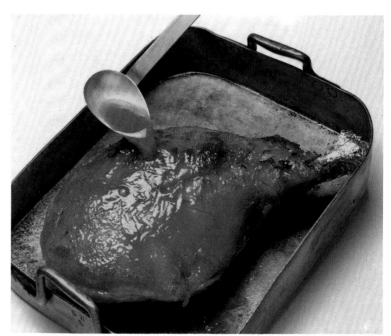

6 **Caraméliser le jambon.** Au bout de quelques minutes, lorsque le sucre est caramélisé, sortez le plat du four et arrosez le jambon avec le jus de cuisson *(ci-dessus)*. Remettez-le au four pendant 10 minutes en l'arrosant de temps en temps. Sortez le plat du four et enlevez le jambon. Laissez-le reposer 15 minutes avant de le mettre sur un plat de service chauffé, pour le découper.

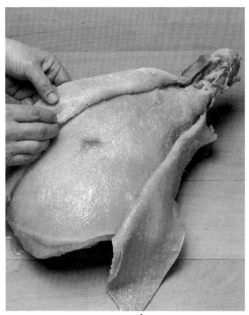

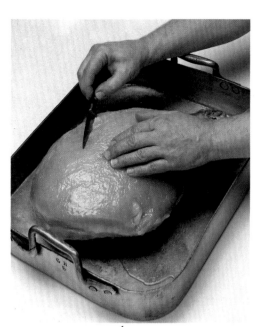

2 **Enlever la couenne.** Égouttez le jambon. Avec un petit couteau pointu, fendez doucement la couenne sur toute la longueur du jambon. Détachez-la de la couche de gras sous-jacente *(ci-dessus)*. Enlevez au couteau tous les morceaux de couenne restants.

3 **Inciser le gras.** Éliminez l'excès de gras et ne laissez qu'une couche d'environ 1 cm. Incisez légèrement le gras tous les 5 cm sur toute la longueur du jambon *(ci-dessus)*, sans entamer la viande. Placez le jambon dans un plat à rôtir et arrosez-le d'une demi-bouteille de vin cuit, ici du madère.

4 **Braiser le jambon.** Couvrez le plat d'un couvercle ou, comme ici, d'une feuille de papier d'aluminium et mettez-le au four préchauffé à 200° (6 au thermostat). Abaissez aussitôt la température à 170° (3 au thermostat) et laissez braiser 1 heure. Pendant ce temps, préparez le velouté *(page 15)*.

7 **Faire la sauce d'accompagnement.** Versez le jus de cuisson dans une casserole. Laissez-le reposer quelques minutes puis dégraissez-le en partie. Placez la casserole sur feu modéré et incorporez le velouté dans le jus avec une cuillère en bois *(ci-dessus)*.

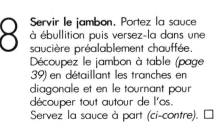

8 **Servir le jambon.** Portez la sauce à ébullition puis versez-la dans une saucière préalablement chauffée. Découpez le jambon à table *(page 39)* en détaillant les tranches en diagonale et en le tournant pour découper tout autour de l'os. Servez la sauce à part *(ci-contre)*. □

Braiser un beau morceau de porc farci

Le braisage convient particulièrement aux morceaux de viande bien garnis, peu coûteux, jambonneau avant ou collier, par exemple *(recette page 145)*. Ces gros morceaux doivent mijoter pour que la viande devienne tendre et que l'arôme du liquide de cuisson l'imprègne bien. La viande sera plus succulente encore si on la fait mariner avant de la cuire; on pourra ensuite incorporer la marinade passée au liquide de cuisson.

Si la viande est désossée *(page 11)*, on peut l'enrichir d'une farce et utiliser les os ainsi que la couenne pour donner du corps au liquide de braisage. La farce elle-même peut être enrichie avec les parures.

Après avoir farci la viande, on la fait dorer à four chaud et on l'immerge ensuite partiellement dans un liquide, ici du bouillon de porc *(page 14)* que l'on peut remplacer par du cidre ou du vin, puis on la laisse mijoter à feu doux. Lorsque la viande est cuite, on réserve le liquide de cuisson: dégraissé *(opération 9, page de droite)*, il servira éventuellement de sauce d'accompagnement pour la viande.

1 **Enlever la couenne.** Désossez un morceau de collier de porc *(page 11)* et posez-le côté peau sur une planche à découper. Insérez la pointe d'un grand couteau entre la couenne et le gras. Découpez un rectangle de couenne assez grand et séparez la viande du gras, en la roulant sur elle-même à mesure que progresse la lame. Réservez le tout.

2 **Préparer le morceau de viande.** Tournez la viande côté maigre vers vous. Enlevez le gras et les morceaux de chair qui se sont détachés; réservez ces parures pour la farce. Posez la lame du couteau à plat sur la partie de la viande détachée, à l'endroit où vous avez enlevé l'os. Coupez horizontalement *(ci-dessus)* dans la partie charnue pour ouvrir la viande.

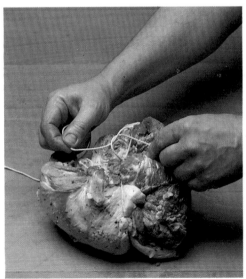

6 **Attacher la viande.** Pour bien enfermer la farce, rabattez le morceau étroit et cousez-le avec les côtés. Faites plusieurs fois le tour du morceau avec la ficelle. Nouez solidement. Insérez de minces rubans de gras découpés dans la couenne ou dans la viande, sous la ficelle, pour protéger les parties exposées pendant la cuisson.

7 **Faire rissoler la viande.** Placez la viande bardée dans un plat à rôtir et mettez-la à four chaud (200°, 7 au thermostat) de 35 à 45 minutes. Retirez le plat du four. Déposez la couenne réservée dans une cocotte, côté gras contre le fond. Avec deux cuillères en bois, mettez la viande dans la cocotte. Videz le plat de cuisson de sa graisse.

8 **Braiser la viande.** Versez le liquide de cuisson sur la viande. Entourez-la des os réservés et versez à mi-hauteur du bouillon de porc. Couvrez et mettez la cocotte au four préchauffé à 170° (3 au thermostat). Comptez 20 minutes de cuisson par livre. Les 20 dernières minutes, augmentez à 200°, découvrez et arrosez fréquemment.

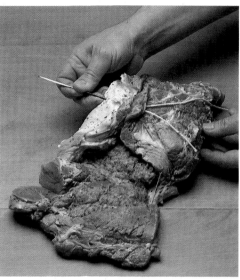

3 **Faire mariner la viande.** Placez la viande dans une terrine et ajoutez les ingrédients de la marinade, ici huile d'olive, vin blanc, herbes aromatiques, ail et baies de genièvre écrasées. Laissez mariner la viande 4 heures à température ambiante ou toute une nuit au réfrigérateur, en la retournant plusieurs fois.

4 **Farcir la viande.** Retirez la viande de la marinade, égouttez-la puis essuyez-la. Filtrez la marinade et réservez-la si besoin est. Préparez la farce, ici un mélange finement haché de parures de viande, herbes, ail pilé, œuf et chapelure *(page 17)*. Étalez-en une couche épaisse au centre du morceau de viande.

5 **Enfermer la farce.** Laissez la partie étroite de la viande à plat, repliez d'abord les côtés sur la farce. Enfilez une aiguille à brider avec de la ficelle de cuisine et cousez ensemble les côtés.

9 **Préparer la sauce.** Posez la viande sur un plat de service chaud. Enlevez la couenne et les os. Passez le liquide au-dessus d'une casserole, amenez à ébullition puis continuez à petit frémissement et placez la casserole à demi hors du feu. Clarifiez la sauce. Rectifiez l'assaisonnement et ajoutez le jus d'une orange ou d'un citron.

10 **Servir la viande.** Coupez la ficelle autour de la viande, puis coupez les nœuds pour les défaire. Découpez la viande en tranches épaisses et servez-la, accompagnée de la sauce. □

Comment farcir des côtelettes « doubles »

Toute maîtresse de maison douée d'un peu d'imagination peut préparer à partir de petits morceaux de porc farcis et braisés des plats aussi appétissants que ceux qui font appel à de gros morceaux: à titre d'exemple, des pruneaux ou des abricots secs enroulés dans de fines tranches de porc, braisées dans du bouillon *(recette page 150)*; ou bien un morceau de filet ouvert dans le sens de la longueur, farci de miettes de jambon et de fromage, puis braisé dans du vin *(recette page 147)*.

Les petits morceaux les plus faciles à farcir sont les côtelettes «doubles», qui ont l'épaisseur de deux côtes. Après y avoir pratiqué une ouverture permettant d'y introduire une cuillère à café, on les garnit d'une farce composée de fruits ou de légumes: des pommes émincées sautées au beurre ou la savoureuse préparation à base d'oignons et de champignons présentée ci-contre *(recette page 123)*, par exemple. Il ne faut pas trop remplir les côtelettes de farce car celle-ci gonfle lors de la cuisson. Les côtelettes seront ensuite braisées dans la faible quantité de liquide que constitue leur propre jus.

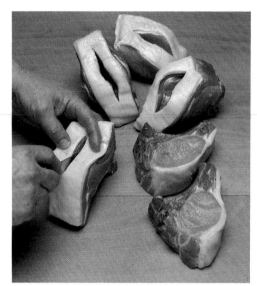

1 Préparer les côtelettes. Avec un petit couteau de cuisine, enlevez l'excès de gras des côtelettes doubles en laissant une bordure de 5 mm d'épaisseur. Dans le gras et la viande, pratiquez des incisions de 6 à 8 cm environ.

2 Farcir les côtelettes. Préparez la farce, ici une duxelles. Remplissez-en chaque côtelette à la petite cuillère sans trop tasser. Pour maintenir la farce, introduisez dans la viande deux bâtonnets en diagonale à partir de la bordure de gras et faites-les se croiser au milieu de l'ouverture *(ci-dessus)*.

3 Cuire les côtelettes. Faites chauffer de l'huile dans une sauteuse. Mettez-y les côtelettes et faites-les rissoler à feu moyen de chaque côté. Baissez le feu et faites-les cuire 20 minutes environ en les retournant deux ou trois fois. Lorsque les côtelettes sont bien dorées de chaque côté, couvrez-les *(ci-dessus)* et laissez-les braiser 40 minutes, en ne les retournant qu'une seule fois.

4 Servir les côtelettes. Retirez les côtelettes de la sauteuse. Versez un peu d'eau ou de vin dans le liquide de braisage, augmentez le feu et remuez pour déglacer le gratin. Passez le liquide à travers un tamis sur les côtelettes. Saupoudrez de persil haché *(ci-contre)* et servez aussitôt. □

Le ragoût : un plat aux multiples saveurs

Les ragoûts de porc, surtout ceux où les morceaux de viande cuisent avec des légumes aromatiques et différentes épices, sont des plats qui laissent libre cours à l'imagination. En effet, le braisage permet de multiples variantes : ragoûts à base de vin en France, ragoûts à la bière ou goulasch au paprika en Europe centrale *(recettes pages 131-139)*, entre autres.

Les morceaux de porc bon marché utilisés pour le ragoût sont l'épaule et le jambonneau avant, qu'une cuisson très prolongée attendrira.

Avant la cuisson, si on laisse la viande mariner pendant 24 heures, elle sera beaucoup plus parfumée, comme dans la préparation exposée ci-dessous et aux pages suivantes. Lorsqu'on sort la viande de la marinade, on la sèche bien avant de la faire dorer dans une poêle. On obtient ainsi un jus que l'on déglacera avant de l'ajouter au liquide de cuisson du ragoût. Ici, on fait aussi revenir les légumes afin qu'ils caramélisent.

Quelques carottes apporteront une saveur sucrée que l'on pourra renforcer en saupoudrant très légèrement le gratin de sucre, après avoir retiré la viande et les légumes. Pour donner du corps à la sauce, on ajoutera un peu de farine avant de déglacer ; ici, on a employé la marinade que l'on a réservée, mais du vin blanc ou du bouillon de porc, seuls ou ajoutés à la marinade, conviennent également.

Les marrons accompagnent fort bien les ragoûts de porc, grâce à leur saveur douce et sucrée. On épluche les marrons, puis on les incorpore aux autres ingrédients alors qu'ils mijotent déjà ; en effet, si on les mettait au début, ils se déferaient en cours de cuisson.

Le ragoût sera encore plus appétissant si on clarifie le liquide juste avant la fin de la cuisson en retirant la pellicule de graisse et d'impuretés qui s'est formée à la surface. Les légumes aromatiques auront alors exhalé toute leur saveur. Les autres légumes, choux coupés en quartiers et blanchis *(page 51)* ou oignons glacés *(encadré page 67)*, seront préparés à part et ajoutés une fois la sauce clarifiée.

1 **Faire mariner la viande.** Coupez la viande en gros morceaux et retirez le gras. Mettez les morceaux dans une terrine profonde. Versez la marinade, ici du vin rouge, des oignons émincés, du persil, du thym, de l'ail et des feuilles de laurier. Couvrez et laissez toute une nuit à température ambiante. Le lendemain, versez la marinade à travers une passoire *(ci-dessus)* et réservez le liquide.

2 **Assaisonner la viande.** Enlevez la viande de la passoire, puis jetez les légumes et les aromates. Séchez la viande avec un linge ou des serviettes en papier. Salez et poivrez. Faites fondre du saindoux dans une grande poêle à feu moyen. Quand il commence à bouillonner, mettez-y les morceaux de viande sans les tasser. Laissez-les dorer de 15 à 20 minutes en les retournant plusieurs fois.

3 **Ajouter les légumes aromatiques.** Si votre poêle est trop petite pour y disposer la viande à plat en une seule couche, opérez en plusieurs fois. Lorsque tous les morceaux de porc sont bien dorés, mettez-les dans une cocotte et ajoutez un bouquet garni. Incorporez ensuite les légumes aromatiques pour les colorer, ici des carottes, des gousses d'ail et des oignons grossièrement hachés. ▶

4 **Déglacer la poêle.** Mettez le reste de la viande et les légumes aromatiques dans la cocotte, puis saupoudrez de sucre *(ci-dessus, à gauche)*. Quand le sucre commence à blondir, ajoutez de la farine et mélangez pour obtenir un roux *(ci-dessus, au centre)*. Versez le liquide de la marinade dans la poêle *(ci-dessus, à droite)*. Amenez à ébullition en remuant afin de détacher le gratin.

8 **Égoutter le ragoût.** Lorsque la viande est cuite, retirez la cocotte du feu. Pressez le bouquet garni entre deux cuillères au-dessus du ragoût pour en extraire tout l'arôme et jetez-le. Déposez les morceaux de viande et les marrons entiers sur un plat. Passez le liquide de cuisson à travers un tamis, dans une casserole. Remettez la viande dans la cocotte; couvrez et gardez au chaud.

9 **Clarifier la sauce.** Jetez les morceaux de carottes écrasées restant dans le tamis. Avec un pilon, écrasez l'oignon, l'ail et les marrons *(ci-dessus)*. Faites mijoter cet appareil dans une casserole; tirez ensuite la casserole à demi hors du feu. Clarifiez la sauce en écumant pour enlever la pellicule d'impuretés qui se forme du côté qui est hors du feu.

10 **Mélanger tous les ingrédients.** Mettez dans la cocotte la garniture de champignons sautés et d'oignons glacés. Lorsqu'il n'y a plus aucune impureté à la surface de la sauce, au bout de 10 à 15 minutes environ, versez-la dans la cocotte *(ci-dessus)*.

5 **Ajouter le liquide de déglaçage.**
Versez le liquide de la poêle sur la viande et les légumes aromatiques. Ajoutez de l'eau ou du vin et, le cas échéant, un trait de cognac, pour recouvrir le tout. Amenez à ébullition à feu moyen, puis réglez le feu à un léger frémissement. Couvrez.

6 **Préparer les marrons.** Faites une incision en croix dans chaque marron, puis ébouillantez-les 2 minutes. Retirez-les un par un avec une passoire métallique. La coque aura éclaté à l'endroit des incisions : en prenant le marron avec un linge, retirez la coque ainsi que la peau amère qui se trouve en dessous.

7 **Ajouter les marrons.** Après 45 minutes de cuisson, mettez les marrons dans le ragoût. Couvrez de nouveau et laissez cuire 1 heure. Peu avant la fin de la cuisson, préparez les légumes d'accompagnement, ici des oignons glacés (*encadré ci-dessous*) et des têtes de champignons revenues au beurre.

11 **Servir le ragoût.** Couvrez la cocotte et remettez à feu doux. Faites frémir de 15 à 20 minutes pour que l'arôme des légumes de garniture et celui de la sauce se mêlent agréablement. Servez dans la cocotte et, si vous le désirez, accompagnez de croûtons revenus au beurre ou d'une persillade. □

Oignons glacés

Prenez des petits oignons, pelez-les et mettez-les en une seule couche dans une casserole suffisamment grande. Ajoutez une noix de beurre et une pincée de sucre. Couvrez-les d'eau à demi et cuisez à feu doux à couvert ; secouez de temps en temps afin que les oignons n'attachent pas. Au bout de 15 minutes, retirez le couvercle et augmentez le feu 5 minutes, jusqu'à ce que l'eau se soit totalement évaporée.

5
Modes de cuisson divers

Viandes pochées et braisées à la choucroute

Deux copieuses croustades au porc

Gratins de jambon nappés de sauce

Gratin d'oreilles de porc

Saucisses en brioche

Une timbale qui se démoule

Mousse de jambon glacée

Préparer des boulettes avec des restes

On coupe en tranches de la poitrine de porc salée et roulée au sortir du récipient où elle a été pochée avec des jarrets fumés. On la servira avec de grosses saucisses qui auront été préparées à part, mélangées à de la choucroute et braisées avec du vin et du bouillon dans une cocotte.

Le porc est apprécié pour ses multiples possibilités culinaires : tout est comestible et, salé, fumé ou en saucisses, ce n'est pas d'une seule mais de plusieurs viandes dont vous disposez. La grande variété des morceaux va de pair avec celle de ses modes de préparation. Ils sont trop différents pour correspondre précisément aux catégories techniques décrites dans ce livre : poêler, griller, rôtir, pocher, braiser et cuire à l'étouffée. Vous pouvez, par exemple, créer de nouveaux plats à l'infini en combinant des viandes cuites à part, selon deux ou plusieurs techniques. Le porc peut être cuit en brioche, en croûte, rôti et nappé d'une sauce ou bien grillé ; quant aux façons d'utiliser les restes, il en existe des quantités.

En cuisant divers morceaux de porc selon la méthode appropriée et en les servant ensemble, vous obtiendrez un plat original et vous serez sûr que chaque viande a subi la préparation la mieux adaptée. Ainsi, pour le porc à la choucroute présenté page de gauche et page 70, on fait braiser des saucisses de porc fraîches avec la choucroute tandis que les morceaux salés et fumés sont pochés à part, afin que le plat ne soit pas trop salé.

Une petite quantité de porc additionné de féculents constituera un repas familial copieux. Du porc en tranches, en morceaux ou haché, partiellement ou totalement enveloppé d'une croûte de pâte, ne se desséchera pas alors que la pâte dorera et deviendra croustillante (page 72). Vous pourrez enrober des saucisses à demi cuites d'une pâte fine pour faire des saucisses en brioche (page 77), ou encore pocher des morceaux de viande mélangés à de la farine, de la mie de pain et des œufs pour faire des boulettes (page 82).

Grâce à sa saveur prononcée mais délicate, le jambon cuit se prête à des compositions particulièrement raffinées. Une mousse glacée, par exemple, faite de jambon passé au tamis en purée d'une finesse absolue, additionnée de crème fraîche et légèrement épaissie par un bouillon gélatineux, est digne d'un menu de fête (page 80). Une timbale où sont alternées des couches d'appareil au jambon et aux épinards est un plat principal délicieux et léger qui, contrairement aux soufflés, peut se démouler (page 78). Et les recettes à base de légumes et de jambon qui permettent de faire de délicieux gratins (page 74) sont innombrables.

La choucroute, accompagnement traditionnel du porc

La choucroute, chou ciselé mis à fermenter dans de la saumure, est la garniture traditionnelle du porc, surtout en Europe centrale. Autrefois, elle accompagnait le porc salé lorsque la viande fraîche était rare, c'est-à-dire en hiver. L'affinité naturelle entre le goût prononcé du porc et la légère acidité du chou a perpétué cette coutume, bien que l'on accompagne aujourd'hui la choucroute de viande fraîche. Ici, par exemple, on l'a présentée avec de la viande salée et fraîche — poitrine salée, jarrets fumés et saucisses fraîches —, mais on peut varier les morceaux à volonté *(recettes pages 125-126)*.

L'acidité que le chou a acquise en fermentant est accentuée par la saumure. Pour dessaler en partie la choucroute, il faut la rincer et l'essorer avant de la faire cuire *(opération 3, page de droite)*, mais on peut aussi la faire tremper dans de l'eau froide pendant une demi-heure.

La saveur acidulée du chou s'estompe si on le laisse mijoter. Ici, il est cuit à petite ébullition dans du bouillon additionné d'un peu de vin blanc; certaines recettes préconisent d'ajouter un verre de kirsch. On fait généralement cuire la choucroute avec des pommes, des oignons et des baies de genièvre qui lui donnent un arôme particulier tout en l'adoucissant.

Avant de cuire des morceaux de porc salé, il faut les faire dégorger plusieurs heures; en outre, afin que le plat ne soit pas trop salé, il faudra les pocher à part. Les morceaux de porc légèrement fumés peuvent être cuits avec la choucroute; ici, cependant, on a poché la poitrine et les jambonneaux fumés ensemble.

Quant aux saucisses fraîches, on les fait mijoter avec le chou de façon qu'il s'imprègne bien de leur saveur, mais on peut les ajouter à la fin seulement car une brève cuisson leur suffit. Les saucisses fumées peuvent être réchauffées soit avec la choucroute, soit dans une casserole d'eau frémissante.

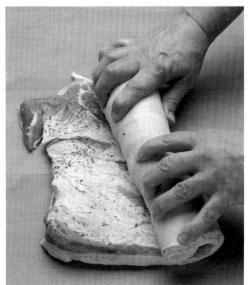

1 Attacher la viande salée. Faites tremper la poitrine salée dans de l'eau froide *(voir les temps de trempage page 12)*. Sortez la viande et séchez-la avec un linge ou du papier absorbant, puis roulez-la en cylindre *(ci-dessus)*. Attachez la poitrine avec de la ficelle de cuisine en formant une boucle autour de la viande tous les 5 cm environ.

2 Pocher les morceaux salés et fumés. Placez la poitrine ainsi roulée dans une marmite. Couvrez-la d'eau froide. Ajoutez les morceaux fumés, ici deux jarrets. Portez à petite ébullition, puis couvrez à demi la marmite et laissez pocher de 1 heure 30 minutes à 2 heures dès que l'eau commence à frémir, jusqu'à ce que la viande soit tendre.

6 Verser le bouillon. Chauffez du bouillon *(page 14)* dans une casserole. Ajoutez-y des baies de genièvre enveloppées dans un sachet de mousseline: vous pourrez ainsi les enlever plus facilement après la cuisson. Versez le bouillon chaud dans la cocotte jusqu'à ce que la choucroute soit presque recouverte.

7 Braiser la choucroute. Portez à petite ébullition, puis couvrez la cocotte et laissez mijoter 1 heure 15 minutes environ. Piquez les saucisses en 2 ou 3 endroits et ajoutez-les à la choucroute en les enfonçant avec une cuillère en bois. Replacez le couvercle sur la cocotte et laissez mijoter 45 minutes.

3 **Rincer la choucroute.** Passez le chou sous l'eau du robinet ou faites-le tremper dans de l'eau froide, puis goûtez-le pour vous assurer qu'il n'est pas trop salé. Si besoin est, rincez-le encore. Pressez la choucroute entre vos mains pour l'essorer *(ci-dessus)*. Mettez-la dans une passoire pendant que vous préparez les autres ingrédients.

4 **Commencer à braiser la choucroute.** Faites fondre un peu de saindoux dans une cocotte et ajoutez-y un oignon haché menu. Laissez cuire à feu très doux pendant une dizaine de minutes. Ajoutez la choucroute bien essorée.

5 **Ajouter le vin.** Versez un bon verre de vin blanc sur la choucroute et les oignons *(ci-dessus)*. Remuez avec une cuillère en bois. Pelez, épépinez et coupez une pomme en tranches que vous mettez dans la cocotte.

8 **Dresser la choucroute sur un plat.** Retirez la cocotte du feu. Réservez les saucisses et jetez les baies de genièvre. Mettez la choucroute sur un grand plat de service préalablement chauffé et posez les saucisses par-dessus. Retirez la marmite du feu, égouttez la poitrine et les jarrets de porc. Détachez la ficelle, découpez la poitrine en tranches et disposez-les autour du chou. Présentez les jarrets entiers : ils pourront être coupés à table. Comme garniture, servez des pommes de terre en robe des champs. □

Une croûte de pâte aux multiples usages

Classiques, mais toujours appréciés, les pâtés à la viande de porc permettent de varier les recettes à l'infini. On peut les réaliser avec n'importe quel morceau de porc maigre ou même des restes. La viande sera coupée en tranches, hachée ou émincée et utilisée seule ou accompagnée de légumes ou de fruits. Les ingrédients, enveloppés ou simplement recouverts d'une croûte de pâte, cuiront au four.

Dans le plat anglais de porc aux pommes ci-contre, les morceaux de viande sont cuits au four dans un plat profond, sous un couvercle de pâte *(recette page 152)*. Quant au pâté de forme allongée présenté ci-dessous, il s'agit d'un vrai pain de viande croustillant au porc émincé et aux œufs durs *(recette page 153)*.

La croûte qui enveloppe les pieds de porc peut se faire avec n'importe quelle pâte à tarte salée, mais il faut qu'elle soit particulièrement croustillante et appétissante *(encadré ci-contre; recette page 166)*. Plus la pâte est froide, plus elle est facile à manipuler; on la laissera donc reposer au réfrigérateur au moins une demi-heure.

Préparation de la pâte brisée

Confectionner une pâte légère. Tamisez la farine et le sel au-dessus d'une terrine. Ajoutez du saindoux, comme ici, ou des noisettes de beurre que vous coupez, avec deux couteaux, en dés de la grosseur d'un pois de façon à former un mélange friable avec la farine. Versez un peu d'eau et mélangez avec une fourchette. Répétez l'opération jusqu'à ce que vous puissiez rassembler la pâte en une boule ferme. Enveloppez-la dans du papier d'aluminium et mettez-la au réfrigérateur au moins une demi-heure.

Pâté au porc et aux œufs durs

1 Préparer les ingrédients. Faites une pâte brisée. Assaisonnez le porc émincé avec un oignon haché rissolé et du persil. Étendez un tiers de la pâte environ. Posez-la sur un grand plat à four et découpez-la en rectangle. Mettez la moitié du porc émincé sur la pâte, en laissant une bordure de 2 cm. Creusez la viande sur toute sa longueur et placez les œufs durs dont vous aurez coupé les extrémités dans ce sillon. Salez et muscadez. Couvrez avec le reste de porc. Lissez avec la lame d'un couteau.

2 Recouvrir de pâte. Disposez quelques feuilles de laurier sur le dessus. Étalez le reste de la pâte, en comptant 10 cm de plus que pour le premier rectangle. Enroulez-la sur le rouleau à pâtisserie et déroulez-la sur la viande. Pressez-la autour de la viande et découpez-la avec un couteau en suivant le bord.

Tranches de porc et de pommes enrobées de pâte

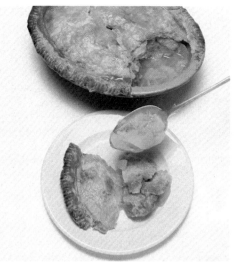

1 **Préparer les ingrédients.** Prenez des tranches de porc maigre de 1 cm d'épaisseur environ. Coupez les pommes en deux, pelez-les, videz-les et émincez-les. Foncez un moule assez profond avec une couche de porc et couvrez de pommes. Salez, poivrez et muscadez. Remplissez le moule en alternant couches de porc et de pommes.

2 **Étaler la pâte.** Versez du vin blanc sec jusqu'à mi-hauteur de la préparation, puis parsemez la surface de noisettes de beurre. Étendez la pâte le plus finement possible avec un rouleau à pâtisserie de façon qu'elle dépasse légèrement le moule. Humectez le bord du moule avec de l'eau et placez le couvercle de pâte sur le moule.

3 **Cuire le pâté.** Enlevez l'excès de pâte en laissant une bordure de 2 à 3 cm que vous repliez à l'intérieur ; soudez les bords autour du moule. Fendez la pâte au milieu afin que la vapeur puisse s'échapper. Dorez-la à l'œuf battu. Mettez au four préchauffé à 180° (4 au thermostat) 1 heure 30 minutes environ. □

3 **Dorer la pâte à l'œuf battu.** Pincez les deux couches de pâte entre le pouce et l'index. Badigeonnez la pâte avec de l'œuf battu mélangé avec un peu d'eau et, le cas échéant, dessinez un léger quadrillage avec les dents d'une fourchette. Fendez le pâté au milieu pour que la vapeur puisse s'échapper.

4 **Cuire le pâté et servir.** Mettez au four préchauffé à 170° (3 au thermostat). Après 45 minutes de cuisson, couvrez avec du papier d'aluminium. Épongez toute trace de gras et laissez cuire 45 minutes. Servez le pâté dans le plat où il a cuit ou dressez-le sur un plat de service (ci-contre). □

Deux plats de jambon gratiné

Le mot «gratin» évoque en général un plat recouvert d'une épaisse couche de chapelure. Toutefois, cette appellation s'applique également à des plats nappés d'une sauce crémeuse qui dorent en cuisant sans qu'on ait besoin de les saupoudrer de chapelure.

Grâce à leur forme, leur texture et leur saveur, les tranches de jambon cuit se prêtent particulièrement bien à cette préparation. On peut couper la viande soit en tranches épaisses: on les pose alors à plat, on les nappe de sauce et on les fait rapidement dorer sous le gril ou à four chaud; soit en tranches plus fines que l'on farcit avant de les enrouler, puis de les recouvrir de sauce.

On peut chauffer les tranches de jambon épaisses avant de les faire gratiner: on les met à feu doux et on les arrose d'un peu de vin avant de couvrir le plat, afin qu'elles ne sèchent pas. Dans la préparation ci-contre, les tranches sont ensuite recouvertes d'un mélange d'échalotes, de tomates, de champignons et de crème, que l'on a fait réduire jusqu'à ce qu'il soit suffisamment épais pour napper une cuillère (recette page 161).

Les tranches de jambon fines se préparent plus facilement. Dans le gratin présenté ci-dessous, à droite (recette page 159), on les farcit avec un mélange de courgettes et de poireaux blanchis puis on les nappe d'une sauce blanche, qui formera une fine croûte dorée après 30 minutes de cuisson à four chaud.

A partir de ce simple gratin, on peut improviser une infinité de plats en combinant différents légumes selon son goût. Des endives braisées ou des asperges blanchies, par exemple, peuvent remplacer les poireaux; il faut attacher les asperges de façon que leurs pointes fragiles ne se brisent pas. Pour la farce, des feuilles d'épinards ou de bettes, blanchies et hachées menu, seront aussi bonnes que les courgettes émincées.

Chaque légume destiné à un gratin doit être soigneusement égoutté au préalable afin que la sauce reste épaisse et onctueuse. Les courgettes seront disposées en couches dans une terrine et salées: on les laissera dégorger pendant 30 minutes. Les feuilles d'épinards ou de bettes blanchies seront plongées dans de l'eau froide pour être refroidies, puis essorées.

Jambon à la sauce tomate

1 **Chauffer le jambon.** Prenez des tranches de jambon cuit de 1 cm d'épaisseur environ. Débarrassez-les de l'excès de gras: laissez juste une bordure de 1 cm maximum. Mettez-les dans un plat à gratin et arrosez-les de vin blanc. Recouvrez le plat avec une feuille de papier d'aluminium et mettez au four préchauffé à 150° (2 au thermostat).

2 **Préparer la sauce.** Mettez les champignons émincés dans une casserole avec de l'eau, du beurre, du jus de citron et du sel. Couvrez et laissez bouillir, puis retirez du feu. Dans une autre casserole, faites réduire à feu vif des échalotes hachées avec du vin blanc. Versez-y le liquide de cuisson des champignons et amenez à ébullition.

Rouleaux de jambon aux poireaux

1 **Faire la farce.** Dans une terrine, laissez dégorger des courgettes râpées 30 minutes (ci-dessus). Essorez-les, puis faites-les rissoler au beurre 8 minutes. Faites revenir séparément un oignon haché et des champignons râpés. Mélangez ces légumes avec le persil, le poivre et le jus de citron.

2 **Blanchir les poireaux.** Préparez une sauce Béchamel (recette page 165) et laissez-la frémir. Fendre les poireaux dans le sens de la longueur, puis laissez-les tremper dans de l'eau froide 15 minutes environ. Égouttez-les et coupez-les à la longueur des tranches de jambon. Attachez les poireaux et faites-les blanchir pendant 10 minutes.

3 **Finir la sauce.** Réduisez la chaleur. Ajoutez des tomates pelées, égrenées et concassées, remuez et laissez cuire 20 minutes. S'il reste du vin dans le plat à gratin, versez-le dans la sauce, puis remettez le plat au four. Incorporez de la crème fraîche et laissez cuire de 5 à 10 minutes, jusqu'à ce que la sauce puisse napper une cuillère.

4 **Napper les tranches de jambon.** Rectifiez l'assaisonnement de la sauce ; ajoutez une noisette de beurre puis mettez les champignons dans la sauce. Retirez le plat du four et enlevez la feuille de papier d'aluminium. Versez la sauce sur le jambon puis passez le plat sous le gril quelques minutes, jusqu'à ce que la surface soit dorée.

5 **Servir le gratin.** Servez aussitôt, alors que la sauce bouillonne encore. Pour soulever et servir les tranches de jambon, prenez une large spatule. Nappez chaque tranche de la sauce qui reste dans le plat. □

3 **Préparer les rouleaux de jambon.** Détachez les poireaux et laissez-les égoutter sur un linge ou un papier absorbant. Foncez un plat à gratin avec une couche de farce de légumes. Sur chaque tranche de jambon, mettez deux poireaux et une cuillerée à soupe de farce ; roulez le jambon et placez-le dans le plat, côté replié en dessous.

4 **Napper les rouleaux.** Parsemez des grains de poivre vert sur les rouleaux de jambon. Retirez la sauce du feu, ajoutez du gruyère ou du parmesan râpés et mélangez avec une cuillère. Nappez le jambon de cette sauce.

5 **Cuire les rouleaux.** Saupoudrez les rouleaux de jambon d'un peu de fromage râpé et répartissez quelques noisettes de beurre sur la sauce. Mettez au four préchauffé à 200° (6 au thermostat) pendant 30 minutes. Servez immédiatement. □

Oreilles de porc panées relevées à la moutarde

Un gratin de chapelure met particulièrement bien en valeur la texture gélatineuse des oreilles et des pieds de porc. En effet, humidifiée avec du beurre fondu, la chapelure dore sous l'effet de la chaleur et forme une croûte croustillante contrastant avec la chair tendre de la viande. Pour relever la saveur de ce plat, il suffit d'étaler une couche de moutarde avant de saupoudrer la chapelure.

Les oreilles et les pieds de porc doivent être soigneusement nettoyés avant la cuisson: on les flambe au-dessus d'une flamme pour éliminer tous les poils, puis on les rince à l'eau froide. Avant d'être gratinés au four, ces morceaux demandent une précuisson assez longue: les oreilles (recette page 164) sont pochées 2 heures environ, tandis que les pieds (recette page 165) exigent au moins 4 heures de cuisson à petits bouillons.

Afin que la viande soit encore plus savoureuse, on la laisse refroidir dans le liquide de cuisson. Les morceaux cuiront plus facilement si on les coupe en deux dans le sens de la longueur. Une fois panés, ils doreront indifféremment au gril ou dans un four chaud.

1 Pocher les oreilles. Nettoyez les oreilles et mettez-les dans une cocotte. Couvrez-les avec un court-bouillon (recette page 167), amenez à ébullition et écumez. Faites cuire à petits bouillons pendant 2 heures, la casserole à demi couverte. Laissez refroidir les oreilles, sortez-les puis fendez-les dans le sens de la longueur et mettez-les sur un grand plat.

2 Aplatir les oreilles. Versez juste assez de liquide de cuisson pour couvrir les oreilles: ce bouillon parfume la viande. Aplatissez les oreilles avec une planche lourde, de façon qu'elles grillent uniformément, et posez des poids dessus. Laissez de 3 à 4 heures au frais, jusqu'à ce que le liquide se solidifie.

3 Paner les oreilles. Plongez les oreilles dans du bouillon chaud pour faire fondre la gelée; celle qui reste au fond du plat peut être ajoutée au bouillon et réutilisée. Avec un pinceau à pâtisserie, badigeonnez de moutarde une face de l'oreille puis pressez-la sur un lit de chapelure blanche. Procédez de même sur l'autre face.

4 Beurrer les oreilles. Faites fondre du beurre dans une petite casserole, à feu doux. Versez le beurre fondu à la cuillère sur une face des oreilles. Mettez les oreilles dans un plat à four, la face beurrée en dessous, puis versez le reste du beurre par-dessus.

5 Cuire les oreilles. Mettez au four préchauffé à 200° (6 au thermostat). Au bout de 10 minutes, retirez le plat du four. Si le dessus n'est pas doré, passez les oreilles sous le gril de 1 à 2 minutes sur chaque face. Servez aussitôt; ici, les oreilles sont garnies de feuilles de cresson. □

Un plat de saucisses original

La pâte à frire joue un rôle important dans les préparations culinaires à base de porc. Une pâte légère, par exemple, sert à faire les crêpes farcies au jambon (recette page 160); une pâte plus consistante sera utilisée pour enrober de petits morceaux avant de les cuire à grande friture (page 28). Pour reprendre certaines recettes plus traditionnelles, on peut également soit mélanger la viande et les aromates avec la pâte à frire, puis passer la préparation au four, comme dans la fameuse recette française du *pounti (recette page 156)*, soit ajouter la pâte à frire à la matière grasse déjà chaude, une technique dont le meilleur exemple est le plat anglais à base de saucisses présenté ici *(recette page 155)*.

Les saucisses, qui doivent cuire plus longtemps que la pâte, seront dorées au préalable dans la matière grasse. Il ne doit y avoir qu'une fine pellicule de graisse dans le plat lorsqu'on verse la pâte à frire. Pendant la cuisson au four, la pâte qui enrobe les saucisses gonfle et devient croustillante.

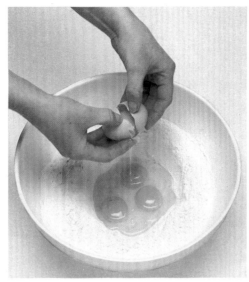

1 **Préparer la pâte à frire.** Tamisez la farine avec une pincée de sel au-dessus d'une grande terrine. Faites un puits dans la farine et cassez-y les œufs. Mélangez bien les œufs et la farine au fouet, en remuant du centre vers l'extérieur pour les amalgamer progressivement.

2 **Faire dorer les saucisses.** Lorsque le mélange épaissit, ajoutez le lait en fouettant pour incorporer la farine puis mélangez jusqu'à ce que la pâte soit lisse. Faites fondre une noisette de saindoux dans un plat à rôtir. Piquez les saucisses et disposez-les dans le plat. Mettez au four préchauffé à 200° (6 au thermostat).

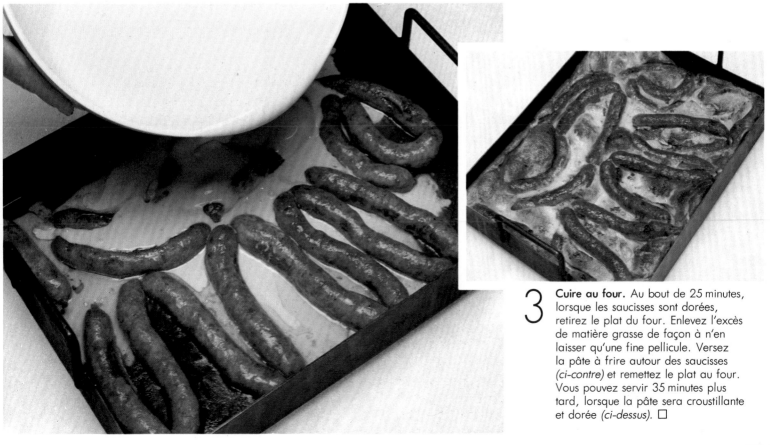

3 **Cuire au four.** Au bout de 25 minutes, lorsque les saucisses sont dorées, retirez le plat du four. Enlevez l'excès de matière grasse de façon à n'en laisser qu'une fine pellicule. Versez la pâte à frire autour des saucisses *(ci-contre)* et remettez le plat au four. Vous pouvez servir 35 minutes plus tard, lorsque la pâte sera croustillante et dorée *(ci-dessus)*. □

Timbale de jambon aux épinards

Bien qu'elle n'en ait pas la légèreté, une timbale est une sorte de soufflé car elle comporte les mêmes ingrédients: jaunes d'œufs, sauce Béchamel épaisse et blancs d'œufs battus en neige très ferme. La sauce et les jaunes mélangés avec des légumes et de la viande émincés constituent une base très nourrissante; on y incorpore ensuite délicatement les blancs battus en neige qui donnent au plat sa légèreté. Cette préparation est ensuite cuite à four doux; lorsqu'elle est suffisamment consistante, on la démoule sur un plat et on la sert.

Pour une timbale, c'est le goût délicat du jambon cuit qui convient le mieux: employé seul, il donne un plat délicieux *(recette page 158)*, mais on peut le remplacer par des restes de rôti de porc. En alternant préparation au jambon et préparation aux légumes verts, comme ici, on obtient une timbale aussi agréable à l'œil qu'au palais.

Dans la recette ci-contre, on a superposé du jambon et des épinards blanchis, bien égouttés et finement hachés; on peut leur substituer des feuilles de blettes accommodées de la même manière ou des courgettes préalablement mises à dégorger, égouttées, puis sautées à la poêle pour enlever l'excédent d'humidité, comme dans la démonstration page 74.

Quels que soient les ingrédients choisis, la légèreté de la timbale dépendra surtout de la quantité d'air enfermée dans les blancs d'œufs battus. On obtient le meilleur résultat en utilisant un fouet métallique manuel et un bol en cuivre qui agit sur la fermeté des bulles d'air dans les blancs en neige.

Il faut mélanger les blancs en neige aux autres ingrédients aussi doucement que possible, de préférence à la main: on commence par incorporer une cuillerée de blanc à la préparation afin de la liquéfier et de pouvoir ajouter plus facilement le reste des blancs sans qu'ils retombent.

A la cuisson, la timbale ne monte pas autant que le soufflé; en revanche, elle ne retombe que très peu en refroidissant, ce qui permet de la laisser reposer quelques minutes avant de la retourner sur un plat de service: ainsi, les différentes couches d'ingrédients qui la composent refroidissent et se stabilisent.

1 Préparer le jambon et les épinards. Faites une sauce Béchamel *(page 165)*. Pendant qu'elle cuit, lavez les épinards, équeutez-les et enlevez les feuilles abîmées. Plongez-les dans l'eau bouillante 1 minute; égouttez-les, pressez-les et hachez-les finement. Coupez le jambon et réduisez-le en purée au mixer ou au hachoir à viande.

2 Ajouter les jaunes d'œufs. Lorsque la sauce est prête, laissez-la refroidir. Mettez le jambon et les épinards dans deux bols différents. Cassez les œufs; mettez les blancs dans une terrine et ajoutez les jaunes à la sauce refroidie en tournant avec une cuillère en bois.

5 Alterner les couches. Beurrez abondamment un moule profond. Découpez un morceau de papier sulfurisé de la dimension du fond du moule, beurrez-le et appliquez-le au fond. Versez une couche de mélange au jambon puis une couche aux épinards. Remplissez le moule jusqu'à 3 cm du bord, en alternant les couches.

6 Cuire la timbale. Mettez le moule au four préchauffé à 180° (4 au thermostat). Baissez immédiatement la température à 150° (2 au thermostat) et laissez cuire 40 minutes, jusqu'à ce que la timbale soit montée et élastique au toucher. Sortez-la et laissez-la reposer pendant 1 ou 2 minutes.

3 **Préparer le mélange.** Ajoutez une moitié du mélange sauce Béchamel-jaunes d'œufs au jambon haché et la seconde aux épinards. Utilisez une cuillère en bois pour bien mélanger la préparation dans chaque bol.

4 **Ajouter les blancs d'œufs.** Battez les blancs d'œufs en neige très ferme avec un fouet manuel : maniez-le selon un mouvement de va-et-vient en spirale. Incorporez-en ensuite une petite quantité à chacune des deux préparations et mélangez bien à la main, puis ajoutez la moitié des blancs dans chaque bol et mélangez délicatement.

7 **Servir la timbale.** Décollez le soufflé de la paroi du moule en passant une lame de couteau autour. Posez le plat de service chaud à l'envers sur le moule. Retournez le tout pour démouler la timbale sur le plat *(ci-dessus)*. Enlevez le papier sulfurisé et servez immédiatement à la cuillère ou en tranches, ce qui mettra bien les couches en valeur *(ci-contre)*. ☐

Une façon subtile d'accommoder les restes

L'une des façons les plus raffinées d'accommoder des restes de porc consiste à les transformer en mousse froide. En général, on utilise du jambon cuit *(recette page 158)*, mais on peut le remplacer par du porc frais braisé ou rôti.

Les ingrédients qui entrent dans la composition d'une mousse sont simples : il suffit d'un peu de sauce et de crème battue, qui donnent à la mousse son onctuosité et sa légèreté, et de gelée faite au bouillon de porc *(page 14)*, qui permet aux ingrédients de prendre. On émince le jambon puis on le mélange à la sauce, ici un velouté, mais une sauce Béchamel *(recette page 165)* convient également. On passe ensuite le jambon au tamis de façon que le mélange soit parfaitement lisse.

Une partie de la gelée sert à chemiser le moule : elle empêchera la mousse de coller et l'enrobera d'une pellicule brillante. On mélange le reste de la gelée avec le jambon tamisé afin qu'il prenne puis on ajoute la crème battue à la préparation encore liquide. Il faut battre la crème très légèrement, sinon la texture finale serait sèche et cotonneuse.

1 **Émincer le jambon.** Découpez le jambon autour de l'os. Après avoir enlevé l'excès de gras, hachez-le en petits morceaux, émincez-le au mixer puis mettez-le dans une grande terrine.

2 **Préparer la sauce.** Faites un velouté épais *(page 15)*. Versez-le dans une terrine placée sur de la glace pilée. Remuez de temps en temps quelques minutes afin qu'une peau superficielle ne se forme pas à la surface. Incorporez le velouté refroidi au jambon cuillerée par cuillerée en mélangeant bien entre chaque adjonction.

5 **Ajouter le bouillon.** Battez légèrement la crème au fouet jusqu'à ce qu'elle épaississe. Versez le reste de bouillon dans la purée de jambon et de velouté *(ci-dessus)*. Remuez avec une cuillère en bois pour bien incorporer la gelée.

6 **Ajouter la crème.** Versez la crème dans la purée avant que la gelée ne prenne. Avec une cuillère en bois, incorporez doucement la crème aux autres ingrédients jusqu'à ce que le mélange soit parfaitement lisse.

7 **Remplir le moule.** Versez le mélange dans le moule chemisé *(ci-dessus)*. Retirez le moule de la terrine contenant de la glace et tapotez-le sur la table afin d'égaliser la surface. Mettez le moule au réfrigérateur 4 heures environ, jusqu'à ce que la mousse ait bien pris.

3 Faire une purée avec le mélange. Passez cette préparation au tamis, posé au-dessus d'une assiette, par petites quantités, à l'aide d'une raclette *(ci-dessus)*. Transférez le mélange tamisé dans une terrine placée dans un récipient contenant de la glace pilée. Raclez le jambon qui reste sous le tamis et incorporez-le dans la terrine.

4 Chemiser le moule. Faites fondre de la gelée à feu doux. Placez un moule métallique dans une terrine contenant de la glace pilée et versez-y une louche de bouillon. Faites tourner la terrine pour tapisser le moule *(ci-dessus)*, jusqu'à ce qu'une fine couche de gelée ait pris. Laissez le moule dans la glace.

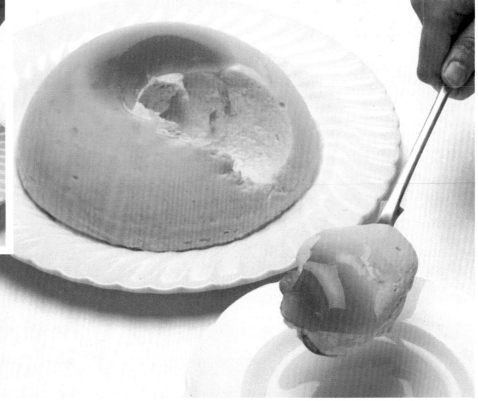

8 Démouler et servir la mousse. Pour démouler la mousse, trempez le moule presque entièrement dans l'eau chaude, puis essuyez rapidement l'extérieur avec un linge. Posez un plat de service rond sur le moule et retournez le tout. Soulevez délicatement le moule. Servez la mousse à la cuillère *(ci-contre)*. □

Les boulettes : repas simple ou garniture

Les boulettes, que l'on sert le plus souvent comme garniture, peuvent constituer à elles seules un repas simple. Ici on utilise du jambon cuit *(recette page 157)*, mais n'importe quel reste de porc frais convient. On hache grossièrement la viande à la main de façon que la texture des boulettes soit appétissante.

On utilise toujours un féculent (farine, pommes de terre ou riz) pour donner du corps aux boulettes et un liquide (lait, bouillon ou eau) ou une matière grasse pour lier les ingrédients et les aromates. Ici, on obtient une texture friable en mélangeant le jambon avec de la farine et des cubes de pain rissolés ; les œufs et le lait servent de liant ; le persil et l'oignon relèvent le goût.

Lorsque les boulettes sont formées, on les poche dans du bouillon ou de l'eau jusqu'à ce qu'elles deviennent fermes. On laisse cuire à petit frémissement : une forte ébullition risquerait de les faire éclater. On peut servir les boulettes nature ou les napper d'une béchamel, parfumée avec du persil ou de la purée de tomate, par exemple, et les faire dorer au four.

1 **Préparer les ingrédients.** Coupez des petits cubes de pain et faites-les rissoler au beurre. Faites mijoter des oignons grossièrement hachés dans du beurre jusqu'à ce qu'ils deviennent transparents. Battez un œuf avec du lait dans une terrine ; pour enrichir le mélange, vous pouvez ajouter un jaune d'œuf.

2 **Former les boulettes.** Mélangez les cubes de pain et l'oignon avec le lait et l'œuf. Ajoutez le jambon coupé en dés et le persil. Laissez le pain absorber le liquide puis ajoutez peu à peu la farine jusqu'à obtention d'une pâte consistante. Prélevez une cuillerée de mélange et donnez-lui la forme d'un œuf avec une seconde cuillère.

3 **Plonger les boulettes dans l'eau.** Avec la seconde cuillère, poussez la boulette dans une casserole d'eau salée frémissante. Trempez les cuillères dans l'eau avant de former une autre boulette. Pour que les boulettes ne collent pas, faites-en cuire peu à la fois.

4 **Cuire et servir les boulettes.** Couvrez la casserole et réglez le feu de façon que l'eau continue de frémir. Laissez cuire les boulettes de 15 à 20 minutes. Égouttez-les avec une cuillère à fentes et posez-les sur un plat préalablement chauffé. Servez aussitôt. Vous pouvez aussi les napper d'une sauce Béchamel *(page 165)*, les saupoudrer de chapelure et les cuire au four préchauffé à 220° (7 au thermostat) de 5 à 10 minutes. □

Anthologie de recettes

En s'inspirant des traditions culinaires et des ouvrages de 34 pays, de l'Europe méditerranéenne à la Chine et à l'Extrême-Orient, les rédacteurs et les conseillers techniques de cet ouvrage ont sélectionné à votre intention 221 recettes de porc déjà publiées. Cette anthologie, qui embrasse les trois derniers siècles, réunit 132 auteurs, depuis Mrs Rundell et Hannah Glasse, qui vivaient en Angleterre au XVIIIe siècle, jusqu'aux grands chefs contemporains comme Jacques Pépin et les frères Troisgros. Tous les modes de préparation du porc y sont abordés, des simples grillades ou brochettes aux plats braisés richement parfumés. Bon nombre de ces recettes sont extraites de livres rares et épuisés appartenant à des collections privées, dont certains n'ont encore jamais été traduits en français. Quelle que soit leur provenance, toutes sont scrupuleusement préparées selon des techniques et avec des ingrédients qui mettent en valeur les qualités naturelles de la viande.

Certaines recettes anciennes ne donnant aucune indication de quantités, il nous a semblé opportun de les préciser. Nous les avons parfois fait précéder, en cas de nécessité, de brèves notes introductives en italique et avons substitué aux termes archaïques leur équivalent contemporain. Nous nous sommes cependant efforcés de limiter les modifications dans la mesure du possible afin de respecter les lois du genre et de préserver le caractère original des recettes. Nous avons toutefois développé les explications qui nous paraissaient trop succinctes. En outre, le lecteur pourra toujours se reporter à la première partie de l'ouvrage qui aborde en détail tous les modes de préparation.

L'index et le glossaire sur lesquels s'achève ce livre permettront également de préciser le sens de certains termes techniques et d'identifier les ingrédients peu connus, ceux notamment utilisés dans la cuisine orientale, que nous avons voulu représenter ici en raison de la richesse et de la diversité des modes de préparation traditionnels du porc en Orient.

Pour faciliter l'utilisation de cette Anthologie, nous avons regroupé les recettes selon la classification adoptée dans la première partie du volume, les préparations de base — bouillons, pâtes, saumures et sauces — figurant à la fin. Les suggestions relatives à la présentation des plats ne sont données, bien entendu, qu'à titre indicatif. Pour chaque recette, nous avons énuméré les ingrédients nécessaires en commençant par ceux dont le nom apparaît dans le titre, ou par l'ingrédient de base. Les autres sont donnés dans leur ordre d'utilisation. Les quantités exprimées en cuillerées sont des « cuillerées rases ».

Farces et sauces	84
Confection des saucisses	86
Poêler et frire	89
Griller et rôtir	99
Pocher	113
Braiser et cuire à l'étouffée	120
Tourtes et soufflés	151
Préparations spéciales	159
Préparations de base	165

Farces et sauces

Farce aux raisins secs pour cochon de lait

Farsz z Rodzynkami

Raisins secs	125 g
Foie, poumons, cœur et rognons du cochon de lait coupés en morceaux	
Lard maigre coupé en morceaux	125 g
Gros oignon grossièrement haché	1
Carotte grossièrement hachée	1
Branches de céleri grossièrement hachées	1 ou 2
Céleri-rave grossièrement haché	½
Racine de persil de Hambourg grossièrement hachée	½
Persil haché	2 cuillerées à soupe
Panais grossièrement haché	1
Sel	
Beurre	60 g
Petit pain rassis (ou 125 g de pain rassis) trempé dans du lait	1
Jaunes d'œufs légèrement battus	3
Chapelure	4 cuillerées à soupe
Poivre	
Muscade	
Sucre en poudre	½ cuillerée à café
Blancs d'œufs battus en neige ferme	3

Mettez les légumes préparés, les abats et le lard dans une casserole. Salez, couvrez hermétiquement et faites étuver avec la moitié du beurre et 10 cl environ d'eau. Au bout de 15 minutes, retirez le foie et réservez. Laissez les autres viandes encore 15 minutes environ. A la fin de la cuisson, passez le tout à la grille fine du hachoir à viande avec le pain. Faites fondre le reste de beurre, incorporez les jaunes d'œufs et ajoutez la chapelure, du poivre, de la muscade, le sucre et les raisins secs. Mélangez intimement cette préparation avec le hachis de viande. Incorporez enfin les blancs en neige et mélangez délicatement.

MARJA OCHOROWICZ-MONATOWA
POLISH COOKERY

Farce pour cochon de lait au gruau de sarrasin

Farsz z Kaszy

Pour cuire le gruau de sarrasin, faites-le revenir 1 minute dans 1 cuillerée à soupe de beurre; mouillez avec 50 cl de bouillon ou d'eau bouillante, couvrez et faites cuire 1 heure à feu doux, jusqu'à ce que le gruau soit tendre et gonflé.

Gruau de sarrasin cuit ou orge perlée	200 g
Foie, poumons, cœur et rognons du cochon de lait hachés menu	
Lard maigre haché menu	125 g
Oignons moyens hachés menu et mis à fondre dans du beurre sans coloration	2
Œuf	1
Sel et poivre	
Muscade	
Marjolaine	2 pincées
Bouillon *(page 167)*	10 cl

Mélangez les abats et le lard avec les oignons, l'œuf, l'assaisonnement et les épices, ajoutez-les au gruau et mélangez intimement. Mouillez avec le bouillon.

MARJA OCHOROWICZ-MONATOWA
POLISH COOKERY

La tapenado

Il existe de nombreuses versions de cette préparation très parfumée que l'on peut étaler sur du porc avant de l'enduire de pâte et de le faire frire comme à la page 28. Vous pouvez ajouter à la tapenade, pendant que vous la broyez, du thym ou du laurier en poudre, de l'ail ou des miettes de thon, ou encore une petite quantité de cognac ou de marc du pays. La tapenade peut se préparer au mixer.

Pour 30 cl de tapenade

Olives noires dénoyautées	200 g
Filets d'anchois dessalés et égouttés	100 g
Câpres	30 g
Huile d'olive	4 cuillerées à soupe environ
Citron, jus passé	1
Moutarde (facultatif)	1 cuillerée à soupe
Poivre du moulin	

Broyez les olives avec les anchois et les câpres (tapeno en provençal). Malaxez bien le tout avec l'huile et le jus de citron et, facultativement, la moutarde. Poivrez. Il faut obtenir un mélange assez consistant.

JEAN-NOËL ESCUDIER
LA VÉRITABLE CUISINE PROVENÇALE ET NIÇOISE

Farce aux épinards

Pour 1,500 kg de farce

Ventrêche (poitrine maigre de porc) désossée et grossièrement hachée	1 kg
Epinards bien lavés	1 kg
Verts de blettes bien lavés	1 kg
Oignons hachés	2 ou 3
Œufs	2
Persil haché	2 cuillerées à soupe
Sel et poivre	
Thym	1 cuillerée à soupe
Chapelure (facultatif)	

Faire blanchir les épinards et les verts de blettes 2 minutes, bien essorer et hacher. Ajouter oignons, ventrêche hachée, œufs, persil, sel, poivre, thym et bien mêler la masse qui doit être ferme.

Ajouter quelques cuillerées de chapelure si besoin.

HUGUETTE COUFFIGNAL
LA CUISINE PAYSANNE

Comment faire le petit salé de cochon

Toutes sortes d'endroits du cochon sont bons pour faire du petit salé; le filet est estimé le meilleur. Vous le mangerez avec de la purée de pois, un ragoût de choux, un ragoût de légumes, une purée de lentilles, une purée de navets: dans tous les cas, ne mettez point de sel dans le ragoût destiné à l'accompagner, et si votre salé avait pris trop de sel, faites-le tremper dans de l'eau tiède avant de le faire cuire, jusqu'à ce qu'il soit au degré de sel que vous voulez.

Pour 7 kg de porc

Porc pris dans n'importe quel morceau	7 kg
Sel	500 g

Vous coupez les morceaux de la grosseur que vous voulez; frottez votre viande partout de sel, mettez-la à mesure dans un récipient; quand il est plein, bouchez-le bien de crainte qu'il ne prenne le vent; vous pouvez vous en servir au bout de cinq ou six jours; si vous voulez le garder longtemps, vous y mettrez un peu plus de sel; observez que plus le salé est nouveau, meilleur il est.

MENON
LA CUISINIÈRE BOURGEOISE

Sauce relevée pour grillades

Hottish Barbecue Sauce

Idéale pour les côtes de porc grillées, cette sauce se conserve longtemps au réfrigérateur.

Pour 60 cl de sauce environ

Gousses d'ail	4
Sel	1 cuillerée à soupe
Huile d'olive	25 cl
Vinaigre	10 cl
Petit oignon haché menu	1
Petit poivron vert haché menu	1
Chile en poudre	1 cuillerée à soupe
Jus de tomate	25 cl
Origan	1 cuillerée à café

Pilez l'ail avec le sel et ajoutez le reste des ingrédients. Faites mijoter 10 minutes et passez la sauce avant de l'utiliser.

HELEN BROWN
HELEN BROWN'S WEST COAST COOK BOOK

Confection des saucisses

Pour entonner un boyau, reportez-vous aux explications données à la page 18.

Saucisses d'Oxford

Oxford Sausages

Pour 8 personnes

Porc tendre grossièrement haché	1 kg
Graisse de rognon de bœuf râpée	1 kg
Zeste de citron râpé	2 cuillerées à soupe
Mie de pain émiettée	500 g
Sel	1 cuillerée à soupe
Mélange d'herbes hachées menu	1 cuillerée à soupe
Sauge et thym frais hachés	
Poivre	2 cuillerées à café
Muscade râpée	2 cuillerées à café

Mélangez intimement tous les ingrédients, divisez le tout en forme de saucisses et faites griller ou sauter selon le goût.

JOAN POULSON
OLD THAMES VALLEY RECIPES

Saucisson à cuire

Pour obtenir un cervelas, version plus raffinée et plus originale de ce saucisson, hachez la viande plus finement, en morceaux de 25 mm d'épaisseur environ. Ne mettez pas d'ail mais ajoutez une grosse truffe noire hachée (soit 2 cuillerées à soupe environ) et 60 g de pistaches décortiquées.

Proportions pour 3 ou 4 saucissons à cuire

Jambonneau ou épaule de porc désossés, grossièrement hachés à la main ou passés au hachoir avec une grille à gros trous	1 kg
Sel	1½ cuillerée à soupe
Poivre blanc du moulin	¾ cuillerée à café
Vin blanc sec	10 cl
Petite gousse d'ail hachée (facultatif)	1
Boyau à saucisses	1 mètre environ

Mélangez soigneusement tous les ingrédients et entonnez le boyau. Conservez les saucisses au réfrigérateur pendant au moins 2 jours avant de les consommer.

JACQUES PÉPIN
A FRENCH CHEF COOKS AT HOME

Saucisses d'Oxford sans peau

Oxford Skinless Sausages

Si la quantité de muscade requise pour cette recette, jadis traditionnelle, vous semble trop importante, vous pouvez la diminuer, selon le goût.

Pour 8 personnes

Porcelet entrelardé, débarrassé de la couenne et du cartilage et haché	500 g
Veau maigre haché	500 g
Graisse de rognon de bœuf hachée	500 g
Chapelure ou mie de pain rassis émiettée	250 g
Citron, zeste râpé	½
Noix de muscade râpée	2 cuillerées à café
Feuilles de sauge fraîches hachées menu	6
Sel	2 cuillerées à café
Poivre	1 cuillerée à café
Thym, sarriette et marjolaine frais hachés menu	1 cuillerée à soupe

Mélangez intimement les viandes avec la graisse de rognon, le pain, le zeste de citron, l'assaisonnement et les herbes. Mettez le tout dans une casserole et tassez bien. Réservez. Au dernier moment, farinez-vous les mains et divisez ce hachis en saucisses. Faites-les revenir dans de la graisse ou faites-les griller jusqu'à ce qu'elles soient bien dorées.

FLORENCE WHITE
GOOD THINGS IN ENGLAND

Excellentes saucisses

Excellent sausages

Eliza Acton utilise 1 noix de muscade entière et 1 « bonne » cuillerée à café de macis, ce qui correspondait au goût anglais du XIXe siècle; de nos jours on en met moins.

Pour 12 personnes

Porc maigre	600 g
Veau maigre	600 g
Lard gras	600 g
Sel	35 g
Poivre	15 g
Noix de muscade râpée	1 cuillerée à café
Macis en poudre	½ cuillerée à café
Farine	
Beurre	

Hachez les morceaux de viande et le lard, d'abord séparément puis ensemble. Mélangez intimement et ajoutez le sel, le poivre, la muscade et le macis. Remuez et hachez cette préparation jusqu'à ce qu'elle soit uniformément assaisonnée et assez fine, puis pressez-la dans une casserole et gardez-la dans un endroit très frais.

Au dernier moment, divisez le mélange en galettes de 2 cm d'épaisseur environ, farinez-les et faites-les revenir 10 minutes dans un peu de beurre.

ELIZA ACTON
MODERN COOKERY

Saucisse créole pimentée

Chaurice

C'est son assaisonnement relevé qui différencie cette saucisse des autres. La *chaurice* doit être très pimentée : ne soyez pas avare de piment rouge. Vous pouvez les faire sauter dans du saindoux bouillant, les égoutter et les servir en casse-croûte matinal sur une assiette chaude, parsemées de persil haché. On utilise surtout les *chaurices* pour faire le *jambalaya*. Quelques *chaurices* plongées dans une casserole de chou ou de haricots bouillants relèveront la saveur des légumes.

Pour 35 à 40 saucisses

Porc maigre haché menu	2 kg
Porc gras haché menu	1 kg
Sel	3 cuillerées à café
Poivre fraîchement moulu	2 cuillerées à café
Poivre de Cayenne et piment chile rouge écrasé	1 cuillerée à café de chaque
Piment rouge en poudre	1 cuillerée à café
Gros oignons hachés menu	2
Gousse d'ail pilée	1
Brin de thym haché menu	1
Brins de persil hachés menu	3
Feuilles de laurier frais hachées menu	2
Quatre-épices finement moulues	½ cuillerée à café
Boyaux à saucisse (de préférence de mouton) préparés	

Mélangez le porc maigre et le porc gras, épicez avec le sel, le poivre, le poivre de Cayenne, le piment chile et le piment rouge. Ajoutez les oignons, l'ail, les herbes et les quatre-épices. Mélangez intimement. Remplissez les boyaux avec ce hachis et ficelez-les à intervalles réguliers pour obtenir des *chaurices* de la longueur souhaitée.

THE PICAYUNE CREOLE COOK BOOK

Saucisse au fenouil et au paprika

Fennel and Paprika Sausage

Pour 8 personnes

Echine de porc maigre coupée en julienne puis en morceaux aussi petits que possible	1,500 kg
Graines de fenouil	1 cuillerée à café
Paprika	1½ cuillerée à soupe
Boyau à saucisse	2 mètres
Jus d'orange	10 cl
Sel	1½ cuillerée à soupe
Poivre fraîchement moulu	½ cuillerée à café

Faites tremper le boyau à saucisse dans le jus d'orange pendant plusieurs heures ou toute une nuit. Mettez la viande dans une terrine et gardez-la au frais pour pouvoir la travailler plus facilement. Mélangez-la intimement avec le sel, le poivre, le fenouil et le paprika.

Lavez soigneusement le boyau à l'eau tiède et remplissez-le avec la farce. Tassez fermement. Ficelez tous les 15 cm environ pour obtenir un chapelet de saucisses.

JOE FAMULARO ET LOUISE IMPERIALE
THE FESTIVE FAMULARO KITCHEN

Saucisses de porc sautées

Fried Pork Sausages

Pour 5 personnes

Porc gras désossé et grossièrement haché	1 kg
Sel	1 cuillerée à café
Paprika	2 pincées
Poivre noir et poivre blanc	1 pincée de chaque
Gousses d'ail écrasées mises à cuire dans 2 cuillerées à soupe d'eau bouillante	1 ou 2
Boyau à saucisse bien lavé	3 à 4 mètres
Saindoux	30 g

Mettez la viande dans un plat, salez-la et épicez-la avec le paprika et les poivres. Mélangez intimement avec l'ail. Entonnez cette farce dans les boyaux en les tordant et en les ficelant pour séparer les saucisses. Graissez un plat à four avec le saindoux, mettez-y les saucisses et faites-les cuire 20 minutes au four préchauffé à 220° (7 au thermostat). Servez avec une purée de pommes de terre et du chou braisé ou avec des cornichons molossols.

JÓZSEF VENESZ
HUNGARIAN CUISINE

Saucisses de porc campagnardes anglaises

English Country Pork Sausages

Cette recette de saucisses pur porc est de Jane Grigson.

Pour 6 personnes

Epaule de porc maigre, désossée et hachée	500 g
Lard gras haché	250 g
Sel	1 cuillerée à soupe
Poivre du moulin	
Persil fraîchement haché	1 cuillerée à soupe
(ou 1 cuillerée à café de thym et 2 ou 3 feuilles de sauge hachées menu)	
Boyau à saucisse	2 mètres environ

Mélangez intimement la viande et le lard avec l'assaisonnement et les herbes. Remplissez les boyaux. Vous pouvez faire sauter ou griller ces saucisses, ou les cuire au four.

ANTONY ET ARAMINTA HIPPISLEY COXE
THE BOOK OF THE SAUSAGE

Saucisses grecques

Loukanika

Pour 20 saucisses de 10 cm de long

Epaule de porc maigre désossée et coupée en morceaux	500 g
Couenne de porc fraîche, cuite à l'eau pendant 2 heures, égouttée et coupée en morceaux	250 g
Lard gras coupé en morceaux	250 g
Sel	1 cuillerée à café
Orange, zeste râpé	1
Marjolaine ou thym séchés pulvérisés	1 cuillerée à café
Feuille de laurier pilée dans un mortier	1
Vin rouge sec	8 cl
Quatre-épices et/ou coriandre en poudre	1 cuillerée à café
Poivre du moulin	
Gousses d'ail pilées (facultatif)	2
Boyau à saucisse rincé	

Hachez le porc avec la couenne et le lard, puis incorporez tout l'assaisonnement. Mélangez intimement. Avec une poche à douille, entonnez ce hachis dans le boyau que vous ficellerez tous les 10 cm environ.

Faites pocher les saucisses obtenues dans le l'eau pendant 1 heure, puis égouttez-les. Faites-les sauter dans une poêle à feu modéré, ou procédez en suivant les instructions de n'importe quelle recette. Égouttez et servez chaud.

Pour conserver ces saucisses, faites-les congeler crues par quantités nécessaires pour un repas. Sinon, consommez-les dans les 48 heures.

VILMA LIACOURAS CHANTILES
THE FOOD OF GREECE

Saucisses aux truffes

Vous pouvez réduire considérablement la quantité de muscade et de macis.

En remplaçant les truffes par une gousse d'ail, vous obtiendrez des saucisses à l'ail.

Pour 8 à 10 personnes

Porc tendre maigre haché	1 kg
Lard gras haché	500 g
Truffes hachées	125 g
Sel	40 g
Poivre blanc (ou une pincée de poivre de Cayenne)	15 g
Noix de muscade râpée	1 cuillerée à café
Macis fraîchement pulvérisé	1 cuillerée à café
Assortiment d'herbes séchées pulvérisées	1 cuillerée à soupe
Boyau à saucisse	
Madère (facultatif)	20 cl

Mélangez le porc, le lard et les truffes avec tout l'assaisonnement. Faites revenir une bouchée de cette farce, goûtez et relevez l'assaisonnement selon le goût. Si vous voulez consommer les saucisses immédiatement et si vous aimez le madère, incorporez-le. Entonnez cette farce dans le boyau avec un entonnoir à saucisse ou une poche à douille.

ELIZA ACTON
MODERN COOKERY

Poêler et frire

Saucisses à la languedocienne

Les saucisses de Toulouse sont des grosses saucisses dont la caractéristique est qu'elles sont faites avec de la farce hachée à la main. Si vous n'avez pas de demi-glace, vous pouvez simplement augmenter la quantité de purée de tomates.

Pour 4 personnes

Saucisse de Toulouse	1 kg
Graisse de porc ou d'oie	3 cuillerées à soupe
Gousses d'ail émincées	4
Bouquet garni	1
Vinaigre	2 cuillerées à soupe
Demi-glace	30 cl
Purée de tomates	10 cl
Câpres au vinaigre	3 cuillerées à soupe
Persil haché	1 cuillerée à soupe

Rouler la saucisse en spirale. La maintenir en cette forme en la traversant de 2 brochettes croisées. La mettre dans un sautoir où l'on aura fait chauffer la graisse de porc (ou la graisse d'oie). Ajouter l'ail et le bouquet garni. Cuire à couvert, pendant 18 minutes, en retournant après 10 minutes. Égoutter la saucisse ; la dresser sur plat rond. La napper avec le fond de cuisson que l'on aura préparé ainsi : déglacer avec le vinaigre. Mouiller avec la demi-glace et la purée de tomates. Faire bouillir quelques instants. Ajouter à cette sauce les câpres et le persil haché.

PROSPER MONTAGNÉ
NOUVEAU LAROUSSE GASTRONOMIQUE

Saucisses aux pommes

Si vous n'avez pas de cidre du pays, prenez du vin blanc sec ou du rosé, mais surtout n'utilisez pas de cidre ordinaire.

Pour 4 personnes

Saucisses de porc	500 g
Pommes, reinettes de préférence, évidées et émincées mais non épluchées	500 g
Beurre	100 g
Cidre	15 cl
Eau-de-vie, calvados de préférence	4 cuillerées à soupe
Crème fraîche épaisse	10 cl

Percez les saucisses et faites-les revenir doucement dans 15 g de beurre. Pendant ce temps, faites dorer les pommes dans le reste de beurre, à feu modéré, de 10 à 15 minutes, sans les

laisser grésiller. Dressez-les sur un plat de service et posez les saucisses dessus. Vous pouvez très bien servir tel quel, mais la sauce rehaussera le plat.

Versez le cidre dans la casserole de cuisson des pommes et laissez bouillonner quelques minutes. Mettez sur feu doux et incorporez le calvados puis la crème fraîche. Laissez cuire quelques minutes à feu très doux et vous aurez une sauce normande épaisse et suave. Goûtez-la, rectifiez l'assaisonnement et versez-la sur les saucisses et les pommes.

JANE GRIGSON
CHARCUTERIE AND FRENCH PORK COOKERY

Saucisses aux haricots et au basilic

Sausages with Beans and Basil

Pour 2 personnes

Saucisses de porc italiennes (ou autre saucisse fraîche à l'ail moyennement épicée)	350 g
Haricots verts frais parés et coupés en tronçons de 5 cm	500 g
Feuilles de basilic frais hachées menu	100 g
Beurre	30 g
Vin blanc sec	1 cuillerée à soupe
Gousses d'ail pilées	2 ou 3
Sel et poivre du moulin	

Faites mijoter les saucisses dans une grande sauteuse à fond épais à peine couvert d'eau froide et hermétiquement fermée pendant 15 minutes, en les retournant une fois. Retirez-les et ne gardez que 4 cuillerées à soupe du liquide de cuisson dans la sauteuse. Réservez le reste. Faites à nouveau cuire les saucisses, à découvert et à feu modéré, pendant 15 minutes, jusqu'à ce qu'elles soient bien dorées sur toutes leurs faces, en ajoutant un peu de liquide réservé si besoin est.

Pendant ce temps, faites cuire les haricots à l'eau bouillante salée, à découvert et à feu aussi vif que possible, de 3 à 4 minutes, jusqu'à ce qu'ils soient tendres mais encore croquants. Égouttez-les bien. Jetez toute la graisse de la sauteuse en en conservant 2 cuillerées à soupe seulement. Coupez les saucisses en biais, en morceaux de 3,5 cm d'épaisseur. Ajoutez le beurre, le vin, l'ail et les haricots. Salez et poivrez. Faire sauter le tout en remuant jusqu'à ce que les haricots soient chauds et que les arômes se soient mêlés. Saupoudrez de basilic et servez.

SHIRLEY SARVIS
WOMAN'S DAY COOKING AROUND THE WORLD

Saucisses italiennes aux poivrons

Italian Sausages with Peppers

Bien que cela ne soit pas indispensable, ce plat sera meilleur si vous prenez la peine d'éplucher les poivrons. Piquez-les sur une fourchette et faites-les tourner au-dessus d'une flamme, ou mettez-les sous le gril jusqu'à ce que la peau noircisse et se boursoufle. Vous les éplucherez ensuite très facilement.

Pour 6 personnes

Saucisses italiennes	12 à 18
Poivrons rouges ou verts épépinés et coupés en lanières	4 à 5
Huile d'olive	6 cuillerées à soupe environ
Gousses d'ail pilées	2
Sel	
Vinaigre de vin rouge	1 cuillerée à soupe
Persil à feuilles plates haché	2 cuillerées à soupe

Faites blanchir les saucisses à l'eau bouillante de 6 à 7 minutes. Égouttez-les et faites-les revenir dans 2 ou 3 cuillerées à soupe d'huile d'olive, puis baissez le feu et laissez-les cuire 10 minutes environ.

Versez une quantité suffisante d'huile d'olive dans une sauteuse à fond épais pour en couvrir le fond. Faites-la chauffer, puis ajoutez l'ail et le poivron et faites-les doucement revenir pendant 10 minutes environ, jusqu'à ce que les poivrons soient tendres. Si vous les avez grillés et épluchés, ils cuiront plus vite. Vous pouvez couvrir la sauteuse pendant la cuisson pour attendrir les poivrons. Salez selon le goût et, juste avant la fin de la cuisson, ajoutez le vinaigre. Mélangez les poivrons avec les saucisses et le persil et servez accompagné de polenta ou de riz.

JOSÉ WILSON
HOUSE AND GARDEN'S NEW COOK BOOK

Saucisses au vin blanc

Pour 4 personnes

Saucisses	500 g
Beurre	30 g
Farine	1 cuillerée à soupe
Vin blanc sec	15 cl
Persil haché	1 cuillerée à soupe
Echalotes hachées	1 cuillerée à soupe
Sel et poivre	
Bouillon réduit *(page 167)* ou bon jus	10 cl

Faites cuire vos saucisses à la poêle, avec le beurre, à feu modéré. Lorsqu'elles seront bien rôties, vous les enlèverez de la poêle. Faites alors, dans cette même poêle, un roux que vous mouillerez avec le vin; ajoutez persil et échalotes hachées, salez et poivrez; liez avec un peu de bon jus; remettez les saucisses.

Faites encore cuire quelques minutes et servez.

CURNONSKY
À L'INFORTUNE DU POT

Saucisses et marrons

Sausages and Chestnuts

Pour 4 personnes

Chair à saucisse hachée menu et divisée en petites galettes ovales	500 g
Marrons incisés, rôtis, décortiqués et épluchés	40
Beurre	30 g
Farine	1 cuillerée à soupe
Bouillon de bœuf ou de veau *(page 167)* concentré	30 cl
Xérès ou madère sec	20 cl
Bouquet garni	1
Sel et poivre ordinaire ou de Cayenne	

Faites revenir les saucisses dans le beurre, à feu doux. Enlevez-les et versez la graisse de cuisson dans une casserole propre. Incorporez la farine dans cette graisse et faites cuire à feu modéré sans cesser de remuer. Délayez petit à petit le roux obtenu avec le fond et le vin. Ajoutez le bouquet garni et assaisonnez bien. Amenez à ébullition puis disposez les saucisses contre les parois de la casserole et mettez les marrons au milieu. Couvrez et laissez mijoter à feu très doux pendant 1 heure environ. Ôtez le bouquet garni. Dressez les saucisses sur un plat, empilez les marrons au centre, passez la sauce par-dessus et servez très chaud.

ELIZA ACTON
MODERN COOKERY

Porc aux palourdes

Lombo de porco com améijoas à Alentejana

Pour 6 personnes

Longe de porc désossée	1 kg
Petites palourdes ou coques vivantes bien lavées	1 kg
Gousses d'ail pilées	4
Sel et poivre	
Saindoux	90 g
Oignons émincés	2
Persil haché	3 cuillerées à soupe
Paprika	1 cuillerée à café
Piment chile rouge épépiné et haché	1

Enduisez le porc de 3 gousses d'ail et d'un peu de sel et de poivre. Au bout de plusieurs heures, découpez-le en tranches de l'épaisseur d'un doigt. Dans une sauteuse contenant le saindoux chaud, faites revenir ces tranches sur les deux faces, à feu vif, de 5 à 6 minutes. Gardez-les au chaud.

Jetez presque toute la graisse de cuisson et faites blondir le reste d'ail dans la même sauteuse. Ajoutez les oignons, le persil, le paprika, le piment et les palourdes. Couvrez et faites cuire à feu vif, en secouant la sauteuse de temps en temps. Quand toutes les palourdes sont ouvertes, au bout de 5 à 10 minutes, ajoutez les tranches de porc. Mélangez, réchauffez et servez.

MARIA ODETTE CORTES VALENTE
COZINHA REGIONAL PORTUGUESA

Roulades de porc aux poireaux

Leeks Wrapped in Pork

Pour 4 personnes

Porc maigre coupé en tranches fines	600 g
Blancs de poireaux soigneusement rincés et coupés en tronçons de 10 cm	12
Huile	2 cuillerées à soupe
Sauce de soja	10 cl
Sucre en poudre	1 cuillerée à soupe
Saké (vin de riz)	4 cuillerées à soupe

Enveloppez chaque poireau dans une tranche de porc et fixez le tout avec un ou deux bâtonnets. Dans une sauteuse contenant l'huile chaude, faites revenir les roulades sur toutes leurs faces, à feu modéré, pendant 10 minutes environ, en les retournant. Ajoutez la sauce de soja, le sucre et le *saké,* baissez le feu et couvrez. Laissez mijoter de 3 à 4 minutes.

Découvrez et secouez vigoureusement la sauteuse en retournant les roulades pour les enduire uniformément de sauce. Dressez-les sur un plat de service, enlevez les bâtonnets, nappez-les du reste de sauce et servez. Vous pouvez les tenir au chaud au four de 20 à 30 minutes avant de servir.

PETER ET JOAN MARTIN
JAPANESE COOKING

Noisettes de porc aux pruneaux

Pour 8 personnes

Filet de porc désossé et dégraissé, coupé en 8 tranches	1,250 kg
Pruneaux	50
Vouvray ou autre vin blanc	30 cl
Farine	
Beurre	60 g
Sel et poivre	
Gelée de groseille	1 cuillerée à soupe
Crème fraîche	50 cl

Mettre à tremper la veille les pruneaux dans le vin. Le lendemain, passer les tranches de porc dans la farine et les cuire dans le beurre bien chaud. Saler et poivrer pendant la cuisson et laisser dorer la viande de 5 à 6 minutes environ. Retirer et dresser sur un plat long. Mettre autour les pruneaux qui auront bouilli une demi-heure dans le vin. Verser dans la casserole le jus des pruneaux, laisser réduire, y ajouter la gelée de groseille et lier ce fond avec la crème. Verser ce jus sur les noisettes de porc et servir très chaud.

CURNONSKY
RECETTES DES PROVINCES DE FRANCE

Côtes de porc minute

Cotolette alla minuta

Pour 4 personnes

Côtes de porc dans le filet	4
Œuf battu	1
Chapelure	125 g
Huile d'olive	10 cl
Citron	1

Sauce aux gésiers :

Oignon haché menu	1
Beurre	15 g
Petite carotte hachée menu	1
Branche de céleri hachée menu	1
Brin de persil haché menu	1
Brin de romarin haché menu	1
Gousse d'ail pilée	1
Cœurs et lobes de gésiers de volaille hachés menu	250 g
Champignons séchés mis à tremper dans de l'eau 30 minutes, équeutés et hachés menu	10 g
Bouillon *(page 167)*	20 cl
Tomates pelées, épépinées et hachées	3
Saucisse de porc maigre fraîche coupée en tranches	100 g

Pour la sauce, faites blondir l'oignon dans le beurre, à feu modéré. Ajoutez la carotte, le céleri, le persil, le romarin, l'ail, les abattis et les champignons et faites-les légèrement fondre avant d'ajouter le bouillon et les tomates. Laissez cuire pendant 10 minutes.

Ajoutez enfin les tranches de saucisse et laissez-les cuire 30 minutes environ, jusqu'à ce que la sauce ait réduit.

Pendant ce temps, préparez les côtes en les trempant d'abord dans l'œuf, puis dans la chapelure. Faites-les revenir de chaque côté dans l'huile d'olive, à feu modéré, pendant 15 minutes environ, jusqu'à ce qu'elles soient dorées et bien cuites. Disposez-les sur un plat de service chaud, pressez le citron par-dessus, nappez de sauce et servez.

CARMEN ARTOCCHINI
400 RICETTE DELLA CUCINA PIACENTINA

Escalopes de porc chasseur

Costolettine di maiale alla cacciatora

Pour 6 personnes

Escalopes de porc aplaties	12
Beurre	100 g
Farine	1 cuillerée à café
Vinaigre de vin blanc	4 cuillerées à soupe
Filets d'anchois dessalés, épongés et hachés	3
Tranche épaisse de lard maigre hachée	1
Sel	

Faites rapidement saisir les escalopes dans le beurre. Jetez le beurre, saupoudrez les escalopes de farine en les retournant pour que la farine absorbe les restes éventuels de matière grasse, mouillez avec le vinaigre, amenez à ébullition et enlevez les escalopes. Ajoutez les anchois et le lard, faites-les bouillir quelques minutes et remettez la viande. Quand elle est chaude, saupoudrez de sel et servez immédiatement.

OTTORINA PERNA BOZZI
VECCHIA BRIANZA IN CUCINA

Tranches de porc villageoise

Pour 4 personnes

Tranches de porc (échine, grillade ou filet) désossées	4 de 125 g chacune
Graisse de rôti ou saindoux	2 cuillerées à soupe
Gousse d'ail	½
Huile d'olive	3 cuillerées à soupe
Moutarde	1 cuillerée à café
Persil haché	1 cuillerée à soupe
Sel et poivre	
Eau chaude	2 ou 3 cuillerées à soupe
Pommes de terre frites	

Chauffez fortement la graisse dans une bonne poêle. Rangez-y les côtelettes à côté les unes des autres. Ne couvrez pas. Laissez-les colorer ainsi de 5 à 6 minutes. Retournez-les pour colorer de même l'autre côté. Ensuite diminuez le feu; cuisez encore de 12 à 15 minutes. Frottez avec la gousse d'ail le fond d'un plat de service chauffé. Mélangez-y huile, moutarde, persil, sel, poivre; posez les côtelettes sur le plat en les retournant dans l'assaisonnement, tenez au chaud. Égouttez la graisse de la poêle. Versez-y l'eau chaude; sur feu vif, frottez avec la cuillère pour dissoudre le granité. Versez sur les côtelettes. Entourez-les avec les pommes de terre frites. Servez bien chaud.

MADAME E. SAINT-ANGE
LA BONNE CUISINE DE MADAME E. SAINT-ANGE

Longe noire

Lomo negro

Pour 4 personnes

Longe désossée et coupée en escalopes	1 kg
Jus de citron et eau	4 cuillerées à soupe de chaque
Saindoux frais	2 cuillerées à soupe
Vinaigre	10 cl
Sel et poivre	

Arrosez les escalopes de longe de jus de citron et d'eau et laissez-les mariner 30 minutes. Ensuite, faites-les dorer des deux côtés dans le saindoux, à feu modéré. Salez et poivrez. Ajoutez le vinaigre.

Couvrez et laissez mijoter à feu doux 30 minutes environ, jusqu'à ce que la viande soit tendre.

CORA, ROSE ET BOB BROWN
THE SOUTH AMERICAN COOK BOOK

Émincé de porc frais à la minute

Ce mets est un de ceux qui exigent le moins de temps pour leur préparation quand on n'a rien de prêt d'avance et qu'il faut improviser en toute hâte un dîner sommaire ou un déjeuner à la fourchette.

Pour 4 personnes

Filet de porc frais coupé en tranches très minces	500 g
Beurre	100 g
Mie de pain émiettée	30 g
Fines herbes hachées menu	1 cuillerée à soupe
Sel et poivre	
Echalotes finement hachées	5 ou 6
Farine	1 cuillerée à café
Moutarde fine	1 cuillerée à soupe

Faites revenir les tranches de porc à la poêle dans 60 g de beurre préalablement fondu et, tandis qu'elles cuisent, saupoudrez-les avec la mie de pain fortement assaisonnée de fines herbes, sel et poivre. Retournez-les pour les paner également des deux côtés. Quand elles sont bien dorées, au bout de 10 minutes environ, dressez-les sur un plat de service et gardez-les au chaud. Déglacez la poêle avec 2 cuillerées à soupe d'eau. D'autre part, faites revenir les échalotes dans 15 g de beurre sans les laisser roussir ; au bout de 5 minutes environ, ajoutez-y le jus rendu par les tranches de filet de porc pendant leur cuisson et déglacé, et liez la sauce avec le reste de beurre pétri avec la farine. Délayez la moutarde dans cette sauce, et versez-la au moment de servir sur les tranches de filet cuites à la poêle.

JULES BRETEUIL
LE CUISINIER EUROPÉEN

Porc Stroganoff de Lettonie

Lettischer Kursemes « Stroganoff »

Pour 4 personnes

Filet de porc coupé en tranches fines, aplaties puis détaillées en julienne	750 g
Lard gras coupé en dés	125 g
Oignons moyens hachés	2 ou 3
Farine	1 cuillerée à soupe
Cornichons hachés menu	2
Bouillon ou eau	10 cl
Crème aigre	10 cl
Sel	
Paprika	1 cuillerée à café

Faites revenir le porc avec le lard et les oignons à feu modéré pendant 10 minutes, en remuant souvent. Saupoudrez de farine et laissez cuire de 2 à 3 minutes. Ajoutez les cornichons, le bouillon, la crème aigre, du sel et le paprika. Amenez à ébullition en remuant et enlevez du feu. Servez avec des pommes de terre cuites à l'eau.

KULINARISCHE GERICHTE

Fausse anguille

Falscher Aal

Pour 2 personnes

Escalopes de porc aplaties	4 de 100 g chacune
Sel et poivre	
Feuilles de sauge fraîches	8
Beurre	40 g
Rondelles de citron	4

Incisez les escalopes tout autour pour les aplatir, frottez-les de sel et de poivre et enroulez-les en serrant bien. Pressez 2 feuilles de sauge contre chaque rouleau et ficelez. Faites revenir ces fausses anguilles uniformément pendant 10 minutes environ dans la moitié du beurre, à feu modéré, sans mouiller, puis dressez-les sur un plat. Faites fondre le reste de beurre jusqu'à ce qu'il mousse et arrosez-en la viande. Servez avec les rondelles de citron et des petites pommes de terre cuites à l'eau.

HERMINE KIEHNLE ET MARIA HÄDECKE
DAS NEUE KIEHNLE-KOCHBUCH

Côtes de porc à la sauce aux câpres

*Chuletas de cerdo empanadas
con salsa de alcaparras*

Pour 6 personnes

Côtes de porc dans le filet	6
Sel et poivre	
Farine	50 g
Œuf battu avec 1 cuillerée à soupe d'huile d'olive	1
Chapelure	200 g
Huile d'olive	20 cl
Œuf dur haché	1
Citron coupé en 6 triangles	1
Brins de persil	6
Sauce aux câpres :	
Oignon haché	1 cuillerée à soupe
Vin blanc	10 cl
Purée de tomates	10 cl
Câpres	30 g
Cornichons hachés	1 cuillerée à soupe
Persil haché	1 cuillerée à soupe

Coupez et tirez la viande le long des manches, sur 3 cm. Battez les côtes légèrement pour les aplatir. Salez-les, poivrez-les et passez-les d'abord dans la farine, puis dans l'œuf et enfin dans la chapelure, en pressant légèrement avec

la lame d'un couteau pour faire adhérer la panure. Faites-les dorer à feu modéré, de 7 à 8 minutes de chaque côté, dans une sauteuse contenant l'huile chaude. Retirez-les de la sauteuse et gardez-les au chaud.

Passez l'huile de cuisson au tamis fin placé au-dessus d'une casserole et faites-y revenir l'oignon de 1 à 2 minutes, à feu modéré. Ajoutez le vin, la purée de tomates, les câpres, les cornichons, le persil haché et une pincée de sel. Laissez mijoter 20 minutes à feu doux. Goûtez l'assaisonnement.

Dressez les côtes en cercle sur un plat de service chaud et versez la sauce au centre. Saupoudrez la sauce d'œuf dur haché, décorez chaque côte d'un quartier de citron et d'un brin de persil et servez.

MANUAL DE COCINA

Côtes de porc à l'adobo

Chuletas de puerco adobadas

L'*adobo* est une pâte à base de piments chiles, d'épices, d'herbes et de vinaigre dans laquelle on conservait la viande à l'origine. Ici, on y fait mariner les côtes de porc avant de les faire cuire très lentement. Ainsi assaisonnée, la viande de porc peut se conserver pendant plusieurs jours au réfrigérateur : elle se desséchera un peu mais sa saveur augmentera de jour en jour.

Pour 6 personnes

Côtes découvertes épaisses aplaties	6
Gros *chiles anchos* ou autres piments chiles frais, légèrement grillés, incisés et épépinés	4
Graines de cumin	1 pincée
Origan	1 pincée
Thym	1 pincée
Sel	1 cuillerée à soupe
Gousses d'ail	2
Vinaigre blanc léger ou jus de bigarade	10 cl
Saindoux	30 g
Oignon émincé	1
Laitue taillée en chiffonnade	1
Radis émincés	

La veille au plus tard, mettez les piments dans un bol, couvrez-les d'eau chaude et laissez-les tremper 20 minutes. Enlevez-les avec une écumoire et mettez-les dans le bol du mixer. Ajoutez l'origan, le thym, le sel, l'ail et le vinaigre et mélangez jusqu'à obtention d'une pâte assez homogène.

Tartinez les côtes de porc de chaque côté avec cette pâte et laissez-les toute une nuit au réfrigérateur.

Le lendemain, faites-les cuire à feu très doux dans le saindoux préalablement fondu pendant 20 minutes environ, selon leur épaisseur. Quand elles sont bien cuites, faites-les rapidement brunir à feu vif.

Servez immédiatement avec des rondelles d'oignon cru, de la laitue taillée en chiffonnade et des radis émincés.

DIANA KENNEDY
THE CUISINES OF MEXICO

Côtes de porc
aux pommes et à la moutarde

Pour 4 personnes

Côtes de porc dans le filet de 2 cm environ d'épaisseur, débarrassées du gras	4
Pommes coupées en 4, épépinées, pelées et émincées	1 kg
Beurre	1 cuillerée à soupe
Sel	
Vin blanc sec	5 cuillerées à soupe
Sauce à la moutarde :	
Crème fraîche	25 cl
Moutarde de Dijon	4 cuillerées à soupe environ
Sel et poivre	

Étalez les pommes dans un plat à gratin légèrement beurré (suffisamment grand pour contenir aisément les tranches de viande côte à côte) et mettez 15 minutes au four à 200° (6 au thermostat). Pendant ce temps, salez les côtes de porc et faites-les cuire au beurre dans une poêle placée sur feu doux, jusqu'à ce qu'elles soient dorées des deux côtés — comptez de 7 à 8 minutes pour chaque face. Disposez-les sur les pommes, déglacez la poêle avec le vin blanc, laissez réduire de moitié puis versez sur la viande.

Ajoutez peu à peu, en goûtant, la moutarde à la crème fraîche. Salez légèrement, poivrez selon le goût et versez sur le plat en le secouant doucement de manière que la sauce pénètre le lit de pommes. Remettez au four 15 minutes à la même température.

RICHARD OLNEY
SIMPLE FRENCH FOOD

Côtes de porc à la menthe

Pork Chops with Mint

Pour 4 personnes

Côtes de porc	4
Menthe séchée et pulvérisée (ou 60 g de menthe fraîche hachée)	40 g
Farine	75 g
Sel	1 cuillerée à café
Poivre de Cayenne	
Beurre ou huile	60 g

Mélangez la farine avec la menthe, le sel et du poivre de Cayenne. Roulez les côtes de porc dans cette préparation et faites-les revenir dans le beurre à feu modéré, de 15 à 20 minutes, en les faisant bien dorer de chaque côté. Continuez la cuisson à feu doux.

FLORENCE WHITE
GOOD THINGS IN ENGLAND

Escalopes de porc frites

Tonkatsu

Pour 2 personnes

Escalopes ou grillades de porc incisées et aplaties	2 de 150 g chacune
Sel et poivre	
Farine	60 g
Œuf légèrement battu	1
Chapelure	60 g
Huile de friture	
Garniture :	
Petites tomates	4 à 6
Beurre	30 g
Tranches d'ananas coupées en 2	2
Chou ciselé	
Sauce piquante :	
Sauce tomate	3 cuillerées à soupe
Sauce Worcester	1 cuillerée à soupe
Moutarde	1 cuillerée à café

Salez et poivrez les escalopes et enduisez-les d'une couche fine et homogène de farine. Secouez-les pour ôter l'excès de farine. Trempez-les dans l'œuf puis dans la chapelure pour les paner uniformément et faites-les frire dans l'huile chauffée à 160-170° de 5 à 6 minutes, en les retournant une fois. Juste avant de les enlever de la friture, augmentez la température pour qu'elles soient bien croustillantes.

Pendant ce temps, faites des incisions en croix profondes dans les tomates et remplissez-les avec un morceau de beurre; disposez-les sur une plaque à four avec l'ananas. Faites-les cuire 5 minutes au four préchauffé à 200° (6 au thermostat). Disposez cette garniture avec le chou ciselé sur les escalopes frites. Mélangez tous les ingrédients de la sauce dans une terrine et servez à part.

MINEKO ASADA
120 PORK SIDE DISHES

Les côtes de porc de l'Alentejo

Costelas de porco a Alentejana

Dans l'Alentejo (Portugal), on utilise souvent la pâte aux poivrons verts pour enrober la viande. C'est un procédé qui permet de conserver des poivrons hors saison. Couverte d'huile d'olive, cette pâte durera longtemps. A défaut, enduisez vos côtelettes d'une couche épaisse de poivrons frais.

Préparez la pâte aux poivrons en pilant ou en réduisant au mixer 2 poivrons verts épépinés avec 2 cuillerées à café de gingembre frais haché, 2 cuillerées à café d'oignon haché et du sel. Mettez-la dans un bocal et couvrez-la d'huile d'olive. Ne l'utilisez pas immédiatement pour lui laisser le temps de prendre du goût.

Pour 4 personnes

Côtelettes de porc parées de tout leur gras	8
Sel et poivre	
Gousses d'ail pilées	2
Vin blanc	3 cuillerées à soupe
Œufs battus	2
Chapelure	250 g
Graisse pour friture	
Orange en rondelles	1

La veille, assaisonnez vos côtelettes de sel, poivre et ail. Enduisez-les ensuite de pâte aux poivrons délayée avec le vin blanc et laissez reposer 24 heures.

Le lendemain, trempez les côtelettes dans les œufs, passez-les dans la chapelure et faites-les frire dans la graisse. Servez avec des rondelles d'orange.

CAROL WRIGHT
PORTUGUESE FOOD

Côtes de porc panées

Kotlety Schabowe Panierowane

Pour 6 personnes

Côtes de porc dans le filet	1 kg
Sel	
Farine	40 g
Œufs battus	2
Mie de pain rassis, émiettée et tamisée	50 g
Saindoux	50 g

Tranchez l'extrémité des os des côtes de manière qu'ils aient environ 4 cm de longueur. Parez les côtes de tout excès de gras en laissant 1 cm environ tout autour. Faites des incisions peu profondes autour de la viande pour que les bords ne remontent pas pendant la cuisson et aplatissez-les légèrement de façon à leur donner la forme de poires.

Salez les côtes sur les deux faces et trempez-les d'abord dans la farine, puis dans les œufs et enfin dans la mie de pain, en pressant avec les mains pour que la panure adhère bien. Dans une sauteuse contenant le saindoux chauffé à feu vif, faites-les revenir sur les deux faces. Quand elles sont dorées, baissez le feu pour terminer la cuisson.

Disposez les côtes l'une derrière l'autre, en rang, sur un plat allongé et servez-les avec des pommes de terre, de la choucroute ou du chou, des tomates ou une salade, ou des betteraves cuites et râpées, nappées d'une sauce au raifort.

Z CZERNY, KIERST, STRASBURGER ET KAPUŚCINSKA
ZDROWO I SMACZNIE

Brochettes à la sicilienne

Spiedini di carne alla Siciliana

Pour 4 personnes

Porc haché	500 g
Sel et poivre	
Persil haché	4 cuillerées à soupe
Basilic haché	1 cuillerée à soupe
Mozzarella émincée	500 g
Pain débarrassé de sa croûte et coupé en tranches	1
Œufs bien battus	3
Chapelure fine	100 g
Huile ou saindoux pour friture	

Salez et poivrez la viande, puis ajoutez le persil et le basilic. Mélangez intimement et divisez ce hachis en petits pâtés ronds de 4 cm de diamètre. Coupez le fromage et le pain en médaillons de même dimension. Enfilez sur des brochettes un médaillon de pain, un de fromage, un pâté de viande, etc., jusqu'à ce que les brochettes soient pleines, en terminant par du pain. Roulez les brochettes dans l'œuf, puis dans la chapelure et faites-les frire dans l'huile ou le saindoux. Faites glisser les ingrédients frits sur un plat et servez.

WILMA REIVA LASASSO
REGIONAL ITALIAN COOKING

Porc sauté à la sauce de soja et au jus de citron vert
Babi Tempra

Pour 4 personnes

Porc coupé en julienne	600 g
Sauce de soja foncée	4 cuillerées à soupe
Jus de citron vert	4 cuillerées à soupe
Huile	6 cuillerées à soupe
Oignons émincés	4
Piments chiles rouges frais émincés dans le sens de la largeur	4
Sucre en poudre	4 cuillerées à soupe
Sel	½ cuillerée à café

Faites chauffer une sauteuse à fond épais sur feu vif. Quand elle est très chaude, ajoutez l'huile et faites fondre les oignons. Ajoutez immédiatement les piments et le porc et faites-les sauter de 4 à 5 minutes.

Quand le porc est à moitié cuit, sucrez, mettez sur feu modéré, puis ajoutez la sauce de soja, le jus de citron et le sel et laissez cuire 2 minutes.

Mme LEE CHIN KOON
MRS LEE'S COOKBOOK

Porc à la sauce moutarde
Pork with Mustard Sauce

Pour 3 personnes

Escalopes de porc	6
Moutarde	1 cuillerée à soupe
Huile	1 cuillerée à soupe
Saké (vin de riz)	3 cuillerées à soupe
Sauce de soja	3 cuillerées à soupe
Sucre en poudre	2 cuillerées à café
Graines de sésame grillées dans une poêle sans matière grasse et pilées	2 cuillerées à soupe
Ciboule hachée menu	1

Dans une poêle contenant un peu d'huile chaude, faites rapidement revenir les escalopes à feu vif, de 2 à 3 minutes

par côté. Ajoutez le *saké*, la sauce de soja, le sucre et les graines de sésame. Baissez le feu, couvrez et laissez mijoter de 4 à 5 minutes. Ajoutez la moutarde et laissez cuire encore de 2 à 3 minutes. Dressez les escalopes sur un plat de service, nappez-les de sauce et garnissez avec la ciboule.

PETER ET JOAN MARTIN
JAPANESE COOKING

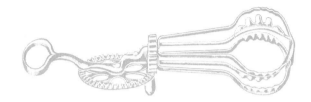

Dés de porc aux concombres
Diced Pork with Cucumbers

Pour 4 personnes

Filet de porc coupé en dés de 2 cm	350 g
Petits concombres coupés en dés	2
Sauce de soja	1 ½ cuillerée à soupe
Farine de maïs	1 ½ cuillerée à café
Huile d'arachide	5 cuillerées à soupe
Ciboules hachées menu	2
Petit morceau de gingembre frais râpé	1
Piments chiles rouges râpés	2
Pâte de soja épicée	1 cuillerée à soupe

Sauce chinoise :

Sel	1 cuillerée à café
Sucre en poudre	1 cuillerée à café
Vinaigre chinois foncé ou vinaigre de vin rouge	2 cuillerées à café
Sauce de soja	1 cuillerée à soupe
Farine de maïs	½ cuillerée à café
Eau	2 cuillerées à soupe
Huile de sésame	1 cuillerée à soupe

Mélangez le porc avec la sauce de soja et la farine et faites revenir le tout pendant 30 secondes avec les concombres dans une poêle ou dans un *wok* contenant 3 cuillerées à soupe d'huile chaude. Retirez-les et réservez.

Dans une terrine, mélangez les ingrédients de la sauce en remuant. Dans le *wok* contenant 1 cuillerée à soupe d'huile chaude, faites revenir les ciboules, le gingembre et les piments à feu vif, de 1 à 2 minutes, en remuant. Ajoutez la pâte de soja, le porc et les concombres et faites-les sauter 2 minutes. Ajoutez la sauce et le reste d'huile et servez.

THE TECHNIQUE OF CHINESE COOKING

Julienne de porc sautée
à la sauce forte

Stir-Fried Pork Strings with Hot Sauce

Pour 4 personnes

Filet de porc coupé en julienne	300 g
Sauce de soja	1 cuillerée à soupe
Eau froide	1 cuillerée à soupe
Farine de maïs	1 cuillerée à soupe
Huile d'arachide	75 cl
Ail pilé	1 cuillerée à café
Gingembre frais haché	2 cuillerées à café
Châtaignes d'eau émincées	6
Champignons noirs «oreilles d'arbres de bois» séchés, mis à tremper dans de l'eau chaude 15 minutes, équeutés et coupés en julienne	2 cuillerées à soupe

Sauce forte:

Sauce de soja	1 cuillerée à soupe
Vinaigre chinois foncé ou vinaigre de vin rouge	1 cuillerée à soupe
Pâte de soja épicée	1 cuillerée à soupe
Vin de riz chinois ou xérès	2 cuillerées à café
Sucre en poudre	1 cuillerée à café
Sel	½ cuillerée à café
Farine de maïs	1 cuillerée à café
Huile de sésame	1 cuillerée à café
Poivre noir	2 pincées
Ciboule émincée	1 cuillerée à soupe

Mélangez le porc avec la sauce de soja, l'eau froide et la farine et laissez mariner 15 minutes environ.

Dans une terrine, mélangez les ingrédients de la sauce en remuant. Faites chauffer l'huile dans une sauteuse ou dans un *wok*. Quand elle est très chaude, ajoutez le porc et faites-le sauter 30 secondes en remuant, retirez-le et réservez. Jetez l'huile de la sauteuse en y laissant 3 cuillerées à soupe et faites revenir l'ail et le gingembre à feu vif. Ajoutez les châtaignes d'eau, les «oreilles de bois» et le porc, remuez bien, ajoutez la sauce, mélangez intimement et servez.

FU PEI MEI
PEI MEI'S CHINESE COOKBOOK

Porc à la sauce pimentée

Pork Pieces with Chili Sauce

Pour 4 personnes

Filet de porc coupé en tranches très fines	250 g
Huile d'arachide	4 cuillerées à soupe
Poivron vert coupé en petits triangles	90 g
Pousses de bambou émincées	60 g
Gingembre frais râpé	30 g
Ciboules ou petits poireaux émincés	4
Pâte de soja	1 ½ cuillerée à soupe
Piment chile rouge, épépiné et haché	1

Assaisonnement:

Sauce de soja claire	2 cuillerées à soupe
Farine de maïs	1 cuillerée à soupe
Poivre	2 pincées
Huile de sésame	¼ cuillerée à café
Sucre en poudre	1 cuillerée à café
Eau	1 cuillerée à soupe
Huile d'arachide	1 cuillerée à soupe

Sauce:

Sauce pimentée	1 cuillerée à café
Pâte de soja sautée dans 1 cuillerée à soupe d'huile d'arachide	1 cuillerée à soupe
Ail pilé	1 cuillerée à café
Vin de riz chinois ou xérès	1 cuillerée à café
Sauce de soja claire	1 cuillerée à soupe
Sucre en poudre	1 cuillerée à soupe
Huile de sésame	½ cuillerée à café
Eau	4 cuillerées à soupe
Farine de maïs	1 cuillerée à café

Recouvrez les tranches de viande de tous les ingrédients de l'assaisonnement et laissez-les mariner 10 minutes. Dans une terrine, mélangez tous les ingrédients de la sauce.

Dans une sauteuse ou dans un *wok*, faites chauffer 2 cuillerées à soupe d'huile. Quand elle est très chaude, mettez-y le poivron et les pousses de bambou et faites-les revenir à feu vif. Dressez-les sur un plat.

Dans la même sauteuse, faites chauffer le reste d'huile. Faites-y revenir le gingembre, les ciboules ou les poireaux et la pâte de soja de 1 à 2 minutes puis ajoutez les tranches de porc et laissez-les cuire 3 minutes. Ajoutez la sauce, le piment, les poivrons et les pousses de bambou, mélangez intimement et servez.

LUCY LO
CHINESE COOKING WITH LUCY LO

Griller et rôtir

Longe rôtie à la mode de Monçao

Lombo de porco à moda de Monção

Pour 6 personnes

Longe de porc	1 kg
Beurre	60 g
Vin blanc	10 cl
Clous de girofle	4
Grains de poivre	4
Sel	
Feuille de laurier	1

Placez la longe dans un plat à four, couvrez-la de beurre et mettez le vin, les clous de girofle, le poivre, du sel et le laurier tout autour. Faites-la rôtir de 1 heure à 1 heure 30 minutes au four préchauffé à 180° (4 au thermostat), en l'arrosant de temps en temps avec le jus de cuisson. Quand le rôti est bien doré, enlevez la couenne et servez.

MARIA ODETTE CORTES VALENTE
COZINHA REGIONAL PORTUGUESA

Rôti de porc à l'ail

Arrosta di maiale all'aglio

Pour 4 personnes

Longe ou jambonneau de porc	1 kg
Gousses d'ail coupées en lamelles	2
Origan, thym et romarin émiettés	1 cuillerée à café
Moutarde	2 cuillerées à soupe
Huile d'olive	3 cuillerées à soupe
Sel et poivre	

Saupoudrez d'herbes les lamelles d'ail, en pressant de manière qu'elles adhèrent bien. Faites quelques incisions à la surface de la viande et insérez cette préparation de la même façon que si vous lardiez la viande. Délayez la moutarde avec l'huile et badigeonnez la viande de ce mélange. Laissez 1 heure en attente. Ensuite, enveloppez le rôti dans une feuille de papier d'aluminium et faites-le cuire 1 heure 30 minutes environ au four réglé entre 180° et 200° (de 4 à 6 au thermostat). Éteignez le four et attendez 15 minutes environ après la fin de la cuisson avant d'enlever le papier. Coupez en tranches fines. Ce rôti est également délicieux froid.

PIER ANTONIO SPIZZOTIN (RÉDACTEUR)
I QUADERNI DEL CUCCHIAIO D'ARGENTO-GLI ARROSTI

Rôti de porc

Puerco horneado

Ce rôti d'origine sud-américaine est également excellent froid.

Pour 8 personnes

Filet de porc (ou 3 kg de longe)	2 kg
Sel et poivre	1 cuillerée à café de chaque
Safran	1 cuillerée à café
Marjolaine, basilic, cumin en poudre	½ cuillerée à café de chaque
Gousses d'ail pilées	3
Eau bouillante	25 cl
Oignon râpé	3 cuillerées à soupe
Vinaigre de vin	2 cuillerées à soupe
Piments chiles séchés et pilés	2 pincées
Persil haché	2 cuillerées à soupe
Eau froide	10 cl

Mélangez le sel, le poivre, le safran, la marjolaine, le basilic, le cumin et l'ail en pommade et enduisez la viande de cette préparation. Enveloppez-la dans une feuille de plastique et mettez-la toute une nuit au réfrigérateur.

Le lendemain, placez le porc sur une plaque à four et faites-le rôtir 30 minutes au four préchauffé à 200° (6 au thermostat). Baissez la température à 180° (4 au thermostat), arrosez avec l'eau bouillante et continuez la cuisson en comptant 25 minutes par livre. Mouillez fréquemment.

Dégraissez le jus et mettez-le dans une casserole avec l'oignon, le vinaigre, les piments, le persil et l'eau froide. Amenez à ébullition et laissez cuire 2 minutes à feu doux. Découpez le rôti et servez la sauce à part.

MYRA WALDO
THE COMPLETE ROUND-THE-WORLD COOKBOOK

Longe rôtie à la mode polonaise d'autrefois

Schab po Staropolsku

Pour 6 personnes

Longe de porc lavée et épongée	1,300 kg
Saindoux	100 g
Sel	
Pruneaux blanchis et dénoyautés	200 g
Bouillon bouillant *(page 167)*	50 cl
Raisins secs lavés à l'eau chaude	50 g
Miel	1 cuillerée à soupe
Beurre	15 g
Marjolaine	½ cuillerée à café

Faites revenir la viande sur toutes ses faces dans le saindoux. Mettez-la dans un plat à four et salez-la. Ajoutez les pruneaux, mouillez avec le bouillon et faites rôtir 1 heure au four préchauffé à 190° (5 au thermostat) en arrosant souvent. Dressez le rôti sur un plat de service chaud. Pressez les pruneaux et le jus de cuisson dégraissé au tamis placé au-dessus d'une casserole, ajoutez les raisins secs, le miel, le beurre et la marjolaine. Couvrez et laissez cuire quelques minutes à petit feu. Découpez le rôti, versez la sauce sur les tranches et servez avec du gruau de sarrasin ou des pommes de terre et une salade de pommes à la sauce au raifort.

B. MARKUZA-BIENIECKA ET J.-P. DEKOWSKI
KUCHNIA REGIONALNA WCZORAJ I DZIS

Filet de porc au xérès

Solomillo de cerdo al jerez

Pour larder un rôti de porc, reportez-vous aux explications données à la page 56.

Pour 6 personnes

Filet de porc désossé et paré de sa couenne, couenne et os réservés	1 kg
Xérès	15 cl
Jambon fumé cru coupé en julienne	60 g
Bouillon *(page 167)*	3 cuillerées à soupe
Petits oignons épluchés	12
Sel et poivre	

Avec une lardoire, piquez le rôti avec le jambon. Roulez-le et ficelez-le de manière qu'il soit enveloppé dans sa propre couche de graisse. Mettez la couenne et les parures éventuelles dans un plat à four et posez le rôti dessus. Disposez les os autour. Mouillez avec le xérès et le bouillon. Salez et poivrez

et faites rôtir 1 heure au four préchauffé à 190° (5 au thermostat) en arrosant de temps en temps. A mi-cuisson, disposez les oignons autour de la viande. En fin de cuisson, portez la température à 200° (6 au thermostat), si besoin est, pour colorer les oignons.

Pour servir, enlevez la ficelle, découpez le rôti et dressez les tranches sur un plat de service au milieu des oignons. Servez accompagné de pommes de terre sautées.

MANUAL DE COCINA

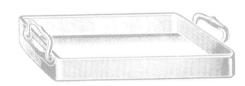

Porc rôti au fenouil

Le fenouil sauvage, ou aneth, est plus parfumé que celui que l'on vend sur les marchés sous forme de bulbes. Si vous n'en trouvez pas, vous pouvez utiliser les feuilles des bulbes — l'apéritif anisé renforcera leur goût quelque peu atténué. Des pommes de terre et de gros oignons doux, cuits au four dans leur peau et servis avec une noix de beurre — les oignons étant épluchés au dernier moment —, constituent un bon accompagnement... de même que des petites pommes de terre nouvelles sautées au beurre avec une poignée de gousses d'ail non pelées.

Pour 4 personnes

Longe de porc désossée non ficelée, parée de toute sa graisse à l'exception d'une couche fine en surface	1 kg
Feuilles et branches tendres de fenouil frais hachées	60 g
Apéritif anisé	1 à 2 cuillerées à soupe
Vin blanc sec	25 cl
Sel et poivre	

Avec un couteau pointu, percez la viande en 6 ou 8 endroits et remplissez ces incisions de pincées généreuses de fenouil haché en quantité suffisante pour que les tranches obtenues après le découpage soient parsemées de points verts.

Placez la viande dans une terrine, saupoudrez-la du reste de fenouil, ajoutez l'apéritif anisé (mettez-en davantage si vous utilisez du fenouil en bulbe) et versez les deux tiers du vin. Couvrez avec une assiette et laissez mariner de 4 à 5 heures, en retournant la viande 2 ou 3 fois.

Soulevez-la et faites-la égoutter quelques minutes dans un tamis placé au-dessus de la marinade. Épongez-la avec du papier absorbant. Salez et poivrez légèrement l'intérieur et roulez-la pour lui redonner sa forme initiale. Ficelez le tout, salez l'extérieur et faites rôtir dans une petite poêle ou dans un plat à gratin à fond épais pendant 1 heure 10 minutes, en démarrant la cuisson au four préchauffé à 200° (6 au thermostat) et en baissant à 170° (3 au thermostat) au bout de 10 à 15 minutes.

Après 30 minutes de cuisson, commencez à arroser régulièrement avec la graisse rendue par la viande. Vingt minutes avant la fin, égouttez cette graisse, versez la marinade et continuez à arroser régulièrement. En fin de cuisson, le liquide doit être complètement évaporé, le fond de la poêle ou du plat ne contenir que des sucs caramélisés et le rôti être joliment glacé par les arrosages répétés.

Dressez le rôti sur un plat de service chaud, enlevez la ficelle, jetez la graisse et déglacez les sucs à feu vif avec le reste de vin que vous faites réduire des deux tiers environ. Versez le jus sur le rôti, découpez-le et servez chaque tranche avec une cuillerée de jus déglacé mélangé aux sucs qui s'échappent de la viande.

RICHARD OLNEY
SIMPLE FRENCH FOOD

Filet de porc à la Provençale

Pour 6 à 8 personnes

Filet de porc désossé et débarrassé de la couenne	1 kg
Feuilles de sauge fraîche	12
Gousse d'ail taillée en menus morceaux	1
Gros sel	60 g
Thym	1 cuillerée à café
Feuilles de laurier pulvérisée	1
Saindoux fondu (ou 1 cuillerée à soupe d'huile d'olive)	15 g
Aubergines pelées et coupées grossièrement en carrés	2
Tomates coupées en quartiers	4
Huile d'olive	4 cuillerées à soupe

Piquer le filet de sauge et d'ail. Assaisonner ce filet de gros sel mélangé avec le thym et le laurier et le laisser macérer dans cet assaisonnement pendant quelques heures. Débarrasser le filet de porc de l'excès de sel qui le recouvre. Le mettre dans un plat long en terre. Badigeonner avec le saindoux (ou l'huile d'olive). Le mettre à cuire au four (préchauffé à 180°, 4 au thermostat).

Après que le porc aura cuit pendant 20 minutes, le garnir avec les aubergines passées quelques instants à l'huile et les tomates également sautées à l'huile (ces légumes disposés autour du filet de porc en bouquets alternés). Achever de cuire le porc au four pendant 45 minutes environ (en arrosant de temps en temps).

PROSPER MONTAGNÉ
MON MENU

Rôti de porc à la florentine

Arista alla fiorentina

Pour 6 personnes

Longe débarrassée de la couenne et désossée, parée de tout excès de gras, roulée et ficelée	1 kg
Brin de romarin frais	1
Gousse d'ail coupée en lamelles	1
Clous de girofle	3
Sel et poivre	

Avec un couteau pointu, faites des incisions dans la viande et fourrez-les de romarin et d'ail. Piquez la longe de clous de girofle, salez, poivrez, et mettez dans un plat à four avec 10 cl d'eau environ. Faites rôtir au four préchauffé à 180° (4 au thermostat), en arrosant de temps en temps, pendant 1 heure environ, jusqu'à ce que l'eau se soit presque entièrement évaporée et que la viande soit cuite.

Sortez le rôti du four et servez-le chaud ou froid.

IL RE DEI CUOCHI

Rôti de porc à la sauge

Pour 6 personnes

Filet de porc (carré ou échine)	1,500 kg
Vin blanc sec	40 cl
Huile d'olive	4 cuillerées à soupe
Gros oignon coupé en rondelles	1
Branchettes de thym	3
Feuille de laurier	1
Clous de girofle	4
Branchettes de sauge fraîche	4
Sel et poivre	

Dans les Alpes-de-Provence, on a l'habitude de faire mariner la viande de porc (filet, carré ou échine) destinée à être rôtie. Dans un plat creux, on place le morceau de viande avec le vin blanc, 2 cuillerées à soupe d'huile d'olive, l'oignon, le thym, le laurier et les clous de girofle. Pour que le morceau soit bien imprégné, il faut, bien entendu, le retourner plusieurs fois (quatre fois en 2 heures).

Lorsque vous jugerez que votre morceau de porc est assez mariné, retirez-le du plat et placez-le dans un autre pour que la marinade s'écoule. Pendant ce temps, préchauffez votre four à 190° (5 au thermostat). Lorsqu'il est chaud, prenez le morceau de porc, piquez-le avec les branchettes de sauge, placez-le dans un plat où vous aurez versé le reste d'huile d'olive, et enfournez. Laissez cuire votre rôti 1 heure 30 minutes environ, en ayant soin de le retourner de temps en temps et de l'arroser. Salez et poivrez en fin de cuisson.

HENRI PHILIPPON
CUISINE DE PROVENCE

Petits jambons frais à la broche

Pour larder du porc, reportez-vous aux explications données à la page 56.

Pour 4 à 6 personnes

Jambon débarrassé de la couenne	1
Lard coupé en fins bâtonnets	100 g
Beurre	60 g
Vin blanc	10 cl
Marinade:	
Vin blanc	50 cl
Echalotes hachées	3
Huile d'olive	10 cl

Le jambon est piqué de lard. Faire ensuite mariner la pièce avec vin blanc, échalotes et huile d'olive (24 heures). Retourner la pièce de temps à autre. Cuire à la broche lentement et dans la lèchefrite mettre le beurre. Arroser la pièce fréquemment. Lorsqu'elle commence à dorer et que la lèchefrite est chaude, ajouter le vin blanc et la marinade passée au chinois. Arroser assez fréquemment jusqu'à cuisson définitive (ajoutez du vin blanc si besoin est et comptez 20 minutes de cuisson environ par livre). Dans le fond de la lèchefrite, on déglace avec un peu d'eau. Les légumes de saison accompagnent cette préparation exceptionnelle.

ALEXANDRE DUMAINE
MA CUISINE

Carré de porc à la boulangère

Pour 4 à 6 personnes

Carré de porc désossé et roulé	750 g
Sel et poivre	
Beurre ou saindoux fondus	60 g
Pommes de terre émincées	500 g
Oignons émincés et passés quelques instants au beurre	125 g
Bouquet garni	1
Persil haché	

Mettre dans un grand plat long, allant au feu, le carré de porc assaisonné de sel et de poivre. Badigeonner ce carré avec le beurre (ou le saindoux). Mettre à cuire au four préchauffé à 200° (6 au thermostat) pendant 15 minutes. Le carré étant bien coloré de toutes parts, mettre tout autour les pommes de terre et les oignons. Assaisonner ces pommes et oignons de

sel et de poivre. Mettre dans le plat, enfoncé dans les pommes, le bouquet garni. Arroser les pommes avec le reste de beurre (ou de saindoux). Cuire au four à 170° (3 au thermostat), pendant 50 minutes.

Retirer le bouquet garni. Saupoudrer les pommes de persil haché. Servir tel quel, dans le plat de cuisson.

PROSPER MONTAGNÉ
MON MENU

La longe de porc niçoise au gratin de navets

On fait ça aussi à Nice, avec des canetons.

Pour 4 à 6 personnes

Rôti de porc dans la longe	1 kg
Jeunes navets épluchés et émincés	750 g
Gousses d'ail coupées en lamelles	2
Sauge fraîche (facultatif)	
Tranches de pain	
Sel et poivre	
Fromage râpé (de préférence gruyère)	

Piquez le rôti d'ail et faites rôtir (de 1 heure 30 minutes à 2 heures au four préchauffé à 170°, 3 au thermostat) en mouillant un peu à l'eau. Ajoutez de la sauge si vous aimez.

D'autre part, faites bouillir les navets à l'eau salée. Il faut que les navets soient cuits à point. Égouttez-les. Dans un plat à gratin un peu haut, mettez des tranches de pain, une couche de navets, sel, poivre, fromage râpé, une autre couche de pain, de navets, ainsi de suite; terminez par le fromage. Passez en haut du four de 20 à 30 minutes, jusqu'à ce que la surface soit gratinée. Le pain absorbe l'eau, ça gratine et vous servez en arrosant de jus de rôti.

JOSÉPHINE BESSON
LA MÈRE BESSON: MA CUISINE PROVENÇALE

Rôti de porc à la crétoise

Hirino riganato

Mis au réfrigérateur puis dégraissés, les restes de sauce de ce rôti serviront à aromatiser un riz pilaf ou un plat de pâtes.

Pour 6 à 8 personnes

Rôti de porc, jambonneau de préférence	2,500 kg
Gousses d'ail coupées en lamelles	2
Sel	
Origan (ou marjolaine)	2 cuillerées à café
Vin rouge sec	10 cl
Jus de tomate ou tomates pelées, épépinées et hachées	10 cl
Citron, jus passé	1

Épongez la viande avec des serviettes en papier humides. Avec la pointe d'un couteau, piquez-la d'ail sur toutes ses faces. Enduisez-la de sel et d'origan, mettez-la dans un plat à four peu profond et faites-la rôtir à découvert pendant 2 heures 30 minutes au four préchauffé à 180° (4 au thermostat). Au bout de 30 minutes de cuisson, mouillez-la avec le vin et le jus de tomate. Arrosez de temps en temps avec le liquide de cuisson. Quand le rôti est cuit, sortez-le du four et arrosez-le du jus de citron. Laissez-le refroidir, découpez-le en tranches très fines et servez froid.

VILMA LIACOURAS CHANTILES
THE FOOD OF GREECE

Filets mignons de porc à la sauce au fromage

Varkenshaasjes met Kaassaus

Pour 4 personnes

Filets mignons de porc	2
Sel et poivre	
Cumin en poudre	½ cuillerée à café
Beurre	60 g
Gouda doux râpé	300 g
Moutarde	4 cuillerées à soupe
Crème fraîche	6 cuillerées à soupe
Calvados	2 cuillerées à soupe

Salez, poivrez et saupoudrez les filets mignons de cumin. Dans une cocotte contenant le beurre préalablement fondu, faites-les revenir uniformément. Mélangez le fromage avec la moutarde et 4 cuillerées à soupe de crème fraîche et versez cette préparation sur la viande. Faites rôtir sous le gril ou au four préchauffé à 220° (7 au thermostat), de 30 à 40 minutes, jusqu'à ce que la viande soit bien dorée. Dressez-la sur un plat chaud et déglacez la cocotte avec le calvados. Incorporez le reste de crème fraîche sans cesser de remuer. Faites légèrement épaissir cette sauce à feu vif, en remuant, puis versez-la sur la viande et servez avec des pommes de terre nouvelles à l'eau et des haricots verts au beurre.

HUGH JANS
VRIJ NEDERLAND

Jambonneau cuit comme du sanglier

Schweineschlegel nach Schwarzwildart

Pour 4 à 6 personnes

Jambonneau débarrassé de la couenne et de la plus grande partie du gras	1,500 kg
Vin rouge	10 cl
Pain de seigle noir râpé	100 g
Sel	
Beurre	125 g
Marinade :	
Vin rouge	25 cl
Vinaigre	10 cl
Eau	10 cl
Baies de genévrier	1 cuillerée à soupe
Feuilles de laurier	2
Brins de persil	2
Thym	1 cuillerée à café
Marjolaine	1 cuillerée à café
Grains de poivre	1 cuillerée à café
Clous de girofle	4
Rondelles de citron	2
Oignon coupé en 2	1
Carotte, poireau et branche de céleri émincés	1 de chaque

Dans une terrine, mélangez tous les ingrédients de la marinade, ajoutez le porc et faites-le mariner au réfrigérateur pendant 5 jours, en le retournant de temps en temps. Épongez-le bien. Faites-le revenir dans 100 g de beurre et mettez-le dans un plat à four. Ajoutez le vin et la moitié environ de la marinade passée et faites cuire au four préchauffé à 180° (4 au thermostat) en arrosant souvent.

Après 2 heures de cuisson, couvrez la face supérieure du jambonneau d'une couche épaisse de pain râpé mélangé avec un peu de sel, puis arrosez de beurre fondu ou parsemez de copeaux de beurre. Augmentez la température du four à 220° (7 au thermostat) et laissez cuire encore de 10 à 15 minutes, jusqu'à ce que la surface soit croustillante. Servez chaud avec une salade mixte, ou froid avec une mayonnaise aux herbes.

HERMINE KIEHNLE ET MARIA HÄDECKE
DAS NEUE KIEHNLE-KOCHBUCH

feu modéré, sans cesser de remuer. Incorporez le vin et le jus de citron et faites épaissir. Ajoutez la gelée de groseille et laissez cuire jusqu'à ce qu'elle soit dissoute dans la sauce. Goûtez, salez si besoin est et passez la sauce sur le jambon. Servez avec des quenelles ou des boulettes.

JOZA BŘÍZOVÁ ET MARYNA KLIMENTOVÁ
TSCHECHISCHE KÜCHE

Jambon frais cuit comme du gibier

Schweinskeule nach Jägerart

Pour 6 personnes

Jambon frais paré de sa couenne et désossé 1 kg	
Sel	
Vinaigre	2 cuillerées à soupe
Grains de poivre	3
Grains de poivre de la Jamaïque	2
Carotte émincée	1
Feuille de laurier	1
Racine de persil de Hambourg émincée	1
Navet émincé	1
Oignons émincés	2
Beurre	120 g
Farine	40 g
Vin blanc	10 cl
Citron, jus passé	1
Gelée de groseille ou de « gratte-cul »	2 cuillerées à soupe

Parez le jambon de tout son gras et salez-le. Amenez l'eau et le vinaigre à ébullition avec tous les grains de poivre, la carotte, le laurier, la racine de persil, le navet et les oignons. Faites bouillir 5 minutes et laissez refroidir. Versez la marinade refroidie sur le jambon, couvrez et laissez mariner au frais pendant 1 ou 2 jours, en retournant la viande de temps en temps.

Sortez le jambon de la marinade et ficelez-le. Passez les légumes en réservant le liquide et faites-les revenir dans le beurre. Ajoutez le jambon et faites-le revenir sur toutes ses faces. Mettez à rôtir au four préchauffé à 180° (4 au thermostat) pendant 1 heure 30 minutes environ, en arrosant souvent avec la marinade réservée.

Quand le jambon est cuit, dressez-le sur un plat de service chaud. Dégraissez le jus de cuisson et liez-le avec la farine, à

Longe marinée à la roumaine

Rumanian Marinated Loin of Pork

Pour 6 à 8 personnes

Longe désossée et roulée	1,500 kg environ
Sel et poivre du moulin	
Cumin en poudre	
Bouillon de bœuf (facultatif)	
Crème aigre	3 cuillerées à soupe
Farine de maïs	½ cuillerée à soupe
Cresson	

Marinade :

Gros oignon grossièrement haché	1
Carottes grossièrement hachées	2
Branches de céleri grossièrement hachées	2
Gousses d'ail grossièrement hachées	2
Feuille de laurier	1
Thym	½ cuillerée à café
Sel	
Grains de poivre	6 à 8
Vin blanc sec	20 cl
Vinaigre de vin	10 cl

Frottez la viande avec du sel, du poivre et une bonne pincée de cumin. Mettez-la au frais de 3 à 4 heures dans une terrine. Mélangez tous les ingrédients de la marinade et faites-les mijoter à couvert pendant 15 minutes environ. Laissez refroidir, versez sur la viande et laissez-la mariner 2 heures en la retournant de temps en temps. Préchauffez le four à 190° (5 au thermostat).

Sortez la viande de la marinade, mettez-la dans une cocotte allant au four et faites-la rôtir 25 minutes en la retournant une fois. Ajoutez la marinade, couvrez et laissez cuire 1 heure. Arrosez de temps en temps et ajoutez un peu de bouillon si le jus réduit trop.

Au moment de servir, placez le rôti sur un plat de service chaud. Écumez le jus de la cocotte et passez-le au tamis fin au-dessus d'une petite casserole. Liez-le avec la crème aigre préalablement mélangée avec la farine. Faites épaissir à feu doux, sans cesser de remuer, jusqu'à ce que la sauce soit homogène. Rectifiez l'assaisonnement. Servez le rôti coupé en tranches, nappez de sauce et garnissez de cresson.

MICHAEL BATEMAN ET CAROLINE CONRAN (RÉDACTEURS)
THE SUNDAY TIMES BEST BRITISH MEAT DISHES

Porc mariné

Pour 8 à 10 personnes

Rôti de porc désossé (dans le filet, la longe, le carré, l'épaule ou l'échine)	2,500 kg
Beurre	30 g
Oignons émincés	2
Carottes coupées en rouelles	2
Branches de persil	2 ou 3
Feuille de laurier	1
Brin de thym	1
Brin de basilic	1
Gousse d'ail	1
Vinaigre	15 à 20 cl
Eau bouillante	60 cl
Sel et poivre	
Clous de girofle	2
Muscade râpée	

Sauce :

Beurre	30 g
Farine	2 cuillerées à soupe
Echalotes hachées	2
Gousse d'ail hachée	1
Branche de persil	1
Vin blanc	10 cl
Bouillon *(page 167)*	15 à 20 cl
Sel et poivre	
Muscade râpée	
Brin de thym	1
Clou de girofle	1
Feuille de laurier	½
Câpres	1 cuillerée à soupe

Faites doucement revenir dans le beurre les oignons, les carottes, persil, feuille de laurier, brin de thym, brin de basilic, gousse d'ail. Mouillez avec le vinaigre et l'eau bouillante ; ajoutez sel, poivre, clous de girofle, muscade râpée ; faites mijoter 1 heure. Passez la marinade. Après refroidissement complet, faites-y mariner 24 heures votre morceau de porc. Égouttez et épongez-le pour le rôtir. Rôtir à chaleur modérée (au four préchauffé à 180°, 4 au thermostat), de préférence au

four à même le plat, sans aucune graisse, avec quelques cuillerées d'eau, le morceau étant assaisonné de sel et poivre ; le retourner et l'arroser de temps en temps. Compter 30 à 40 minutes par livre ; la cuisson du porc doit être très complète. Pendant ce temps, préparez la sauce : faites un roux brun avec le beurre et la farine ; ajoutez les échalotes et la gousse d'ail hachées, la branche de persil ; cuisez 2 minutes ; délayez avec le vin blanc, le bouillon et 30 cl de marinade ; ajoutez sel, poivre, muscade, thym, clou de girofle et fragment de laurier. Faites bouillotter doucement 45 minutes ; ne couvrez pas et dégraissez à mesure.

Égoutter presque toute la graisse du plat après en avoir enlevé la viande ; y verser un demi-verre d'eau, faire bouillir 1 minute en grattant le plat pour détacher le gratiné du fond. Ajoutez ce jus dégraissé à la sauce. Versez à travers une passoire dans la saucière, sur les câpres.

MADAME SAINT-ANGE
LA BONNE CUISINE DE MADAME SAINT-ANGE

Rôti de porc glacé au citron

Pork Roast with Lemon Glaze

Pour 4 à 6 personnes

Longe de porc désossée non roulée	2 kg
Jus de citron	10 cl
Romarin	4 cuillerées à soupe
Vin blanc	25 cl
Sucre en poudre	100 g
Cognac	3 cuillerées à soupe

Incisez la viande dans le sens des fibres à plusieurs endroits et fourrez-la généreusement de 3 cuillerées à soupe environ de romarin. Placez-la dans un plat, arrosez-la avec le vin et saupoudrez-la du reste de romarin. Laissez-la mariner 1 heure 30 minutes, en la retournant 2 fois. Préchauffez le four à 230° (8 au thermostat). Sortez la viande de la marinade, épongez-la et roulez-la en lui donnant une forme cylindrique. Ficelez-la et mettez-la dans un plat à four.

Faites cuire la viande 15 minutes au four préchauffé, puis baissez la température à 180° (4 au thermostat). Au bout de 30 minutes, arrosez-la avec la graisse qu'elle aura rendue.

Faites dissoudre le sucre en poudre dans le jus de citron et le cognac, en remuant. Après 1 heure de cuisson, sortez votre rôti du four et jetez la graisse. Arrosez avec le mélange au citron et au cognac et remettez 30 minutes au four en arrosant toutes les 5 à 10 minutes. La glace doit devenir épaisse et le rôti brun et brillant. Sortez-le du four et attendez quelques minutes avant de le découper.

DORIS TOBIAS ET MARY MERRIS
THE GOLDEN LEMON

Porc rôti dans du lait

Arrosta di maiale al latte

Pour 6 personnes

Longe de porc désossée, roulée et ficelée	1,200 kg
Lait	1 litre
Marinade :	
Huile d'olive	15 cl
Vinaigre	1 cuillerée à soupe
Gousses d'ail légèrement écrasées	2
Brin de romarin frais	1
Baies de genévrier	1 cuillerée à soupe
Sel et poivre	

La veille, mettez les ingrédients de la marinade dans une cocotte, ajoutez la viande et laissez-la mariner 24 heures à température ambiante, en la retournant souvent.

Le lendemain, ajoutez le lait et faites cuire à découvert au four préchauffé à 180° (4 au thermostat). Au bout de 1 heure de cuisson environ, augmentez la température à 200° (6 au thermostat) et laissez cuire 20 minutes en arrosant régulièrement, jusqu'à ce que le rôti soit bien doré.

A la fin de la cuisson, le lait se sera presque entièrement évaporé, laissant une sauce exquise que vous servirez sur le rôti découpé en tranches.

PIER ANTONIO SPIZZOTIN (RÉDACTEUR)
I QUADERNI DEL CUCCHIAIO D'ARGENTO-GLI ARROSTI

Rôti de porc à la portoricaine

Cerdo asado

Pour 8 personnes

Longe de porc	3 kg
Saindoux ou beurre	30 g
Jus d'orange	45 cl
Zeste d'orange râpé	1 cuillerée à soupe
Gousses d'ail émincées	2
Sel	3 cuillerées à café
Poivre	1 cuillerée à café
Poivre de Cayenne	1 pincée
Origan	1 pincée

Dans une casserole contenant le saindoux ou le beurre fondus, mélangez le jus et le zeste d'orange, l'ail, 1 cuillerée à café de sel, ½ cuillerée à café de poivre, le Cayenne et l'origan. Faites pénétrer le reste de sel et de poivre dans la viande. Placez-la dans un plat à four et mouillez-la avec la préparation à l'orange. Arrosez à plusieurs reprises. Faites rôtir de 2 à 3 heures, au four préchauffé à 180° (4 au thermostat), jusqu'à ce que la viande soit bien dorée. Arrosez souvent pendant la cuisson. Servez en tranches épaisses et nappez, éventuellement, avec le jus qui reste dans le plat.

MYRA WALDO
THE COMPLETE ROUND-THE-WORLD COOKBOOK

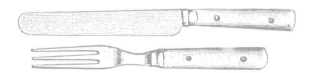

Carré de porc provençale

Le carré comprend 7 ou 8 côtelettes de l'épaule. On peut en faire cuire la moitié seulement si on trouve qu'un carré entier est trop gros, mais ce plat est tellement bon froid que j'en prépare en général plus que la quantité nécessaire pour un seul repas. Demandez à votre charcutier d'enlever la couenne sans retirer la graisse, sauf si le carré est particulièrement gras, et de scier les os.

Pour 4 à 6 personnes

Carré de porc, couenne réservée	1,500 kg
Gousse d'ail émincée en lamelles	1
Sel	
Vin blanc ou rouge	25 cl
Brins de thym	2 ou 3
Persil haché	15 g
Chapelure fine	30 g

Insérez quelques lamelles d'ail dans le carré, près des os. Enduisez-le bien de sel. Arrosez avec le vin, ajoutez le thym et laissez mariner 2 heures.

Mettez la couenne dans un plat à four et posez le carré par-dessus, côté gras au-dessus. Versez la marinade. Couvrez le tout avec une feuille de papier sulfurisé ou de papier d'aluminium et faites rôtir pendant 1 heure 15 minutes au four préchauffé à 180° (4 au thermostat). Si le liquide s'évapore, ajoutez un peu d'eau.

Mélangez le persil et la chapelure. Enlevez le papier et étalez cette préparation sur le gras, en la pressant délicatement avec la lame d'un couteau. Baissez la température du four à 150° (2 au thermostat) et laissez cuire de 35 à 50 minutes, à découvert, en arrosant de temps en temps avec le jus de cuisson de manière que le persil et la chapelure forment un bel enrobage doré.

ELIZABETH DAVID
FRENCH PROVINCIAL COOKING

Longe ou selle aux pistaches et aux pommes

Loin of Pork with Pistachios on Apple Brown Betty

Pour 6 personnes

Longe ou selle désossées et parées de tout excès de graisse	2 kg
Pistaches hachées menu	2 cuillerées à soupe
Pommes épluchées, évidées et coupées en dés	3
Sel	2 cuillerées à café
Poivre	1 cuillerée à café
Gingembre en poudre	1 cuillerée à café
Oignon haché menu	100 g
Vin blanc sec	25 cl
Pain blanc rassis coupé en dés	200 g
Œufs	4
Lait	25 cl

Sortez la viande du réfrigérateur 1 heure avant de la faire rôtir. Préchauffez le four à 230° (8 au thermostat).

Frottez le porc avec le sel, le poivre et le gingembre. Placez-le directement sur une plaque à four peu profonde, sans grille, et faites-le rôtir 25 minutes. Ajoutez l'oignon haché et laissez-le blondir de 5 à 10 minutes. Ajoutez le vin blanc, les dés de pomme et de pain et laissez cuire encore 25 minutes. Incorporez les œufs battus avec le lait. Parsemez de pistaches et remuez légèrement pour bien les mélanger. Faites cuire encore 25 minutes.

Découpez votre rôti et dressez les tranches dans un plat de service chaud, sur la garniture.

ALBERT STOCKLI
SPLENDID FARE-THE ALBERT STOCKLI COOKBOOK

Carré de côtes aux oignons

To Dress a Loin of Pork with Onions

Le livre de cuisine du XVIIIᵉ siècle dont cette recette est extraite est signé « Une Lady ». L'auteur qui se cache sous ce pseudonyme est Hannah Glasse.

Pour 8 à 10 personnes

Carré de côtes	2 kg
Oignons finement émincés	1 kg
Farine	1 cuillerée à soupe
Vinaigre	1 cuillerée à soupe
Moutarde	1 cuillerée à soupe

Mettez le carré sur une plaque à four et disposez les oignons autour. Mouillez avec 10 cl d'eau. Faites rôtir 1 heure 30 minutes au four préchauffé à 180° (4 au thermostat). Quand la viande est presque cuite, mettez les oignons dans une casserole et faites-les mijoter à feu doux pendant 15 minutes en secouant bien la casserole puis dégraissez de votre mieux, saupoudrez de farine, mouillez avec le vinaigre, secouez bien le tout et ajoutez la moutarde. Laissez de 4 à 5 minutes sur le feu. Dressez le porc sur un plat et servez la sauce à part. C'est un plat admirable pour les amateurs d'oignons.

THE ART OF COOKERY, MADE PLAIN AND EASY

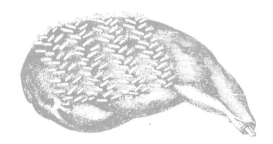

Jambon frais à l'ail

Perna de porco à moda do Norte

Pour 10 à 12 personnes

Jambon frais débarrassé de la couenne	6 kg
Têtes d'ail, gousses épluchées et pilées	3
Gros sel	90 g
Poivre	
Piment chile ou poivre de Cayenne	
Saindoux	170 g
Lard maigre coupé en julienne	150 g
Oignons moyens, dont 1 coupé en 4 et 2 coupés en bâtonnets	3
Cumin en poudre	1 pincée
Huile d'olive	15 cl
Vin blanc	30 cl
Bouquet de persil	1

Enduisez le jambon frais de gros sel, de poivre, de piment chile ou de poivre de Cayenne et d'ail pilé. Frottez-le ensuite de saindoux et laissez-le toute une nuit dans un récipient en terre. Le lendemain, jetez tout le liquide du récipient et épongez le jambon. Avec un petit couteau pointu, piquez la moitié du lard et tous les bâtonnets d'oignon. Saupoudrez de cumin et arrosez d'huile d'olive. Couvrez avec l'oignon coupé en 4 et le reste de lard et faites rôtir 3 heures environ au four préchauffé à 180° (4 au thermostat) en arrosant avec le vin blanc et, quand il n'en reste plus, avec le jus de cuisson.

Quand le jambon est cuit, servez-le sur un plat, garni de quelques brins de persil.

MARIA ODETTE CORTES VALENTE
COZINHA REGIONAL PORTUGUESA

L'épaule de porc fourrée

Pour désosser et farcir une épaule de porc, reportez-vous aux explications données à la page 11.

Le poivre de malaguette est la petite baie foncée du « bay rum », espèce de laurier antillais ; vous pouvez le remplacer par du poivre de la Jamaïque.

Pour 6 personnes

Epaule de porc désossée, couenne ciselée à intervalles réguliers	2 kg
Rhum ambré	15 cl
Mie de pain rassis émiettée	250 g
Lait	30 cl
Sauge et thym	½ cuillerée à café de chaque
Ciboulette hachée	1 cuillerée à soupe
Petit piment chile frais, épépiné et haché	½
Feuille de laurier émiettée	1
Persil haché	1 cuillerée à soupe
Grandes gousses d'ail pilées	2
Sel et poivre du moulin	
Baies de poivre de malaguette concassées	6
Bouillon de volaille	30 cl

Versez les deux tiers du rhum sur la viande et laissez-la mariner pendant que vous préparez la farce. Faites tremper les miettes de pain dans le lait, puis exprimez-les. Mélangez-les avec les herbes, le piment, l'ail, un peu de sel et de poivre et le poivre de malaguette. Égouttez la viande, versez le rhum dans la farce et mélangez légèrement.

Farcissez l'épaule et cousez l'ouverture. Faites-la rôtir 2 heures 45 minutes sur la lèchefrite, au four préchauffé à 170° (3 au thermostat). Dressez-la sur un plat de service et gardez-la au chaud.

Jetez la graisse de la lèchefrite et déglacez-la avec le reste de rhum en remuant et en raclant tous les sucs caramélisés. Mouillez avec le bouillon de volaille et laissez cuire à petit feu jusqu'à ce que la sauce ait réduit à 30 cl. Servez-la à part, dans une saucière. La peau de l'épaule doit être croustillante et croquer sous la dent.

ELISABETH LAMBERT ORTIZ
CARIBBEAN COOKERY

Rôti de porc farci aux fruits

Roast Pork with Fruit Stuffing

Pour 10 personnes

Longe désossée	2,500 kg
Abricots séchés mis à cuire à grande eau jusqu'à ce qu'ils soient tendres	125 g
Orange et citron, zestes râpés et jus passés	1 de chaque
Beurre fondu	60 g
Mie de pain émiettée	200 g
Noix concassées	50 g
Sel	1 ½ cuillerée à café
Poivre	⅓ cuillerée à café

Égouttez les abricots, coupez-les en dés et mélangez-les avec les zestes et les jus de fruits. Arrosez les miettes de pain de beurre fondu, ajoutez les noix, assaisonnez et mélangez ces deux préparations en ajoutant du jus de fruit si besoin est. Étalez cette farce sur la viande ; roulez la longe et attachez-la solidement avec des brochettes. Faites-la dorer uniformément au four préchauffé à 200° (6 au thermostat), puis baissez la température à 170° (3 au thermostat) et continuez la cuisson, en comptant 25 minutes par livre en tout.

THE DAILY TELEGRAPH
FOUR HUNDRED PRIZE RECIPES

Poitrine farcie à la hongroise

Ormania Stuffed Belly of Pork

Pour 6 personnes

Poitrine de porc	1 kg
Saindoux	40 g
Bouillon *(page 167)*	30 cl
Farce au foie de porc et au lard :	
Petits pains mis à tremper dans 20 cl de lait et bien exprimés	2
Œufs	2
Foie de porc et lard maigre grossièrement hachés	150 g de chaque
Oignon haché menu et sauté dans 60 g de saindoux	60 g
Gousse d'ail pilée	1
Sel	1 ½ cuillerée à café
Poivre noir et marjolaine	1 pincée de chaque
Paprika	⅓ cuillerée à café

Désossez la poitrine, puis ouvrez-la au milieu, entre les couches de viande, avec un couteau bien aiguisé. Pour préparer la farce, placez les petits pains dans un plat, incorporez les œufs en battant et mélangez intimement avec le foie et le lard hachés, l'oignon sauté, l'ail, 1 cuillerée à café de sel, le poivre, la marjolaine et le paprika. Farcissez la poche, cousez l'ouverture avec du fil de cuisine et pressez pour bien répartir la farce. Frottez la poitrine avec le reste de sel et faites-la rôtir dans le saindoux, au four préchauffé à 170° (3 au thermostat) de 2 heures à 2 heures 30 minutes, en l'arrosant régulièrement, jusqu'à ce qu'elle soit croustillante et bien dorée. Enlevez le fil et servez la poitrine dans son jus préalablement dégraissé et allongé avec le bouillon, accompagnée d'une salade de pommes de terre et d'oignons.

JÓZSEF VENESZ
HUNGARIAN CUISINE

Jambonneau rôti

Hand and Spring Roast

Pour 6 à 8 personnes

Jambonneau avant désossé de 1,500 kg environ	1
Chapelure	60 g
Petite pomme et petit oignon râpés	1 de chaque
Sauge fraîche hachée	1 cuillerée à café
Sel et poivre du moulin	

Farce à la sauge et au gingembre :

Oignon haché	1
Saindoux	1 cuillerée à soupe
Sauge fraîche hachée	1 cuillerée à soupe
Chair à saucisse de porc	250 g
Sel et poivre	
Gingembre en poudre	
Chapelure	125 g
Œufs	1 ou 2

Incisez délicatement la couenne du jambonneau sur toute la surface. Pour la farce, faites suer l'oignon dans le saindoux, à couvert, pendant 5 minutes. Ajoutez la sauge. Hors du feu, laissez refroidir avant d'incorporer le reste des ingrédients. Farcissez le jambonneau, repliez les extrémités sur la farce, ficelez-le et faites-le rôtir 1 heure au four préchauffé à 190° (5 au thermostat), jusqu'à ce qu'il soit bien cuit.

En fin de cuisson, mélangez la chapelure, la pomme, l'oignon, la sauge, assaisonnez de sel, poivre et gingembre et frottez la surface du rôti de cette préparation : laissez brunir avant d'enlever du four.

STANLEY FORTIN
THE WORLD BOOK OF PORK DISHES

Fausse oie

Mock Goose

La particularité de cette vieille recette anglaise est de farcir le jambonneau comme une oie. Les morceaux de porc les moins chers (échine ou jambonneau avant) que vous utiliserez en feront un plat économique.

Pour 6 personnes

Jambonneau avant, désossé et paré de la couenne	2 kg
Beurre	30 g
Farine	1 cuillerée à soupe
Petites pommes de terre	500 g
Petits oignons	500 g
Œufs battus	2
Cresson	2 bottes
Persil haché (facultatif)	1 cuillerée à soupe

Farce sèche :

Chapelure	375 g
Sauge fraîche hachée	3 cuillerées à café
Oignon haché	125 g
Graisse de rognon de bœuf hachée	125 g
Pomme râpée	1
Sel et poivre du moulin	

Faites des incisions en forme de losanges dans le gras du jambonneau. Mélangez tous les ingrédients de la farce et mettez le tiers de la préparation obtenue à la place de l'os. Ficelez le jambonneau ainsi farci. Faites un beurre manié avec la farine et enduisez-en toute la surface du jambonneau. Faites-le rôtir au four préchauffé à 170° (3 au thermostat) en comptant 50 minutes de cuisson par kilo.

Une heure 15 minutes avant la fin de la cuisson, ajoutez les pommes de terre et les oignons. Mélangez les œufs avec la moitié du reste de farce, divisez cette préparation en boulettes et faites-les sauter ou cuire avec le jambonneau.

Quand le jambonneau est presque cuit, parsemez-le généreusement du reste de farce. Laissez-le prendre couleur, puis dressez-le sur un plat de service avec la farce qui aura pu s'échapper pendant la cuisson. Pour servir, découpez le nombre de portions requises dans le plat et garnissez avec les pommes de terre, les oignons et les boulettes de farce. Pour faire comme les vieilles cuisinières anglaises, placez une jolie botte de cresson à chaque extrémité du plat. Glacez le jambonneau et les oignons avec un peu du jus riche qui reste dans le plat de cuisson, préalablement dégraissé. Saupoudrez de persil et servez très chaud avec la sauce à part.

STANLEY FORTIN
THE WORLD BOOK OF PORK DISHES

Cochon de lait farci à la brésilienne

Leitão recheado

Pour 8 personnes

Cochon de lait (cœur, rognons et foie réservés)	1
Lard coupé en bardes	150 g

Marinade :

Gousse d'ail pilée	1
Sel	1 ½ cuillerée à soupe
Poivre	1 ½ cuillerée à café
Clous de girofle entiers	1 cuillerée à soupe
Feuilles de laurier	2
Vinaigre	45 cl
Vin rouge	45 cl
Graines de cumin	1 cuillerée à café

Farce au jambon et aux saucisses :

Lard haché	100 g
Jambon fumé haché	150 g
Saucisses fumées hachées	150 g
Gousse d'ail pilée	½
Foie, rognons et cœurs réservés hachés menu	
Oignon haché	1
Persil haché	1 cuillerée à soupe
Ciboules hachées	2 cuillerées à soupe
Tapioca ou semoule cuits dans 2 fois leur volume d'eau	200 g
Œufs durs hachés	2
Olives noires ou vertes entières et dénoyautées	150 g
Sel et poivre	

Mélangez les ingrédients de la marinade, versez-les sur le cochon de lait et faites-le mariner 24 heures, en le retournant de temps en temps pour l'imprégner uniformément.

Pour la farce, faites revenir le lard, le jambon et les saucisses avec l'ail, le foie, les rognons et le cœur, sans cesser de remuer et en ajoutant très peu d'eau à mesure que le contenu de la poêle se dessèche, pendant 30 minutes environ, jusqu'à ce que les viandes soient cuites et tendres. Ajoutez l'oignon, le persil et les ciboules et faites-les bien rissoler. Ajoutez progressivement le tapioca ou la semoule, sans cesser de remuer pour mélanger intimement le tout. Hors du feu, ajoutez les œufs et les olives. Goûtez et assaisonnez en conséquence. Farcissez le cochon de lait de cette préparation et ficelez-le. Préchauffez le four à 200° (6 au thermostat).

Placez le cochon de lait farci sur une plaque à four, couvrez-le avec les bardes de lard et enfournez-le. Au bout de 20 minutes, baissez la température à 180° (4 au thermostat) et continuez la cuisson en comptant 35 minutes par livre en tout. Arrosez souvent avec la marinade passée.

MARGARETTE DE ANDRADE
BRAZILIAN COOKERY

Cochon de lait farci, rôti au four

Pour préparer un cochon de lait farci à rôtir, reportez-vous aux explications données à la page 44.

Pour 8 à 12 personnes

Cochon de lait préparé pour être rôti	1
Huile d'olive	

Farce à la sauge et à l'oignon :

Feuilles de sauge blanchies et hachées menu	100 g
Gros oignons	1 kg
Graisse de rognon de bœuf hachée menu	500 g
Œufs battus	3
Mie de pain trempée dans du lait ou dans de l'eau et exprimée	250 g
Farine	50 g
Sel et poivre du moulin	
Epices composées	
Muscade râpée	

Faire cuire les oignons dans leur peau au four préchauffé à 170° (3 au thermostat) pendant 1 heure, jusqu'à ce qu'ils soient tendres. Les laisser refroidir, les éplucher et les hacher finement. Les mélanger avec la graisse, la sauge, les œufs, la mie de pain et, enfin, la farine. Assaisonner selon le goût de sel, poivre, épices composées et muscade.

Emplir l'intérieur du cochon de lait de farce; recoudre les peaux du ventre; le mettre en forme sur une plaque à rôtir. Cuire au four de chaleur moyenne (180°, 4 au thermostat) pendant 2 heures environ; pendant la cuisson, arroser assez souvent la peau du cochonnet de bonne huile d'olive, afin de rendre la peau croustillante.

P.E. LALOUE
LE GUIDE DE LA CHARCUTERIE

Saucisses de porc en dentelle

Pork Sausages in Lace

Pour 5 personnes

Epaule de porc désossée et grossièrement hachée	850 g
Sel	1 cuillerée à café
Paprika	⅓ cuillerée à café
Poivres noir et blanc	1 pincée de chaque
Petit pain trempé dans 15 cl de lait	1
Gousses d'ail pilées	1 ou 2
Crépine de porc	300 g
Saindoux	1 cuillerée à café

Mettez le hachis de porc dans un plat. Assaisonnez avec le sel, le paprika et les poivres. Ajoutez le petit pain trempé, le lait et l'ail pilé. Mélangez intimement cette farce à saucisse et mettez-la 1 heure au frais ou au réfrigérateur. Lavez la crépine en renouvelant l'eau plusieurs fois, puis étalez-la et découpez-la en 10 morceaux de même grandeur. Divisez la farce en 10 parties égales. Posez une portion de farce sur chaque morceau de crépine et enroulez cette dernière en serrant pour former des saucisses.

Graissez un plat à four de taille convenable avec le saindoux, rangez les «saucisses en dentelle» côte à côte et faites-les cuire au four préchauffé à 220° (7 au thermostat) pendant 20 minutes environ. Servez avec des pommes de terre en purée et du chou braisé.

JÓZSEF VENESZ
HUNGARIAN CUISINE

Côtes de porc aux herbes aromatiques

Pork Chops Baked with Aromatic Herbs

Cette recette montre comment des herbes aromatiques peuvent transformer un plat; vous pouvez vous en inspirer pour préparer d'autres recettes.

Pour 2 personnes

Côtes de porc épaisses débarrassées de la couenne et légèrement incisées sur chaque face	2
Gousse d'ail coupée en 2	1
Sel et poivre	
Huile d'olive	2 cuillerées à soupe
Brins de thym	6
Feuilles de laurier	4
Tiges de fenouil	12

Frottez la partie coupée de la gousse d'ail sur les côtes, faites pénétrer du sel et un peu de poivre noir fraîchement moulu dans la viande et badigeonnez-la d'huile d'olive de chaque côté. Dans un plat à four, mettez le thym, le laurier et le fenouil. Posez les côtes dessus. Si vous avez le temps, faites ces préparatifs 1 heure à l'avance, ou le matin pour le soir, de manière que la viande soit bien imprégnée des assaisonnements et des herbes avant la cuisson. Mettez le plat sous le gril et faites dorer les côtes sur chaque face. Ensuite, couvrez d'une feuille de papier sulfurisé ou d'aluminum huilée et faites cuire de 40 à 50 minutes au four préchauffé à 170° (3 au thermostat). Enfin, versez l'excès de graisse rendue par la viande pendant la cuisson dans un bol. Servez les côtes telles quelles, dans le plat de cuisson, avec les herbes, etc.

Ce plat simple et délicieusement savoureux n'a pas besoin d'autre accompagnement qu'une salade verte ou quelques tomates coupées en tranches, assaisonnées d'huile et parsemées d'oignon et de persil.

ELIZABETH DAVID
DRIED HERBS, AROMATICS AND CONDIMENTS

Filet de porc grillé à la broche

« Lombello » Arrosto

A Rome, *lombello* désigne le filet de porc avec lequel on prépare ce plat délicieux.

Pour 6 personnes

Filet de porc paré du gras et de la couenne et coupé en 18 tranches de 1 cm d'épaisseur	1 kg
Tranches de baguette de pain	2 douzaines
Morceaux de jambon de Parme coupés dans une tranche épaisse aux mêmes dimensions que les morceaux de porc	2 douzaines
Saindoux	60 g
Sel et poivre	

Prenez une grande broche (ou 6 brochettes) et enfilez-y une tranche de pain, une de jambon, une de porc, une de jambon, une de pain, etc., jusqu'à épuisement de tous les ingrédients. Faites fondre le saindoux et versez-le sur la viande et le pain. Salez, poivrez et faites griller sur des braises de charbon de bois ou sous le gril du four, sans cesser de tourner la broche et en arrosant de temps en temps avec le saindoux fondu. Comptez 30 minutes environ de cuisson: le pain doit être croustillant et doré et la viande bien cuite.

ADA BONI
ITALIAN REGIONAL COOKING

Brochettes de filet de porc

Pork Fillets Grilled on the Skewer

C'est une ingénieuse petite recette adaptée d'un plat célèbre de la cuisine familiale italienne. Comme pour la plupart des aliments grillés en brochette, c'est la simplicité des ingrédients qui en fait tout le charme. Le mariage de deux variétés différentes du même ingrédient de base — le porc frais et le porc fumé — est typique de la cuisine italienne. Vous pouvez servir les filets de porc sur un lit de laitue ciselée assaisonnée d'un peu d'huile, de sucre en poudre, de sel et de jus de citron, et les entourer de quartiers de citron. Pour un plat plus consistant, servez avec du riz.

Pour 3 ou 4 personnes

Filet de porc coupé en dés de 2,5 cm	500 g
Pain blanc coupé en dés un peu plus petits que la viande mais en même quantité	
Lard maigre coupé en 2 fois plus de tranches que de dés	150 g
Huile d'olive	
Sel et poivre du moulin	
Marjolaine, thym ou sauge	

Assaisonnez généreusement le porc, le pain et le lard d'huile d'olive et de poivre, salez légèrement et saupoudrez de marjolaine ou de thym (les Italiens mettent de la sauge).

Enfilez les ingrédients sur des brochettes dans l'ordre suivant: pain, lard, porc, lard, pain, etc., jusqu'à ce que chaque brochette soit remplie aux trois quarts. Vous obtiendrez 5 ou 6 brochettes de 20 cm de long.

Faites-les griller délicatement de 15 à 20 minutes environ, pas trop près de la source de chaleur, en les retournant de temps en temps.

ELIZABETH DAVID
SPICES, SALT AND AROMATICS IN THE ENGLISH KITCHEN

Filets de porc à la diable

Pour 4 personnes

Filets de porc coupé en morceaux carrés et réguliers	500 g
Bacon coupé en tranches épaisses puis en morceaux carrés de 2,5 cm	250 g
Moutarde	60 g
Mie de pain émiettée	90 g
Beurre fondu	60 g

Vous embrochez les morceaux de porc à des brochettes (en argent si vous en avez... en aluminium ou en uranium... voire même en fer-blanc ou en bois!). Vous alternerez vos tranches de filet de porc avec les morceaux de bacon. Vous tartinerez ces brochettes de moutarde. Vous les roulerez dans la mie de pain. Vous les arroserez de beurre fondu. Vous les mettrez à griller sur des braises chaudes ou à feu vif, en les retournant régulièrement, de 10 à 15 minutes environ.

Et vous les servirez avec une garniture de légumes: pommes de terre sautées, haricots verts ou pois au beurre.

CURNONSKY
À L'INFORTUNE DU POT

Travers de porc grillés

Barbecued Spare Ribs

Pour 6 personnes

Travers de porc entier débarrassé du gras et incisé entre chaque côte	1 kg
Sel	1 cuillerée à café
Sucre	1 cuillerée à café
Miel (facultatif)	2 cuillerées à soupe
Sauce de soja (facultatif)	1 cuillerée à café
Marinade :	
Gousse d'ail pilée	1
Tranches de gingembre frais pilées	3
Sauce de soja	2 cuillerées à soupe
Sucre en poudre	1 cuillerée à soupe
Xérès	1 cuillerée à soupe

Une heure avant de faire mariner le carré, frottez-le de sel et de sucre. Mélangez l'ail et le gingembre avec la sauce de soja, le sucre et le xérès et enduisez le travers de cette marinade, incisions comprises. Mettez le travers dans un plat peu profond, arrosez-le du reste de marinade et laissez-le mariner de 2 à 4 heures à température ambiante, en l'arrosant et en le retournant de temps en temps. (Ne le laissez pas mariner trop longtemps, car la viande deviendrait dure.) Égouttez et réservez la marinade.

Préchauffez le four à 190° (5 au thermostat). Mettez le

travers sur la grille de la lèchefrite que vous aurez presque entièrement remplie d'eau (afin de récupérer la graisse rendue par la viande sans qu'elle brûle). Faites-le rôtir 45 minutes, en l'arrosant souvent avec la marinade. Retournez-le toutes les 15 à 20 minutes pour qu'il dore uniformément. A mi-cuisson, vous pouvez glacer avec le miel et la sauce de soja.

Vous pouvez augmenter la température à 230° (8 au thermostat) pendant les 5 dernières minutes de cuisson pour que la viande croustille, mais pas plus longtemps car elle risquerait de dessécher.

Pour faire cuire les travers de porc au barbecue, procédez de la même manière, mais avec plus de marinade, et arrosez-les plus souvent afin qu'ils ne se dessèchent pas.

GLORIA BLEY MILLER
THE THOUSAND RECIPE CHINESE COOKBOOK

Porc grillé

Barbecued Pork

Pour 8 personnes

Longe de porc ou jambonneau désossé et coupé en morceaux de 10 cm de long environ	1 kg
Sauce de soja	1½ cuillerée à soupe
Sauce *hoisin*	2½ cuillerées à soupe
Xérès sec	1 cuillerée à soupe
Miel	2 cuillerées à soupe
Sucre en poudre	1 cuillerée à café
Poudre chinoise aux cinq épices	½ cuillerée à café

La veille, mélangez tous les ingrédients, à l'exception de la viande, avec 1 cuillerée à soupe de miel. Frottez les morceaux de porc sur toutes leurs faces avec cette marinade et laissez-les mariner une nuit, en les retournant de temps en temps.

Préchauffez le four à 220° (7 au thermostat). Accrochez vos morceaux de viande sur des crochets à rideaux en forme de S et suspendez-les sur une grille placée dans le four, le plus haut possible. (La longueur des morceaux dépendra de la hauteur de votre four.) Si vous utilisez un four à gaz, posez une casserole d'eau en bas pour recueillir la graisse qui s'écoulera du porc pendant la cuisson. Si vous avez un four électrique, mettez cette casserole sur la grille la plus basse. Faites rôtir 15 minutes, puis baissez la température à 170° (3 au thermostat) et laissez encore rôtir de 15 à 20 minutes, jusqu'à ce que la viande soit bien cuite. Badigeonnez-la du reste de miel dès la sortie du four.

Servez la viande chaude ou à température ambiante, émincée perpendiculairement au sens des fibres. Faites passer la marinade à part avec de la moutarde forte et de la sauce de soja ou une sauce aux pruneaux.

MARIAN BURROS
PURE AND SIMPLE

Pocher

Le Judru (saucisson bourguignon)

Pour 6 à 8 personnes

Epaule de porc gras	1,700 kg
Lard gras frais	200 g
Parures de porc mi-grasses	100 g
Sel	40 g
Poivre du moulin	
Muscade râpée	
Fine champagne	15 à 20 cl
Truffes moyennes	2
Gros boyau de porc ou de bœuf	1
Pistaches décortiquées et grossièrement hachées (facultatif)	60 g

Couper l'épaule en dés, hacher au couteau le lard et les parures. Saler, ajouter le poivre et râpures de muscade. Arroser de 10 cl de fine champagne. Mélanger le tout et laisser mariner tel quel, au frais et couvert pendant 24 heures. D'autre part, on aura coupé les truffes en dés. Ceux-ci seront marinés dans le reste de fine, ainsi que le boyau mais séparément. Après ce temps, mélanger les truffes dans la farce; on peut ajouter quelques pistaches. Entonner dans le boyau en pressant sur la farce — délicatement pour ne pas percer le boyau — de façon à ne laisser aucun trou d'air. Ficeler aux deux extrémités.

Placer le « Judru » dans un récipient contenant de l'eau froide et porter celle-ci lentement à la température de 70 à 75°, ou juste en dessous du point de frémissement. Laisser pocher ainsi pendant 1 heure 30 minutes. Laisser refroidir en cuisson. Le lendemain, replacer le récipient sur le feu et lentement reporter la température à 75-80°. Laisser pocher 1 heure 30 minutes.

Le « Judru » peut se servir chaud accompagné de pommes à l'anglaise et beurre frais. Se sert également froid. En ce cas, laisser le « Judru » refroidir en sa cuisson.

ALEXANDRE DUMAINE
MA CUISINE

Saucisson chaud lyonnais

Pour 3 ou 4 personnes

Gros saucisson de Lyon	500 g
Pommes de terre	500 g
Beurre fondu	100 g
Persil haché	2 cuillerées à soupe

Mettre toujours le saucisson à l'eau froide, puis le laisser cuire à moitié couvert, de 40 à 45 minutes, à une température de 80 à 90 degrés seulement (c'est-à-dire sans jamais porter à ébullition). Car c'est ainsi que le saucisson garde son moelleux et ne sèche pas.

D'autre part, faire cuire les pommes de terre en robe des champs. Les éplucher chaudes, les émincer assez grosses, et les mettre dans un plat avec le beurre et le persil.

Servir les pommes avec le saucisson égoutté et coupé en tranches épaisses.

FERNAND POINT
MA GASTRONOMIE

La cocotte de Brianza

Cazzoeula

Cette spécialité italienne de la région de Brianza doit être assez épaisse et presque gluante. Il faut la remuer souvent afin qu'elle n'attache pas. Dans la province italienne d'origine, on ajoute de la sauce tomate aux légumes aromatiques.

Pour 6 personnes

Travers de porc coupé en sections	700 g
Petits oignons émincés	4
Beurre	30 g
Couenne de porc frais coupée en julienne	125 g
Pied de porc coupé en 4	1
Carottes émincées	4
Branche de céleri émincée	1
Gros chou grossièrement ciselé	1
Petites saucisses épicées	300 g
Sel et poivre	

Dans une grande cocotte contenant le beurre, faites fondre les oignons à feu modéré. Ajoutez la couenne et le pied et faites-les légèrement revenir. Couvrez-les d'eau à moitié et faites-les mijoter 1 heure en les retournant de temps en temps pour qu'ils n'attachent pas. Quand l'eau s'est presque entièrement évaporée, ajoutez la viande. Laissez cuire 15 minutes environ, puis ajoutez les carottes, le céleri et le chou. Au bout de 30 minutes, ajoutez les saucisses. Un chou d'hiver

cuira en moins de 30 minutes. Laissez cuire pendant 30 minutes de plus ou jusqu'à ce que le chou soit tendre. Rectifiez l'assaisonnement avant de servir.

OTTORINA PERNA BOZZI
VECCHIA BRIANZA IN CUCINA

Potée aux choux

Pour préparer le cervelas, reportez-vous aux explications données à la page 86.

Pour 8 personnes

Jarret de porc salé, mis à dessaler dans de l'eau pendant une nuit et égoutté	1
Cervelas (ou autre saucisson à cuire)	1
Lard maigre salé, mis à dessaler dans de l'eau pendant une nuit et égoutté, couenne parée, coupée en petits morceaux et réservée	250 g
Beau chou pommé coupé en 2, débarrassé des vilaines feuilles et du trognon et blanchi de 10 à 12 minutes à l'eau bouillante salée	1
Saindoux	50 g
Navets épluchés	150 g
Carottes épluchées	200 g
Poireaux	4 ou 5
Gros oignon piqué de 1 clou de girofle	1
Bouquet garni avec ail et céleri	1
Pommes de terre à chair ferme coupées en quartiers	500 g
Sel et poivre	
Tranches fines de pain grillé (facultatif)	

Dans une cocotte en terre si possible (ou à défaut une cocotte en fonte), faites fondre le saindoux (à feu doux), tapissez le fond de la cocotte avec la couenne de lard et installez le jarret bien essuyé. Ajoutez le lard, les navets, les carottes et les poireaux; mettez ensuite l'oignon piqué et le bouquet garni. Mouillez d'eau juste pour couvrir et laissez mijoter 1 heure

30 minutes (à couvert). Ce temps écoulé, ajoutez le chou bien égoutté, le cervelas piqué à la fourchette, puis les pommes de terre saupoudrées de sel fin. Laissez mijoter à nouveau 1 heure 30 minutes. Rectifiez l'assaisonnement en dernier lieu. Pour servir, dressez les légumes et les viandes sur un plat (jetez le bouquet garni) et versez le bouillon dans une soupière. Vous garnirez éventuellement avec de fines tranches de pain grillé.

IRÈNE LABARRE ET JEAN MERCIER
LA CUISINE DU POITOU ET DE LA VENDÉE

Potée champenoise

Pour faire un gros saucisson ou un cervelas à cuire, reportez-vous aux explications données à la page 18.

Pour 10 à 12 personnes

Lard de poitrine salé	750 g
Jambon demi-sel blanchi et égoutté	750 g
Haricots blancs secs mis à tremper dans de l'eau froide pendant 6 heures et égouttés	350 g
Sel et poivre du moulin	
Carottes	250 g
Navets	250 g
Raves	250 g
Petits choux verts débarrassés du trognon et blanchis	2
Jeune poule flambée, vidée et bridée	1
Grosses pommes de terre	6 à 8
Saucisson ou cervelas à cuire	1
Tranches de pain rassis	

Faire blanchir le lard de poitrine salé; rafraîchir et égoutter. Dans un faitout, mettre à cuire à partir de l'eau froide les haricots blancs. A la première ébullition, écumer, saler légèrement, poivrer; mettre le lard et le jambon, puis les carottes, les navets et les raves (épluchés entiers). La cuisson doit s'effectuer doucement, à couvert, pendant une demi-heure. Ajouter les choux et la poule. Laisser cuire encore pendant une bonne heure. Enfin, une demi-heure avant la fin de la cuisson, ajouter les pommes de terre et le saucisson. Bien surveiller les éléments qui peuvent être cuits et que l'on peut retirer avant la fin de la cuisson.

Pour servir, rectifier l'assaisonnement du bouillon et le verser dans une soupière où l'on aura mis quelques tranches de pain rassis. Présenter les viandes coupées en tranches sur un grand plat creux, les légumes étant disposés autour.

ROGER LALLEMAND
LA VRAIE CUISINE DE LA CHAMPAGNE

Porc poché au chou blanc

Gedämpftes Schweinefleisch mit Weisskraut

Pour 4 à 6 personnes

Echine ou carré pas trop gras	750 g à 1 kg
Sel et poivre	
Brin de marjolaine, d'estragon ou de thym	1
Graines de carvi	1 cuillerée à café
Anis	½ cuillerée à café
Chou coupé en 4, débarrassé du trognon et blanchi	1,500 kg
Petites tomates pelées, épépinées et concassées	4 à 6
Paprika	1 pincée

Salez et poivrez la viande et mettez-la dans une casserole. Ajoutez la marjolaine, l'estragon ou le thym et les graines de carvi nouées dans un sachet de mousseline avec l'anis. Couvrez d'eau bouillante. Faites reprendre l'ébullition, écumez, couvrez, baissez le feu et laissez mijoter 2 heures, en retournant la viande de temps en temps.

Au bout de 1 heure de cuisson, mettez les quartiers de chou blanchis dans une casserole avec une pincée de graines de carvi. Mouillez avec une ou deux louches de bouillon de porc, couvrez et laissez mijoter pendant 30 minutes. Ajoutez les tomates et le paprika et laissez cuire encore 15 minutes.

Dressez le chou au centre d'un plat rond réchauffé et entourez de viande coupée en tranches et arrosée d'un peu de bouillon de cuisson. Servez avec des pommes de terre accommodées comme bon vous semblera.

GRETE WILLINSKY
KOCHBUCH DER BÜCHERGILDE

Porc bouilli au foin et à la bière

*Nastoyashchaya Buzhenina,
v Sennoy Trukhe s Pivom*

*Ce plat se sert traditionnellement avec des marrons braisés ou
réduits en purée, du chou ou de la choucroute avec des
pommes de terre cuites à l'eau. Les marrons doivent cuire
dans du lait ou dans un mélange de bouillon et de vin.*

Pour 6 à 8 personnes

Jambon frais	1,500 kg
Sel	
Foin	250 g
Grains de poivre	8 à 10
Feuilles de laurier	2
Carotte émincée	1
Navet émincé	1
Oignon émincé	1
Poireau émincé	1
Bière brune	75 cl
Farine	1 cuillerée à soupe

Salez le porc, enveloppez-le dans un linge et mettez-le dans
une casserole avec le foin. Couvrez-le généreusement d'eau
froide, amenez à ébullition, enlevez la casserole du feu et
laissez infuser 30 minutes. Faites reprendre l'ébullition.
Sortez le porc du linge et mettez-le dans une autre casserole.
Ajoutez le poivre, le laurier et les légumes émincés. Mouillez
avec la bière, couvrez et faites cuire 1 heure environ à feu
doux, jusqu'à ce que la viande soit cuite, en la retournant
plusieurs fois.

Dressez le porc sur un plat de service. Passez et dégraissez

le liquide de cuisson et liez-le avec la farine. Portez-le à
ébullition, faites-le légèrement réduire si besoin est et
nappez-en la viande.

ELENA MOLOKHOVETS
PODAROK MOLODŸM KHOZYAÏKAM

Jambon genre « York ou d'Arleuf »

*Pour pocher un jambon entier avec du foin, reportez-vous aux
explications données à la page 54.*

Pour 30 à 40 personnes

Jambon d'York ou d'Arleuf immergé pendant une nuit dans de l'eau froide	1 de 8 kg environ
Foin (ou 125 g de tilleul) enfermé dans une mousseline (facultatif)	250 g

Suivant la grosseur, il faut 7 à 8 heures de cuisson lente dans
une eau non salée, sans bouillir. Tenir entre 80 et 90°. On
compte en général 20 à 25 minutes par livre.

On reconnaît que le jambon est cuit lorsque le petit os du
jarret s'en va facilement. On peut cuire ces jambons soit au
foin, soit au tilleul. Une poignée de l'un ou de l'autre enfermée
dans une mousseline. Pour le jambon froid, le laisser refroidir
dans son eau de cuisson.

ALEXANDRE DUMAINE
MA CUISINE

Jambon au foin

*Pour pocher un jambon avec du foin, reportez-vous aux
explications données à la page 54.*

Pour 8 à 10 personnes

Jambon fumé légèrement saumuré	1 de 3 kg
Excellent foin frais ou séché	250 g
Branche de thym	1
Feuilles de laurier	2
Clous de girofle	6
Baies de genièvre	10

La veille de son emploi, mettre à dessaler le jambon à l'eau
fraîche après lui avoir scié la crosse et retiré l'os du quasi. Le
placer ensuite dans une marmite, l'immerger complètement à
l'eau froide, ajouter le foin et les aromates.

Mettre la marmite sur le feu sans faire bouillir, maintenir
une température constante de 80 à 90° (en principe on compte
une demi-heure de pochage par kilo de jambon). Enlever la
couenne une fois que le jambon est cuit. Le jambon au foin
peut être servi aussi bien chaud que froid.

PAUL BOCUSE
LA CUISINE DU MARCHÉ

Jambon chaud

Dans les régions viticoles de France, on fait parfois cuire le jambon dans la lie du vin, dépôt qui se forme au fond du fût après que l'on a retiré le vin clair.

Pour 20 à 30 personnes

Jambon mis à dessaler pendant une nuit	1 de 6 kg
Vin rouge	4 à 5 litres
Oignon	1
Bouquet garni	1
Botte de fines herbes (avec estragon ou hysope)	1
Persil haché	6 cuillerées à soupe
Poivre du moulin	
Chapelure	60 g

Faites cuire le jambon avec vin rouge, oignon, bouquet garni et fines herbes pendant 5 ou 6 heures, à petit feu. On voit qu'il est à point quand on peut le percer aisément avec une brochette. Pendant la cuisson, l'envelopper d'un linge pour qu'il ne se défasse pas. Ceci fait, enlevez une partie de la couenne, persillez, poivrez, mettez un peu de chapelure et passez au four très chaud (240°, 9 au thermostat) avant de servir, pour donner bel aspect.

MAURICE BÉGUIN
LA CUISINE EN POITOU

Enchaud de porc à la périgourdine

Pour les amateurs de porc, voici une des meilleures recettes de tout le répertoire de la cuisine du Sud-Ouest.

Pour 10 personnes

Longe de porc désossée et débarrassée de la couenne, os et couenne réservés	2 kg
Sel et poivre	
Truffes fraîches ou en conserve coupées en petits morceaux épais	2 ou 3
Gousse d'ail coupée en lamelles	1
Bouillon de viande *(page 167)* réchauffé (ou 15 cl de vin blanc et 40 cl d'eau)	60 cl

Posez la longe sur une planche, salez-la, poivrez-la et couvrez-la de morceaux de truffe placés à intervalles réguliers. Ajoutez quelques lamelles d'ail. Roulez la viande et ficelez-la en lui donnant la forme d'un traversin. Mettez-la dans un plat à four avec les os, la couenne coupée en julienne et toutes les parures, et faites-la cuire 30 minutes environ au four préchauffé à 170° (3 au thermostat). Quand elle est dorée, mouillez avec le bouillon chaud ou avec le vin et l'eau,

et ajoutez le liquide des truffes si elles sont en conserve. Couvrez et laissez cuire environ 2 heures.

Versez la sauce dans un bol et laissez-la prendre avant de la dégraisser. Hachez la gelée qui reste et dressez-la autour du porc froid, sur un plat de service.

ELIZABETH DAVID
FRENCH PROVINCIAL COOKING

Porc piqué

Pour larder un morceau de porc, reportez-vous aux explications données à la page 56.

Pour 6 personnes

Morceau de porc très épais en chair, dans le jambon, désossé, paré et dégraissé à point	1 kg
Lard gras coupé en lanières de 5 mm de large de la longueur du morceau à larder	125 g
Sel	
Sucre en poudre	
Bouillon riche gélatineux *(page 167)*, réchauffé	1,5 litre environ

Rouler les lardons dans un peu de sel fin; larder la pièce en opérant dans le sens longitudinal du morceau à traiter. Ficeler régulièrement le morceau de viande en commençant par le milieu, en plaçant les ficelles à 2 centimètres d'intervalle en le rendant uniforme. Saupoudrer légèrement le morceau de porc sur toutes ses faces de sucre en poudre; le dorer à la poêle, à feu vif, ou au four préchauffé à 220° (7 au thermostat). Placer la pièce en daubière; la couvrir largement de bon jus de veau. Couvrir et cuire doucement au four à 170° (3 au thermostat) à raison de 35 minutes.

Sortir la pièce du four; l'égoutter; la placer dans son plat; la recouvrir complètement de bon jus de cuisson bouillant bien dégraissé et tiré à clair; laisser refroidir.

Dégraisser la gelée de couverture du porc piqué; le napper entièrement de jus clarifié mi-pris.

P.E. LALOUE
LE GUIDE DE LA CHARCUTERIE

Poitrine farcie froide

Gefüllte Schweinsbrust (Kalt)

Pour 8 personnes

Poitrine de porc désossée et parée, os et parures réservés	2 kg
Eau	2 litres
Carotte, racine de persil de Hambourg et céleri-rave	80 g de chaque
Thym	1 pincée
Sel	
Grains de poivre	10
Grains de poivre de la Jamaïque	5
Feuille de laurier	1

Farce au foie de porc :

Petits pains débarrassés de la croûte, mis à tremper dans de l'eau et bien exprimés	2
Foie de porc très finement haché	500 g
Porc désossé (épaule) très finement haché	250 g
Lard gras très finement haché	80 g
Echalote hachée menu	1 cuillerée à soupe
Sel et poivre	
Muscade râpée	
Marjolaine	1 cuillerée à café

Mettez les os et les parures de porc dans une grande casserole avec l'eau, les légumes, le thym, du sel, le poivre et le laurier. Couvrez à moitié et faites cuire 30 minutes à petit feu.

Pour la farce, mélangez intimement tous les ingrédients. Avec un couteau pointu, découpez une poche dans la poitrine. Incisez la couenne. Remplissez la poche de farce, cousez l'ouverture et enveloppez la poitrine farcie dans un linge. Ficelez-la en serrant bien, mettez-la dans le bouillon et faites mijoter 2 heures.

Laissez la poitrine cuite tiédir dans son bouillon. Sortez-la, mettez-la sur un plat de service, défaites le linge et ficelez-la dans un autre linge en serrant bien. Placez-la entre deux planches et posez un objet lourd par-dessus pour bien l'aplatir. Laissez-la entièrement refroidir avant de servir.

OLGA HESS ET ADOLF FR. HESS
WIENER KÜCHE

Longe cuite dans de la saumure pour choucroute

Svinsko File, Vareno v Zelev Sok

Bien qu'il soit préférable d'utiliser de la longe, vous pouvez prendre un morceau de porc moins tendre et meilleur marché. L'acide lactique naturel contenu dans la saumure pour choucroute, associé à la lenteur de la cuisson, attendrit la viande. C'est un excellent plat pour un buffet ou pour un repas froid. Vous pourrez le conserver plusieurs jours dans un endroit frais, à l'abri de l'humidité.

Pour 5 personnes

Longe de porc désossée et débarrassée de la couenne	1 kg
Saumure pour choucroute	2 litres

Glace rouge :

Gousses d'ail	10
Sel	
Paprika	1 à 2 cuillerées à soupe
Poivre du moulin	1 cuillerée à café
Cumin fraîchement moulu	½ cuillerée à café

Mettez la viande dans une casserole suffisamment grande pour la contenir en un seul morceau. Couvrez-la avec la saumure pour choucroute passée, couvrez et amenez très lentement à frémissement. Faites cuire à feu très doux, à très petit frémissement, pendant 2 heures environ.

Lorsqu'elle est cuite, dressez-la sur un plat. Pour faire la glace, pilez l'ail en pommade dans un mortier avec une ou deux pincées de sel. Pendant que la viande est encore chaude, enduisez-la de cette pommade et badigeonnez-la avec le paprika, le poivre et le cumin mélangés. Servez-la froide, coupée en tranches fines.

DR. L. PETROV, DR. N. DJELEPOV, DR. N. IORDANOV ET S. UZUNOVA
BULGARSKA NAZIONALNA KUCHNIYA

Jarrets de porc aux légumes

Pour 4 personnes

Jarrets de porc	2
Sel	1 cuillerée à café
Poivre	1 pincée
Carottes	4
Oignons de taille moyenne	4
Pommes de terre de taille moyenne	4
Petit chou coupé en morceaux assez gros	1

Dans un grand récipient, immergez les jarrets dans de l'eau, couvrez et laissez frémir 1 heure et demie environ, jusqu'à ce que la viande soit presque cuite.

Salez, poivrez et ajoutez les carottes, les oignons et les pommes de terre, épluchés mais non coupés. Laissez cuire 15 minutes. Mettez les morceaux de chou et continuez la cuisson jusqu'à ce que tous les légumes soient tendres. Servez sur un plat en disposant les légumes autour des jarrets.

ROBIN HOWE
COOKING FROM THE COMMONWEALTH

Pain de viande à la vietnamienne

Vietnamese Meat Loaf

Ce pain de viande fait avec du porc et cuit à la vapeur a une saveur et une consistance différentes de ceux que l'on cuit au four. Il se prépare très rapidement.

Pour 4 personnes

Porc haché menu	500 g
Germes de soja mis à tremper pendant au moins 10 minutes dans de l'eau chaude puis égouttés et grossièrement hachés	50 g environ
Champignons séchés mis à tremper dans de l'eau chaude pendant 20 minutes, égouttés, équeutés et grossièrement hachés	6
Echalotes émincées	3
Oignon moyen grossièrement haché	½
Nuoc mam	1 cuillerée à soupe
Sel	½ cuillerée à café
Poivre	
Œufs	4

Mettez dans une terrine 8 cuillerées à soupe de germes de soja trempés et hachés. Ajoutez les champignons, les échalotes, l'oignon, le *nuoc mam*, le sel, du poivre et mélangez intimement à la main avec le porc haché. Cassez les œufs dans cette préparation et malaxez le tout.

Mettez le pain de viande obtenu dans un plat allant au feu que vous placez dans la partie supérieure d'un cuit-vapeur. Remplissez la partie inférieure du cuit-vapeur d'eau, fixez la partie supérieure dessus, couvrez et faites cuire à feu vif pendant 20 minutes environ, jusqu'à ce que le pain soit ferme. Vous pouvez également le faire cuire sur un trépied dans une casserole fermée contenant un peu d'eau au fond. Vérifiez la cuisson avec une fourchette.

Ce pain de viande est particulièrement bon servi accompagné de laitue: enveloppez une bouchée de viande dans une feuille de laitue, trempez dans le *Nuoc Mam* et dégustez.

JILL NHU HUONG MILLER
VIETNAMESE COOKERY

Porc aux légumes du Seu-Tch'ouan

Cha-Ts'ai Cheng Chu-Jou Ping

Pour 2 personnes

Porc légèrement entrelardé, désossé et grossièrement haché	125 g
Tranches de légumes du Seu-Tch'ouan de 0,5 cm d'épaisseur	5
Châtaignes d'eau hachées	1 cuillerée à soupe
Sel	
Tranches de gingembre frais écrasées et hachées	2 ou 3
Vin de riz chinois	½ cuillerée à soupe
Eau	1 cuillerée à soupe

Dans une terrine, mélangez le porc avec les châtaignes, du sel, le gingembre, le vin et l'eau. Couvrez avec les tranches de légumes. Mettez la terrine dans un cuit-vapeur en bambou placé dans un *wok* ou dans une casserole sur de l'eau bouillante, couvrez et faites cuire 30 minutes à la vapeur. Vous pouvez également poser la terrine sur un trépied placé dans une grande casserole, au-dessus d'eau bouillante, couvrir et faire cuire 30 minutes.

CECILIA SUN YUN CHIANG
THE MANDARIN WAY

Porc à l'ail haché

Pork with Chopped Garlic

Pour 6 personnes

Jambon frais désossé et débarrassé de la couenne	750 g
Gousses d'ail hachées	5
Sauce pimentée:	
Pâte à la sauce de soja	3 cuillerées à soupe
Sucre en poudre	1 cuillerée à soupe
Huile pimentée	1 cuillerée à soupe

Couvrez le jambon frais d'eau, amenez à ébullition et faites-le mijoter 25 minutes environ. Retirez-le et coupez-le en grandes tranches très fines.

Dans une terrine, mélangez tous les ingrédients de la sauce. Amenez à ébullition 1,5 litre d'eau et plongez-y les tranches de jambon pendant 30 secondes environ afin de les réchauffer. Égouttez-les, dressez-les sur un plat de service chaud, saupoudrez-les d'ail, couvrez-les de sauce et servez.

THE TECHNIQUE OF CHINESE COOKING

Porc poché

Rafutei

Pour 4 personnes

Porc maigre désossé	500 g
Saké (vin de riz japonais)	25 cl
Mirin (vin de riz doux)	10 cl
Sucre en poudre	2 cuillerées à soupe
Sauce de soja	10 cl
Copeaux de bonite séchée	30 g
Mange-tout blanchis	60 g

Mettez le porc dans une terrine, ajoutez le *saké*, faites-le pénétrer dans la viande en frottant avec les doigts et laissez mariner 30 minutes. Mettez la viande dans une casserole, couvrez-la d'eau et faites-la pocher 1 heure à feu doux, en écumant. Enlevez-la et coupez-la en 4.

Mettez le porc dans une autre casserole avec 50 cl de son bouillon de cuisson, le *mirin* et le sucre. Laissez cuire 30 minutes, puis ajoutez la moitié de la sauce de soja et les copeaux de bonite séchée. Faites cuire encore 1 heure, ajoutez la moitié du reste de soja et laissez 1 heure sur le feu en ajoutant le reste de soja 30 minutes avant la fin de la cuisson. Dressez la viande sur un plat de service et garnissez-la de mange-tout cuits à l'eau.

MICHIKO SHO
JOY COOKING-PORK SIDE DISHES

Purée de pois cassés à l'anglaise

Pease-Pudding

Si vous voulez servir cette purée avec du porc saumuré, vous pouvez la faire cuire avec la viande en vous reportant aux explications données à la page 52.

Pour 4 personnes

Pois cassés mis à tremper dans de l'eau pendant une nuit	250 g
Beurre	30 g
Œuf battu	1
Farine	

Couvrez les pois cassés d'eau et faites-les cuire 1 heure environ, jusqu'à ce qu'ils soient tendres. Passez-les au tamis placé au-dessus d'une terrine. Incorporez le beurre et l'œuf en battant vigoureusement. Farinez un linge à pouding, mettez la purée de pois dedans et nouez sans serrer. Faites cuire dans une casserole d'eau frémissante, à feu doux, pendant 1 heure. Défaites le linge et dressez la purée dans un plat chaud. Servez-la coupée en tranches, avec du porc saumuré.

TERENCE CONRAN ET MARIA KROLL
THE VEGETABLE BOOK

Braiser et cuire à l'étouffée

Saucisson en roulade

Coteghino fasciato

Vous pouvez servir une partie du liquide de cuisson de ce plat préalablement passé et lié avec des macaroni, en entrée. Dans une casserole, faites fondre une noix de beurre, ajoutez une cuillerée à soupe de farine et, lorsque ce roux commence à prendre couleur, délayez-le avec au moins la moitié du liquide de cuisson passé. Faites rapidement bouillir cette sauce pour l'épaissir, ajoutez les champignons cuits et le saucisson, puis versez le tout sur des macaroni beurrés. Faites passer du fromage râpé à part.

Pour 4 personnes

Saucisson à cuire débarrassé de sa peau	300 g
Grande tranche fine de veau maigre ou bifteck bien aplatis	300 g
Beurre	15 g
Branche de céleri grossièrement hachée	1
Carotte grossièrement hachée	1
Oignon grossièrement haché	¼
Lard ou jambon coupés en tranches fines (facultatif)	60 g
Champignons séchés (cèpes) mis à tremper dans de l'eau pendant 30 minutes	15 g

Enveloppez le saucisson dans la tranche de viande, ficelez et mettez la roulade dans une cocotte avec le beurre, le céleri, la carotte, l'oignon et le lard ou le jambon, le cas échéant. Il est inutile d'assaisonner car le saucisson est déjà suffisamment salé et poivré. Faites sauter la roulade à feu modéré, en la retournant, jusqu'à ce qu'elle soit bien dorée sur toutes ses faces, puis versez de l'eau jusqu'à mi-hauteur de la roulade. Ajoutez les champignons et leur eau de trempage, couvrez et faites braiser pendant 1 heure environ, jusqu'à ce que la viande soit tendre.

Versez un peu de liquide de cuisson autour de la roulade et servez. Vous accommoderez le reste de liquide en sauce pour napper des macaroni.

PELLEGRINO ARTUSI
LA SCIENZA IN CUCINA E L'ARTE DI MANGIAR BENE

Cervelas chaud à la beaujolaise

Pour cette recette, prenez un cervelas truffé qui vient d'être fait (ou depuis 24 heures au maximum), de façon qu'il soit le moins sec possible. Pour préparer un cervelas truffé, reportez-vous aux explications données à la page 86.

Pour 4 personnes

Cervelas truffé	1 de 500 g
Beurre	15 g
Echalotes hachées menu	3 ou 4
Persil et cerfeuil hachés menu	2 cuillerées à soupe de chaque
Sel et poivre	
Beaujolais nouveau	20 cl
Persil haché	

Prendre un plat à gratin, le beurrer fortement, y coucher un lit d'échalotes, persil et cerfeuil hachés. Poser sur ce lit votre cervelas, après l'avoir piqué de part en part de la pointe d'une aiguille; saler et poivrer légèrement; ajouter le beaujolais, couvrir le plat et le glisser au four préchauffé à 170° (3 au thermostat) 20 minutes.

Saupoudrer de persil haché et servir chaud.

Accompagner ce plat de pommes à l'huile ou d'une salade de lentilles tièdes.

FÉLIX BENOIT ET HENRY CLOS JOUVE
LA CUISINE LYONNAISE

Cervelas truffé sous la cendre

Le cervelas, ou saucisson de Paris, est une saucisse à pocher à laquelle on ajoute parfois des truffes coupées en dés.

Pour faire un cervelas, reportez-vous aux explications données à la page 18.

Pour 4 personnes

Cervelas truffé	1 de 500 g
Beaujolais	50 cl
Pommes de terre	500 g

Enrouler le cervelas dans du papier d'aluminium. Rouler soigneusement une extrémité, de façon à faire un cornet. Remplir avec le beaujolais et refermer hermétiquement l'autre extrémité. Plier encore dans un papier journal humide. Enfouir sous la braise de bois, avec les pommes de terre et laisser cuire pendant 45 minutes. Retirer alors les papiers. Le cervelas sera légèrement rôti et aura pris un délicieux goût de caramel de vin. Servir avec les pommes de terre cuites dans la cendre.

FÉLIX BENOIT ET HENRY CLOS JOUVE
LA CUISINE LYONNAISE

Saucisses de porc au vin blanc

Salsiccia in salsa bianca

Pour 2 personnes

Saucisses de porc fraîches bien percées	400 g
Bouillon *(page 167)*	10 cl
Vin blanc	10 cl
Graines de fenouil	½ cuillerée à café
Parmesan râpé	1 cuillerée à soupe

Mettez les saucisses dans une casserole avec le bouillon, le vin, le fenouil et le fromage. Faites cuire à découvert, à feu modéré, pendant 20 minutes environ, jusqu'à ce que les saucisses soient cuites et que la sauce ait épaissi.

EMMANUELE ROSSI (RÉDACTRICE)
LA VERA CUCINA GENOVESE

Chaurice à la sauce créole

La *chaurice* est une saucisse de porc très relevée de poivre de Cayenne et de piments chiles. Vous pouvez aussi prendre des saucisses italiennes épicées, des *merguez* ou du *chorizo*.

Pour 6 personnes

Chaurice *(page 87)*, une douzaine environ	1 kg
Saindoux	½ cuillerée à café
Gros oignon haché	1
Gousse d'ail pilée	1
Tomates pelées et concassées	4
Sel	1 cuillerée à café
Poivre	1 cuillerée à café
Eau bouillante	10 cl

Mettez le saindoux dans une sauteuse ou dans une braisière, à feu modéré. Quand il est chaud, ajoutez l'oignon que vous laissez blondir avant d'ajouter l'ail puis les tomates. Laissez prendre couleur et ajoutez les saucisses que vous aurez délicatement percées. Couvrez, laissez cuire 5 minutes environ à petit feu, puis assaisonnez selon le goût. Ajoutez l'eau bouillante. Couvrez et laissez mijoter 20 minutes. Délicieux pour un casse-croûte matinal.

THE PICAYUNE CREOLE COOK BOOK

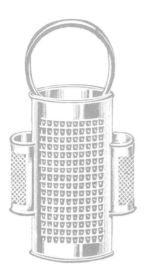

Côtelettes de porc à la mirepoix

Pork Cutlets à la mirepoix

Veillez à mettre à table un peu de moutarde fraîchement faite avec ce plat. Une sauce aux pommes ou à la tomate en relèvera considérablement la saveur.

Pour 6 personnes

Côtelettes de porc, couenne et gras parés et réservés	12
Sel et poivre de Cayenne	
Lard maigre ou graisse de jambon	125 g
Persil haché menu	4 cuillerées à soupe
Echalotes hachées menu	2
Feuilles de sauge fraîche hachées menu	12
Fond de veau ou eau	1 cuillerée à soupe
Citron, jus passé	1
Vinaigre aux piments chiles	1 cuillerée à soupe

Saupoudrez quelques grains de sel et de Cayenne sur les côtelettes. Hachez le gras et la couenne avec le lard et mettez le tout dans une braisière avec le persil, les échalotes et la sauge. Posez les côtelettes par-dessus, couvrez et faites braiser 15 minutes à feu doux. Retournez les côtelettes, couvrez et laissez-les braiser 15 minutes. Sortez-les et gardez-les au chaud pendant que vous incorporez le fond de veau ou l'eau dans les légumes. Passez le jus en pressant fermement les légumes et dégraissez la sauce obtenue. Quand elle est entièrement dégraissée, ajoutez-y le jus de citron et le vinaigre, réchauffez-la et versez-la sur les côtelettes pendant qu'elle est encore chaude.

MME RUNDELL
MODERN DOMESTIC COOKERY

Côtes de porc et patates douces en cocotte

Pork Chop Sweet Potato Casserole

Pour 2 personnes

Côtes de porc épaisses dans le filet, parées	2
Petites patates douces coupées en tranches de ½ cm d'épaisseur	4
Beurre	1 cuillerée à soupe
Sel	½ cuillerée à café
Poivre	
Grosse pomme à cuire épluchée, coupée en 4, évidée et émincée	1
Oignons moyens émincés	2
Cassonade	1 cuillerée à soupe
Citron, zeste râpé et jus passé	1
Eau chaude	1 cuillerée à soupe

Préchauffez le four à 180° (4 au thermostat). Mettez les patates douces dans un plat à four beurré de 1 litre. Parsemez-les de beurre. Salez et poivrez. Couvrez-les d'une couche de pomme et d'oignon et étalez la cassonade préalablement mélangée avec le jus et le zeste de citron par-dessus. Mouillez avec l'eau chaude et ajoutez les côtes de porc. Couvrez et faites braiser 1 heure 30 minutes environ, jusqu'à ce que la viande soit très tendre. Enlevez le couvercle 30 minutes avant la fin de la cuisson pour que les côtes brunissent.

JUNE PLATT
NEW ENGLAND COOK BOOK

Côtes de porc et riz sauvage au vin en cocotte

Pork Chop and Wild Rice Casserole with Wine

Pour 4 personnes

Côtes de porc dans le filet	4
Riz sauvage	200 g
Vin blanc sec	25 cl
Huile	2 à 3 cuillerées à soupe
Tranches de tomate épaisses	4
Rondelles d'oignon d'Espagne	4
Rondelles de poivron vert	4
Sel et poivre	
Eau	75 cl
Beurre	30 g

Faites revenir les côtes de porc dans l'huile. Mettez-les au fond d'une cocotte peu profonde graissée de 2,5 litres environ. Posez une tranche de tomate, une rondelle d'oignon et une rondelle de poivron sur chaque côte en les fixant avec un bâtonnet. Salez et poivrez généreusement. Mouillez avec le vin. Couvrez de riz sauvage. Déglacez la poêle dans laquelle vous avez fait revenir les côtes avec l'eau, en remuant. Versez le jus obtenu sur le riz, puis parsemez de beurre, couvrez et faites braiser pendant 3 heures environ au four préchauffé à 170° (3 au thermostat).

BETH ANDERSON
WILD RICE FOR ALL SEASONS COOKBOOK

Côtes de porc à la sauce au jambon et aux cornichons

Sertésborda Hentes Módra

Pour 4 à 6 personnes

Côtes de porc de 2 cm d'épaisseur dans le filet (1 kg environ)	6
Sel et poivre	
Farine	100 g
Saindoux	40 g
Oignons hachés menu	150 g
Petite gousse d'ail pilée	1
Paprika doux de Hongrie	1 cuillerée à soupe
Bouillon de volaille *(page 167)*	30 cl
Purée de tomates	4 cuillerées à soupe

Sauce à la crème aigre :

Farine	1 cuillerée à café
Crème aigre	30 cl
Jambon au torchon émincé et coupé en julienne	175 g
Cornichons coupés en julienne	175 g

Salez généreusement et poivrez légèrement les côtes, trempez-les dans la farine et secouez-les pour en ôter l'excès. Dans une sauteuse à fond épais contenant le saindoux chaud, faites-les légèrement dorer par 2 ou 3 pendant 4 minutes environ de chaque côté.

Dressez les côtes sur un plat et jetez la graisse de la sauteuse en laissant juste une fine pellicule. Baissez le feu et faites légèrement dorer les oignons avec l'ail pendant 8 à 10 minutes, en remuant de temps en temps. Hors du feu, incorporez le paprika et continuez à remuer jusqu'à ce que les oignons soient bien enduits.

Remettez la sauteuse à feu vif, incorporez le bouillon et la purée de tomates et amenez à ébullition en remuant. Ajoutez les côtes de porc et mettez à feu aussi doux que possible. Couvrez et laissez mijoter 40 minutes environ, jusqu'à ce que vous puissiez transpercer la viande avec la pointe d'un couteau. Retournez les côtes une fois pendant la cuisson.

LES RÉDACTEURS DES ÉDITIONS TIME-LIFE
FOODS OF THE WORLD-THE COOKING OF VIENNA'S EMPIRE

Côtes de porc farcies

Stuffed Pork Chops

Pour préparer des côtes de porc à farcir, reportez-vous aux explications données à la page 64.

Pour 4 personnes

Côtes de porc doubles ouvertes au centre pour former une poche	4

Farce aux champignons :

Oignon haché menu	1
Beurre	40 g
Champignons hachés menu	60 g
Thym	½ cuillerée à café
Persil haché	2 cuillerées à soupe
Chapelure dorée	60 g
Sel et poivre	
Œuf légèrement battu	1

Pour la farce, faites fondre l'oignon dans le beurre pendant 10 minutes environ. Ajoutez les champignons, le thym, le persil et la chapelure et mélangez intimement. Hors du feu, salez et poivrez selon le goût et liez avec l'œuf. Farcissez les poches des côtes de cette préparation et fixez-les avec des petites brochettes ou des bâtonnets.

Faites revenir les côtes dans une poêle légèrement huilée, à feu vif, en les retournant délicatement pour ne pas déranger la farce et les bâtonnets. Quand elles sont bien dorées, couvrez et faites cuire à feu très doux pendant 1 heure, jusqu'à ce que la viande soit tendre. Vous pouvez également faire cuire les côtes de porc au four préchauffé à 170° (3 au thermostat) pendant 1 heure, jusqu'à ce qu'elles soient bien dorées. Servez avec des légumes verts ou une salade.

JAMES BEARD
THE FIRESIDE COOK BOOK

Côtes de porc à la napolitaine

Costolette di maiale alla Napoletana

Pour 6 personnes

Côtes de porc de 2,5 cm d'épaisseur dans le filet	6
Huile d'olive	6 cuillerées à soupe
Gousses d'ail écrasées au presse-ail	2
Poivrons jaunes grillés, pelés, épépinés et coupés en lanières	3
Tomates mûres pelées, épépinées, égouttées et hachées	250 g
Sel et poivre du moulin	
Champignons émincés	250 g

Dans une grande cocotte peu profonde, faites chauffer l'huile à feu vif jusqu'à ce qu'elle fume. Faites-y rapidement revenir les côtes, en comptant 2 minutes par côté. Enlevez-les de la cocotte, ajoutez l'ail et les poivrons, baissez le feu et laissez cuire jusqu'à ce que l'ail commence à prendre couleur. Ajoutez les tomates, salez et poivrez légèrement et laissez cuire 5 minutes. Remettez les côtes en les faisant chevaucher, salez-les et poivrez-les, couvrez et laissez mijoter sur feu très doux 15 minutes. Retournez les côtes, ajoutez les champignons, couvrez et faites mijoter 10 minutes. Dressez la viande sur un plat de service chaud et nappez-la de sauce.

LUIGI CARNACINA
LA GRANDE CUCINA

Côtelettes de porc au vin blanc

Bracioline di maiale al vino bianco

Comptez une ou deux côtelettes par personne, une seulement si vous utilisez des côtes dans le filet.

Pour 3 à 6 personnes

Côtelettes de porc légèrement aplaties avec un maillet en bois	6
Vin blanc sec	10 cl
Gousse d'ail pilée	1
Brin de romarin haché menu	1
Sel	
Chile en poudre	1 pincée
Huile d'olive	3 cuillerées à soupe
Bouillon de bœuf (*page 167*) ou eau chauds	15 cl

Enlevez toute la graisse des côtelettes, coupez-la en petits morceaux et pilez-la en pommade avec l'ail, le romarin, un peu de sel et le chile. Tartinez-en les côtelettes sur les 2 faces. Faites chauffer l'huile dans une poêle suffisamment grande

pour contenir toutes les côtelettes en même temps, faites-les revenir d'un côté, retournez-les et faites-les dorer de l'autre. Mouillez avec le vin et laissez réduire à découvert. Ajoutez le fond ou l'eau, couvrez et laissez braiser jusqu'à ce que le liquide ait été absorbé. Servez immédiatement.

ADA BONI
ITALIAN REGIONAL COOKING

Côtes de porc Pilleverjus

Pour 4 personnes

Côtes de porc légèrement aplaties et parées	4
Sel et poivre	
Saindoux	30 g
Oignon émincé, aux trois quarts cuit	4 cuillerées à soupe
Bouquet garni	1
Beurre ou saindoux	30 g
Cœur de chou nouveau coupé en julienne	1
Crème fraîche	10 cl
Pommes de terre cuites à l'eau	8
Vinaigre	1 cuillerée à soupe
Bouillon (*page 167*)	4 cuillerées à soupe

Assaisonner les côtes de sel et de poivre. Les faire revenir au saindoux, dans un sautoir (5 minutes environ sur chaque face). Lorsqu'elles sont bien dorées des deux côtés, mettre l'oignon. Ajouter le bouquet garni, couvrir le sautoir et cuire à chaleur douce pendant 35 minutes.

D'autre part, cuire au beurre ou au saindoux, à couvert, et le plus doucement possible, le cœur de chou en julienne. Dès que ce chou est cuit (au bout de 30 minutes), le mouiller avec la crème et faire bouillir quelques instants en remuant.

Dresser les côtes sur un plat rond, sur la julienne de chou. Garnir de pommes de terre cuites à l'eau. Saucer avec le fond de cuisson des côtes, déglacé avec le vinaigre et le bouillon.

PROSPER MONTAGNÉ
NOUVEAU LAROUSSE GASTRONOMIQUE

Côtes de porc aux saucisses

Cotolette di maiale alla monzese

Pour 4 personnes

Côtes de porc	4
Petites saucisses de porc frais	4
Farine	1 cuillerée à soupe
Beurre	30 g
Brin de sauge fraîche	1
Grosse tomate mûre pelée, épépinée et hachée	1
Sel	

Farinez les côtes et faites-les revenir de chaque côté dans le beurre en ajoutant la sauge dans la poêle. Parsemez la tomate sur la viande, salez, couvrez et faites mijoter 45 minutes environ à feu doux. Au bout de 30 minutes, ajoutez les saucisses. Quand les saucisses et les côtes sont cuites, servez chaque côte avec une saucisse et un peu de jus dessus.

OTTORINA PERNA BOZZI
VECCHIA BRIANZA IN CUCINA

Jarrets de porc salé à la choucroute

Berliner Eisbein

En Bavière, on prépare généralement ce plat avec des jarrets de porc fumé ou frais.

Pour 6 personnes

Jarrets de porc salé	2
Choucroute	750 g
Oignon émincé	1
Saindoux	30 g
Feuille de laurier	1
Baies de genévrier	2

Faites dessaler les jarrets dans de l'eau froide pendant quelques heures. Ensuite, faites suer l'oignon dans une grande cocotte contenant le saindoux et ajoutez la choucroute, le laurier, les baies de genévrier et une quantité d'eau suffisante pour presque couvrir la choucroute. Posez les jarrets dessus et faites-les braiser de 2 heures à 2 heures 30 minutes à feu doux ou au four préchauffé à 170° (3 au thermostat), en les retournant de temps en temps.

Le *Berliner Eisbein* se sert traditionnellement avec une purée de pois parfois garnie d'anneaux d'oignons frits.

GRETE WILLINSKY
KOCHBUCH DER BÜCHERGILDE

La bonne recette de la véritable choucroute à l'alsacienne

Cette recette a été donnée à Curnonsky par le dessinateur humoristique alsacien Hansi. Paul Haeberlin, de l'Auberge de l'Ill à Illhaeusern, en Alsace, nous a expliqué que les colmarettes sont des petites saucisses composées en parties égales de veau et de porc maigres et de lard gras pilés en pommade. Vous pouvez parfaitement les remplacer par des saucisses de Francfort.

Pour 3 personnes

Choucroute	500 g
Oignon finement coupé	1
Graisse d'oie ou saindoux	2 ou 3 cuillerées à soupe
Vin blanc	25 cl
Pomme coupée en 2, évidée et coupée en morceaux	1
Grains de genièvre enfermés dans un petit linge	12
Bouillon *(page 167)*	10 à 20 cl
Lard de poitrine fumé en un morceau	500 g
Kirsch	2 cuillerées à soupe
Côtelettes salées	500 g
Colmarettes, saucisses de Francfort ou saucisses fumées	6
Petites pommes de terre cuites à l'eau dans leur peau	6

Dans une marmite bien étamée ou en terre, faire dorer l'oignon (de 10 à 15 minutes) dans la graisse d'oie ou le saindoux. Ajoutez la choucroute (non lavée ou très légèrement). Laissez cuire 5 minutes en remuant avec une fourchette. Ajoutez le vin blanc, la pomme et les grains de genièvre. Versez du bouillon jusqu'à ce que la choucroute en soit presque recouverte. Mettez le couvercle et laissez cuire (à feu doux) pendant 2 ou 3 heures. Une heure avant de servir, ajoutez le lard de poitrine fumé. Trente minutes avant de servir, ajoutez le kirsch.

Pendant ce temps, mettez les côtelettes salées dans une casserole, couvrez-les d'eau et faites-les pocher sans les laisser frémir (à 80°) pendant 1 heure 30 minutes environ.

Dressez la choucroute sur un plat rond chauffé. Entourez-la du lard coupé en petits morceaux de 1 cm d'épaisseur, des côtelettes salées en tranches, des colmarettes que vous aurez préalablement chauffées pendant 10 minutes soit dans la choucroute, soit dans de l'eau presque bouillante. Servez avec les pommes de terre en robe de chambre.

CURNONSKY
A L'INFORTUNE DU POT

Potée de Transylvanie

Transylvanian Cabbage

Pour 6 personnes

Porc haché	600 g
Oignon haché menu	60 g
Saindoux	100 g
Gousses d'ail pilées	2
Sel	1 cuillerée à café
Poivre du moulin	
Paprika	½ cuillerée à café
Lard coupé en dés	100 g
Saucisse fumée coupée en tranches	150 g
Choucroute	1 kg
Crème aigre	30 cl
Riz blanchi pendant 10 minutes et égoutté	150 g
Poivron vert coupé en rondelles (facultatif)	1
Tomates coupées en tranches (facultatif)	2

Dans une poêle, faites blondir l'oignon dans 60 g de saindoux, puis ajoutez l'ail, le porc, le sel, du poivre et saupoudrez de paprika. Faites revenir le tout à feu doux 10 minutes.

Dans une autre poêle, mettez le lard à chauffer, puis ajoutez la saucisse et faites revenir le tout de 2 à 3 minutes. Faites cuire la choucroute dans de l'eau bouillante salée pendant 20 minutes, puis égouttez-la.

Graissez une casserole ou un plat allant sur le feu avec 30 g de saindoux. Mettez-y le tiers de la choucroute, puis le lard et la saucisse, encore un tiers de choucroute, un peu de crème aigre, le riz à demi cuit, le hachis de porc et enfin le reste de choucroute. Pendant la saison, vous pouvez ajouter quelques tranches de poivrons verts et de tomates. Arrosez la couche supérieure de choucroute avec le reste de crème aigre, saupoudrez légèrement de paprika et arrosez avec le reste de saindoux préalablement fondu. Faites cuire 1 heure 15 minutes au four préchauffé à 170° (3 au thermostat).

JÓSZEF VENESZ
HUNGARIAN CUISINE

Choucroute d'Ammerschwihr

Cette recette a été créée par Pierre Gaertner, ancien disciple de Fernand Point au restaurant viennois « La Pyramide ». Gaertner officie désormais seul au restaurant « Les Armes de France », à Ammerschwihr.

Pour 4 à 6 personnes

Choucroute fraîche	500 g
Lard de poitrine (fumé ou non)	500 g
Oignon finement coupé	1
Graisse d'oie ou saindoux	2 cuillerées à soupe
Vin blanc sec d'Alsace	20 cl
Pomme reinette crue coupée en morceaux	1
Grains de genièvre enveloppés dans une étamine	10
Bouillon *(page 167)*	25 cl environ
Kirsch	3 cuillerées à soupe

Dans une marmite en terre (ou bien étamée), faire dorer l'oignon dans la graisse d'oie. Puis ajouter la choucroute. Laisser cuire 5 minutes en remuant à la fourchette, et ajouter le vin, la pomme et les grains de genièvre. Verser enfin du bouillon jusqu'à ce que la choucroute soit presque recouverte. Couvrir et laisser cuire de 2 à 3 heures.

Une heure avant de servir, ajouter le lard de poitrine et, une demi-heure après, le kirsch. Servir avec quelques pommes de terre cuites à l'anglaise et présentées en robe des champs (farineuses et bien sèches).

FERNAND POINT
MA GASTRONOMIE

Choucroute superposée par lits

Rakottkáposzta d'Ormánság

Pour 6 personnes

Porc maigre sans os coupé en dés	1 kg
Choucroute	1 kg
Oignon haché menu	150 g
Saindoux ou graisse de porc	100 g
Paprika	2 cuillerées à soupe
Eau	30 cl
Piments verts coupés en 2, épépinés et grossièrement hachés	2
Tomate concassée	1
Crème fraîche	30 cl
Farine	50 g
Riz cuit et égoutté	250 g

Faire colorer l'oignon dans le saindoux. Après coloration, ajouter le paprika et délayer avec l'eau. Ajouter le porc, semer dessus les piments et la tomate et cuire à l'étouffée pendant 45 minutes environ jusqu'à mi-cuisson. Mélanger la crème et la farine, joindre ce mélange à la viande en remuant et mettre à l'ébullition. Déposer dans une poêle un lit de choucroute, en disposer un autre composé de riz, puis étaler les dés de porc, alterner à nouveau avec une couche de riz puis le reste de la choucroute, napper avec la sauce au paprika et faire étuver le tout au four préchauffé à 180° (4 au thermostat) pendant 30 minutes environ.

ROSE KORANYI
LIVRE DE LA BONNE CHÈRE

Daube de porc aux bélangères

Le poivre de malaguette est la petite baie foncée du « bay rum », espèce de laurier antillais que vous pouvez remplacer par du poivre de la Jamaïque.

Pour 6 personnes

Porc maigre désossé en un seul morceau	1,500 kg
Aubergines épluchées et coupées en dés de 2,5 cm	1,500 kg
Farine	3 cuillerées à soupe
Huile d'arachide	2 cuillerées à soupe
Saindoux	30 g
Thym	½ cuillerée à café
Sauge	2 pincées
Baies de poivre de malaguette ou de poivre de la Jamaïque	6
Sel et poivre du moulin	
Eau	30 cl

Farinez le porc. Dans une cocotte couverte à fond épais contenant l'huile et le saindoux chauds, faites-le revenir de tous les côtés. Ajoutez le thym, la sauge, le poivre de malaguette ou de la Jamaïque, un peu de sel et de poivre et l'eau. Couvrez et faites braiser à feu doux pendant 2 heures environ, jusqu'à ce que la viande soit presque tendre. Dégraissez le jus de cuisson. Ajoutez les aubergines, couvrez et laissez cuire 15 minutes, jusqu'à ce qu'elles soient cuites.

ELISABETH LAMBERT ORTIZ
CARIBBEAN COOKERY

Porc aux aubergines

Aubergine Stew with Pork

Pour 8 personnes

Porc coupé en dés de 2 cm	500 g
Aubergines coupées en dés de 2,5 cm	1 kg
Jambon fumé coupé en petits morceaux	125 g
Saindoux	2 cuillerées à soupe
Poivrons verts coupés en petits morceaux	2
Oignons coupés en petits morceaux	2
Tomates pelées, épépinées et concassées	2
Eau	4 cuillerées à soupe
Sel	1 cuillerée à soupe

Faites légèrement revenir les dés de porc et le jambon dans le saindoux, ajoutez les poivrons et les oignons et, quelques minutes après, les tomates. Laissez cuire 5 minutes environ, puis ajoutez l'eau et les aubergines. Salez selon le goût. Remuez, couvrez et laissez cuire 45 minutes environ à feu doux, jusqu'à ce que la viande soit tendre.

BERTA CABANILLAS ET CARMEN GINORIO
PUERTO-RICAN DISHES

Ragoût de porc aux pruneaux

Pork and Prune Hotpot

Pour 4 personnes

Porc désossé et coupé en morceaux	500 g
Pruneaux	125 g
Citron, zeste taillé en julienne et jus passé	1
Farine	30 g
Sel	1 cuillerée à café
Poivre	
Saindoux	15 g

Couvrez les pruneaux d'eau froide et faites-les cuire en compote avec le zeste de citron pendant 20 minutes environ. Passez le jus et réservez-le. Dénoyautez les pruneaux.

Roulez les morceaux de porc dans la farine assaisonnée avec le sel et le poivre et faites-les revenir dans une sauteuse contenant le saindoux préalablement fondu. Dans une cocotte ou une tourtière, alternez des couches de porc et de pruneaux. Mettez le reste de farine assaisonnée dans la sauteuse, incorporez 30 cl environ du jus de cuisson des pruneaux, amenez à ébullition et versez cette sauce liée sur le porc. Versez le jus de citron.

Couvrez et faites cuire 1 heure au moins au four préchauffé à 180° (4 au thermostat). Servez dans la cocotte.

D.D. COTTINGTON TAYLOR
MENU AND RECIPE BOOK

Adobo

Pour 6 personnes

Porc maigre désossé et coupé en carrés de 4 à 5 cm	1 kg
Vinaigre	10 cl
Tête d'ail non épluchée, aplatie pour séparer et légèrement écraser les gousses	1
Poivre	1 cuillerée à café
Sel	
Eau	50 cl
Saindoux	1 cuillerée à soupe

Mettez le porc dans une casserole et ajoutez le vinaigre, l'ail, le poivre, du sel selon le goût et l'eau. Couvrez, amenez à ébullition et faites mijoter à feu doux pendant 2 heures environ, jusqu'à ce que la viande soit tendre. Passez le liquide de cuisson dans une autre casserole et faites-le réduire à 4 ou 5 cuillerées à soupe.

Sortez l'ail, épluchez les gousses et faites-les revenir dans le saindoux, à feu doux, jusqu'à ce qu'elles soient bien dorées. Ajoutez le porc et faites-lui également prendre couleur. Mouillez avec le bouillon réduit et laissez cuire 5 minutes à feu doux. Servez chaud.

ENRIQUETA DAVID-PEREZ
RECIPES OF THE PHILIPPINES

Porc braisé aux marrons

Quand vous achetez des marrons, veillez à ce qu'ils ne soient pas véreux. Incisez-les des deux côtés avec la pointe d'un couteau. Ces incisions permettront à la peau de se détacher pendant la cuisson. Posez-les sur une plaque (ils ne doivent pas chevaucher) et passez-les 30 minutes au four préchauffé à 200° (6 au thermostat). Sortez-les du four et décortiquez-les en les tenant avec une serviette pour ne pas vous brûler. La peau intérieure doit venir avec l'écorce. Jetez ceux qui sont mauvais: vous risquez d'en perdre le tiers.

Pour 8 personnes

Rôti de porc désossé et ficelé	3 kg
Marrons décortiqués	500 g
Sel	1 cuillerée à café
Poivre du moulin	½ cuillerée à café
Oignons grossièrement émincés	2
Rutabagas (1,75 kg environ) coupés en tronçons de 5 cm	3

Salez et poivrez la viande. Placez-la dans une marmite à fond épais, côté plat en dessous. Mouillez avec 10 cl d'eau, couvrez et faites cuire 15 minutes à feu modéré. Continuez la cuisson à découvert pendant 12 minutes environ, jusqu'à ce que tout le liquide se soit évaporé et que la viande commence à dorer. Retournez-la pour qu'elle prenne couleur sur toutes ses faces. Ajoutez les oignons avec 1,25 litre d'eau, couvrez et faites braiser 1 heure à feu modéré. Ajoutez les marrons et laissez encore braiser 1 heure, à couvert.

Pendant ce temps, taillez les morceaux de rutabaga avec un petit couteau de façon qu'ils aient la même taille: ils cuiront ainsi uniformément; il vous en restera 1 kg environ. Ajoutez-les au porc avec 25 cl d'eau, couvrez et laissez cuire 45 minutes. Goûtez l'assaisonnement: vous devrez vraisemblablement saler et poivrer. A ce stade, il ne doit pas rester beaucoup de liquide. Dressez le rôti sur un plat de service et disposez les marrons et les rutabagas tout autour avec une écumoire. Inclinez la marmite pour que tout le jus s'accumule d'un côté et dégraissez du mieux possible. S'il vous reste moins de 25 cl de sauce, ajoutez 25 cl d'eau et faites bouillir à feu vif de 1 à 2 minutes pour faire fondre les sucs caramélisés et émulsionner la sauce. Versez-la sur la viande ou dans une saucière et servez immédiatement.

JACQUES PÉPIN
A FRENCH CHEF COOKS AT HOME

Escalopes de porc cuites au four

Schweineschnitzel aus dem Backofen

Pour 4 personnes

Escalopes de porc	4 de 175 g chacune
Saindoux	2 cuillerées à soupe
Pommes de terre émincées	300 g
Oignon émincé	125 g
Sel et poivre	
Graines de carvi	½ cuillerée à café
Crème aigre	25 cl

Faites saisir les escalopes dans le saindoux à feu vif, jusqu'à ce qu'elles soient légèrement dorées de chaque côté. Mélangez les pommes de terre avec l'oignon et mettez une couche de cette préparation dans un plat à four beurré. Assaisonnez de sel, poivre et carvi. Posez les escalopes dessus, couvrez du reste de la préparation aux pommes de terre et aux oignons, assaisonnez de nouveau et versez la crème aigre. Couvrez hermétiquement et faites cuire 40 minutes au four préchauffé à 180° (4 au thermostat) sans soulever le couvercle.

Servez avec une salade de laitue.

HANS KARL ADAM
DAS KOCHBUCH AUS SCHWABEN

Porc aux radis d'hiver

Svinsko s Ryapa

Les radis d'hiver à peau noire ou blanche ont une chair blanche et perdent beaucoup de leur acidité à la cuisson. Vous pouvez les remplacer par des navets.

Pour 5 personnes

Porc désossé et coupé en dés	750 g
Radis d'hiver épluchés et coupés en morceaux	500 g
Sel	
Huile	4 cuillerées à soupe
Eau chaude	10 cl
Paprika	1 cuillerée à café
Petits poivrons rouges frais coupés en anneaux	10

Mettez la viande et les radis dans une braisière, salez, ajoutez la moitié de l'huile et l'eau, couvrez et faites braiser 1 heure environ, jusqu'à ce que la viande soit tendre, en ajoutant un peu d'eau si besoin est.

Faites chauffer le paprika dans le reste d'huile sans le laisser frire. Ajoutez cette préparation dans la braisière avec les poivrons et laissez mijoter encore un peu, jusqu'à ce que les poivrons soient tendres. Attendez 5 minutes avant de servir avec des croûtons aillés chauds.

DR. L. PETROV, DR. N. DJELEPOV, DR. N. IORDANOV ET S. UZUNOVA
BULGARSKA NAZIONALNA KUCHNIYA

Porc aux petits navets

Sianlihaa Ja Pieniä Nauriita

Pour 4 à 6 personnes

Jambonneau maigre coupé en dés de 2,5 cm	1 kg
Petits navets blancs (ou 5 moyens) pelés et coupés en 4	10
Beurre	15 g
Farine blanche non blanchie artificiellement	2 cuillerées à soupe
Bouillon de bœuf	35 cl
Cassonade ou miel	½ cuillerée à café
Sel de mer et poivre blanc	
Thym	½ cuillerée à café
Brin de persil	1

Faites revenir les dés de porc dans la moitié du beurre. Mettez-les dans une cocotte profonde ou dans une braisière. Préchauffez le four à 180° (4 au thermostat).

Dans la même casserole, faites revenir les navets dans le reste de beurre. Saupoudrez-les de farine, remuez et laissez-

les dorer sans qu'ils carbonisent. Mouillez progressivement avec le bouillon, sans cesser de remuer, et en laissant frémir le tout entre chaque addition. Laissez frémir jusqu'à ce que la sauce épaississe. Ajoutez la cassonade ou le miel, du sel et du poivre et le thym. Remuez. Mettez le tout dans la cocotte contenant le porc. Mélangez et ajoutez le brin de persil. Couvrez et enfournez. Au bout de 20 minutes, baissez la température du four à 130° (½ au thermostat) et faites cuire encore de 1 heure 30 minutes à 2 heures, jusqu'à ce que les navets soient tendres mais pas au point de fondre.

Servez avec des pommes de terre et/ou du pain que vous tremperez dans la sauce, accompagnées de petits légumes vinaigrés ou d'une salade.

ULLA KÄKÖNEN
NATURAL COOKING THE FINNISH WAY

Lard aux pommes séchées et aux pommes de terre

Schnitz und Kartoffeln

Dans ce ragoût d'hiver originaire du canton suisse d'Argovie, les pommes séchées remplacent les légumes frais. Dans le canton de Lucerne, on prépare un plat similaire avec des poires fraîches. Commencez par blanchir le lard, puis faites légèrement roussir le sucre avec un peu de beurre ; mettez-le dans l'eau de cuisson du lard, ajoutez les poires coupées en quartiers, puis les pommes de terre et laissez-les cuire jusqu'à ce qu'elles soient tendres.

Pour 4 personnes

Lard (petit salé) ou porc fumé en un seul morceau	300 g
Pommes séchées mises à tremper dans de l'eau froide quelques heures et égouttées	300 g
Pommes de terre coupées en 4	550 g
Sucre en poudre	1 à 2 cuillerées à soupe
Sel	

Faites légèrement roussir le sucre dans une casserole ne contenant ni eau ni matière grasse, ajoutez les pommes et le lard, couvrez d'eau froide, mettez un couvercle sur la casserole et laissez mijoter 50 minutes. Ensuite, ajoutez les pommes de terre, salez selon le goût et laissez cuire 30 minutes environ, jusqu'à ce qu'elles soient tendres. Secouez la casserole pour bien mélanger tous les ingrédients.

Si vous utilisez de la viande fumée maigre, vous pouvez ajouter un peu de beurre.

EVA MARIA BORER
DIE ECHTE SCHWEIZER KÜCHE

Porc aux radis blancs

Pork with White Radish

Ce plat se prépare pendant la saison des radis blancs, qui est brève. En effet, hors saison, ils ont une consistance ligneuse et un goût insipide. Les radis blancs, que l'on trouve désormais presque partout, sont des racines au goût de navet connues en France sous le nom de « raves ». Ce plat peut se préparer à l'avance et se réchauffer à la dernière minute. Il n'en est d'ailleurs que meilleur, aussi n'hésitez pas à le préparer la veille et à le garder une nuit au réfrigérateur.

Pour 4 personnes

Longe de porc désossée, parée et à demi congelée	125 g
Radis blancs pelés et émincés	350 g
Huile	2 cuillerées à soupe
Xérès sec	1 cuillerée à soupe
Sauce de soja	1 cuillerée à soupe
Sel	½ cuillerée à café
Sucre en poudre	½ cuillerée à café

Coupez la viande en petites tranches de 5 mm d'épaisseur sur 2,5 cm de côté. Émincez les radis en tranches de mêmes dimensions. Faites-les blanchir 3 minutes et égouttez-les.

Dans un *wok* ou dans une sauteuse contenant l'huile chaude, faites sauter le porc 3 minutes à feu vif. Ajoutez le xérès, mélangez, puis ajoutez la sauce de soja, le sel et le sucre et mélangez intimement. Ajoutez les tranches de radis, mélangez encore, puis couvrez et faites cuire de 4 à 5 minutes à feu modéré (si la préparation vous paraît sèche, mouillez-la avec 2 cuillerées à soupe d'eau froide avant de couvrir.) Dressez sur un plat et servez.

GRACE ZIA CHU
MADAME CHU'S CHINESE COOKING SCHOOL

Ragoût de porc aux pommes

Pork and Apple Stew

Pour 6 personnes

Côtes découvertes parées, gras coupé en lanières	6
Pommes à cuire moyennes, épluchées, évidées et émincées	4
Oignons émincés	3
Cassonade	1½ cuillerée à soupe
Sel et poivre du moulin	
Eau	1 cuillerée à soupe

Dans une grande braisière, dressez la moitié des oignons en couche, puis la moitié des pommes et la moitié de la casso-

nade. Couvrez avec les côtes, salez et mettez une pincée généreuse de poivre noir. Mouillez avec l'eau et couvrez avec le reste d'oignons, puis avec le reste de pommes. Secouez les lanières de gras dans le reste de cassonade, entrecroisez-les sur les pommes et saupoudrez du reste de cassonade. Salez et poivrez à nouveau. Couvrez et faites cuire 1 heure au four préchauffé à 180° (4 au thermostat) puis diminuez la température du four et laissez cuire encore 1 heure. Ce ragoût sera aussi bon s'il cuit au four préchauffé à 130° (½ au thermostat) pendant 3 heures.

MONICA SHERIDAN
MY IRISH COOKBOOK

Potée colmarienne ou Süri Rüewe

Les navets blancs salés sont des navets grossièrement hachés, salés en couches dans une cruche ou dans un petit baril et fermentés sous un poids exactement comme la choucroute. On les rince avant de les utiliser pour les dessaler.

Pour 6 à 8 personnes

Palette fumée	500 g
Jambonneaux salés	2
Oignons émincés	150 g
Saindoux	150 g
Navets salés, lavés, égouttés et pressés	1,500 kg
Gousses d'ail pilées	2
Vin blanc sec d'Alsace	30 cl
Eau	30 cl

Faire suer les oignons à blanc avec le saindoux dans une cocotte fermant hermétiquement. Répartir la moitié des navets sur les oignons, poser la viande, l'ail, recouvrir avec le restant des navets. Mouiller avec le vin blanc et l'eau. Couvrir et porter à ébullition sur le feu. Cuire au four (préchauffé à 170°, 3 au thermostat) pendant 1 heure 30 minutes environ.

Retirer la viande et la couper. Dresser les navets dans un plat creux chaud et répartir la viande en surface. Servir fumant. Servir en même temps des pommes de terre cuites au four, en robe des champs ou à l'eau.

JOSEPH KOSCHER ET AL
LES RECETTES DE LA TABLE ALSACIENNE

Porc au céleri, à la sauce à l'œuf et au citron

Hirino me selinorizes

Pour cette recette, vous pouvez utiliser soit du céleri-rave soit du céleri ordinaire.

Pour 6 à 8 personnes

Porc maigre désossé, essuyé et coupé en morceaux	1,500 kg
Céleri-rave épluché et coupé en dés (ou 1 pied de céleri avec ses feuilles coupé en gros tronçons)	500 g
Beurre	60 g
Oignons moyens hachés	2
Farine	30 g
Vin rouge ou blanc	10 cl
Persil haché	30 g
Sel et poivre	
Sauce à l'œuf et au citron :	
Jaunes d'œufs	4
Jus de citron	4 cuillerées à soupe

Faites revenir la viande à feu modéré dans le beurre chaud. Ajoutez les oignons. Dès qu'ils commencent à blondir, incorporez la farine; mélangez, puis ajoutez le vin et le persil. Couvrez d'eau chaude, salez, poivrez et faites mijoter pendant au moins 2 heures. Si vous utilisez du céleri-rave, ajoutez-le 30 minutes environ après que la viande a commencé à mijoter. Le céleri ordinaire s'ajoute 45 minutes environ avant la fin de la cuisson.

Pour la sauce, battez les jaunes d'œufs en les délayant petit à petit avec le jus de citron. Ajoutez progressivement 2 ou 3 cuillerées à soupe du liquide de cuisson de la viande. Versez la sauce dans la casserole contenant le porc et remuez-la sur feu doux pendant quelques minutes, sans la laisser bouillir. Couvrez et réservez 5 minutes avant de servir.

ROBIN HOWE
GREEK COOKING

Porc limousine

Pour 6 personnes

Porc maigre désossé et coupé en cubes	1 kg
Saindoux	30 g
Gousse d'ail pilée	1
Oignon émincé	1
Farine	2 cuillerées à soupe
Vin blanc	20 cl
Bouillon ou eau	
Sel et poivre	
Châtaignes fendues, blanchies et épluchées	500 g

Faire revenir la viande dans le saindoux. Ajouter ail et oignon et les laisser dorer. Poudrer de farine, remuer jusqu'à ce qu'elle roussisse légèrement et mouiller du vin et du bouillon ou de l'eau à hauteur. Sel et poivre. Couvrir et laisser cuire 1 heure 30 minutes.

A mi-cuisson, ajouter les châtaignes et ne plus remuer.

HUGUETTE COUFFIGNAL
LA CUISINE PAYSANNE

Porc au raifort

Krenfleisch

Pour 4 personnes

Epaule de porc coupée en 4	1 kg
Crème fraîche	20 cl
Vinaigre de vin	2 cuillerées à soupe
Oignon haché	1
Grains de poivre	4
Feuilles de laurier	2
Couenne de porc frais	100 g
Sel	1 pincée
Raifort râpé	1 cuillerée à soupe

Portez 50 cl d'eau à ébullition avec le vinaigre, l'oignon, le poivre, le laurier, la couenne et le sel. Au bout de 5 minutes, ajoutez les morceaux d'épaule. Couvrez et faites mijoter 2 heures. Sortez la viande, saupoudrez-la de raifort et gardez-la au chaud sur un plat de service. Dégraissez entièrement le bouillon et faites-le réduire de moitié à feu vif avant de le passer dans une casserole. Incorporez la crème, réchauffez et versez cette sauce sur la viande. Servez avec de la choucroute et de la purée de pommes de terre.

LILO AUREDEN
DAS SCHMECKT SO GUT

Cochon de lait en blanquette

Pour 4 personnes

Restes d'un cochon de lait servi rôti désossés et coupés en filets minces	500 g
Beurre	30 g
Champignons émincés	250 g
Echalotes hachées menu	2
Gousse d'ail pilée	1
Bouquet garni avec ciboule, basilic et 2 clous de girofle	1
Farine	1 cuillerée à café
Vin blanc	20 cl
Bouillon *(page 167)*	25 cl
Sel et poivre du moulin	
Jaunes d'œufs	3
Verjus ou jus de citron	2 cuillerées à soupe

Dans une casserole, faites fondre le beurre et ajoutez les champignons, les échalotes, l'ail et le bouquet garni. Faites cuire à feu modéré jusqu'à ce que les légumes aient ramolli. Mettez-y la farine, laissez cuire encore de 2 à 3 minutes, mouillez avec le vin blanc et 20 cl de bouillon, sel, gros poivre. Faites bouillir à découvert et à petit feu et réduire à moitié pendant 30 minutes environ; ôtez le bouquet et mettez-y les filets de viande; faites chauffer sans bouillir, ensuite vous y mettez une liaison des jaunes d'œufs délayés avec le verjus ou le jus de citron et le reste de bouillon; faites lier sur le feu sans bouillir 5 minutes, en remuant; servez chaudement.

MENON
LA CUISINIÈRE BOURGEOISE

Ragoût de porc à l'italienne

Spezzatino di maiale

Pour 6 personnes

Porc maigre coupé en dés	1 kg
Huile d'olive	4 cuillerées à soupe
Gousses d'ail	2
Feuilles de sauge fraîche	1 cuillerée à soupe
Sel et poivre	
Muscade en poudre	
Vin rouge	25 cl
Purée de tomates ou sauce tomate diluée dans un peu de bouillon *(page 167)*	25 cl
Haricots secs rouges ou blancs mis à tremper une nuit dans de l'eau et cuits jusqu'à ce qu'ils soient tendres	500 g

Dans une casserole à fond épais, faites chauffer l'huile puis blondir l'ail avec les feuilles de sauge. Ajoutez le porc et assaisonnez de sel, de poivre et de muscade. Dès que la viande est bien dorée, versez le vin et laissez cuire à feu doux jusqu'à ce qu'il se soit évaporé presque complètement. Mettez la sauce tomate et laissez également évaporer une bonne part du liquide — en n'oubliant pas, toutefois, qu'en fin de cuisson la viande doit avoir beaucoup de sauce. Quinze minutes avant d'ôter du feu, ajoutez les haricots cuits séparément.

MARIÙ SALVATORI DE ZULIANI
LA CUCINA DI VERSILIA E GARFAGNANA

Porc braisé à la bière

Schweinskeule in Bier Geschmort

Pour 4 personnes

Jambonneau désossé et coupé en cubes	500 g
Sel	
Saindoux ou graisse de rôti	80 g
Oignon haché menu	1
Bière	25 cl
Farine	2 cuillerées à soupe
Tranche de pain noir émiettée	1
Citron, zeste râpé	1
Gousse d'ail pilée	1
Graines de carvi	½ cuillerée à café

Salez la viande et faites-la revenir sur toutes ses faces dans le saindoux. Ajoutez l'oignon, la bière et couvrez presque entièrement d'eau. Couvrez et faites braiser à feu doux pendant 1 heure 30 minutes jusqu'à ce que la viande soit tendre. Sortez-la et gardez-la au chaud. Délayez la farine avec un peu de bière ou de sauce et incorporez-la dans la casserole. Ajoutez le pain, le zeste de citron, l'ail et le carvi et faites épaissir en remuant jusqu'à ce que la sauce ait réduit à la consistance désirée. Passez-la, faites réchauffer la viande dedans et servez avec accompagnement de quenelles ou de pommes de terre.

JOZA BŘÍZOVÁ ET MARYNA KLIMENTOVÁ
TSCHECHISCHE KÜCHE

Porc à la sauce rouge

Babi Mérah

Pour faire le santen, ou lait de coco épais, râpez 100 g environ de noix de coco fraîche, mouillez avec 30 cl d'eau bouillante, laissez 5 minutes et filtrez à travers une étamine que vous tordez vigoureusement pour extraire tout le lait.

Pour 4 personnes

Porc maigre désossé (longe ou épaule) et coupé en dés	500 g
Piments chiles rouges coupés en 2 dans le sens de la longueur et blanchis pendant 8 minutes	8
Gousses d'ail pilées	4
Oignons hachés	2
Tranches de *laos* (amandes de terre)	5
Seréh (jonc odorant) haché	1 cuillerée à soupe
Terasi (pâte indonésienne de crevettes séchées) émietté	½ cuillerée à café
Asem (pulpe ou gelée de tamarin)	1 cuillerée à café
Sel	
Saindoux ou huile végétale	60 g
Santen	25 cl

Dans un mortier, pilez les piments égouttés avec l'ail, les oignons, le *laos*, le *seréh*, le *terasi* et l'*asem* jusqu'à obtention d'une pâte homogène. Salez selon le goût.

Dans une casserole contenant le saindoux ou l'huile préalablement chauffés, faites revenir cette pâte piquante pendant 5 minutes à feu modéré, en remuant de temps en temps. Ajoutez la viande et faites-la dorer sur toutes ses faces. Ajoutez le *santen* et faites mijoter de 15 à 20 minutes sans cesser de remuer, jusqu'à ce que la sauce épaississe et que la viande soit tendre.

Ce plat se sert avec un *rijsttafel* indonésien, c'est-à-dire du riz cuit à l'eau et un plat de légumes indonésien.

J.M.J. CATENIUS-VAN DER MEIJDEN
GROOT NIEUW VOLLEDIG INDISCH KOOKBOEK

Porc braisé au cumin, à la coriandre et au citron

Rojoes cominho

Pour 4 personnes

Porc maigre désossé, coupé en dés de 2,5 cm et bien épongé avec des serviettes en papier	1 kg
Cumin en poudre	1½ cuillerée à café
Coriandre fraîche hachée menu	2 cuillerées à soupe
Fines rondelles de citron coupées en 4	5
Saindoux	1 cuillerée à soupe
Vin blanc sec	15 à 20 cl
Ail haché menu	½ cuillerée à café
Sel	1 cuillerée à café
Poivre du moulin	

Dans un poêlon à fond épais, de 25 à 30 cm de diamètre, faites fondre le saindoux à feu vif. Quand il grésille, ajoutez les dés de porc et faites-les rissoler en les retournant fréquemment avec une grande cuillère et en réglant la flamme de manière qu'ils dorent rapidement et uniformément sans carboniser. Ajoutez 10 cl de vin, le cumin, l'ail, le sel et une pincée généreuse de poivre du moulin. Portez à ébullition à feu vif, puis couvrez et laissez mijoter à feu doux pendant 25 minutes, jusqu'à ce que la viande soit tendre et n'offre aucune résistance à la pointe d'un couteau. Ajoutez le reste de vin et le citron et faites légèrement épaissir à feu vif, sans cesser de remuer la viande et le citron. Incorporez la coriandre et goûtez l'assaisonnement. Servez sur un grand plat chaud.

LES RÉDACTEURS DES ÉDITIONS TIME-LIFE
FOODS OF THE WORLD / THE COOKING OF SPAIN AND PORTUGAL

Porc braisé au miel

Shikar Korma

Pour 6 personnes

Longe de porc désossée et coupée en petits morceaux	1 kg
Miel	1 ½ cuillerée à soupe
Beurre clarifié	60 g
Eau	25 cl
Sel	½ cuillerée à café
Echalotes moyennes hachées	4
Curcuma	½ cuillerée à café
Poivre	½ cuillerée à café
Zeste d'orange râpé	1 cuillerée à café
Zeste de citron râpé	1 cuillerée à café
Yogourt fouetté jusqu'à ce qu'il soit lisse	15 cl
Gousse d'ail pilée	1
Gousses de cardamome, graines extraites et pilées	4
Bâton de cannelle cassé et pilé	1 cm
Macis en poudre	2 pincées

Faites chauffer une casserole à fond épais à feu modéré et mettez-y le miel. Remuez-le jusqu'à ce qu'il attache au fond sans caraméliser. Mettez le beurre et, quand il est chaud, ajoutez le porc. Faites-le dorer en remuant, à feu modéré, pendant 10 minutes environ. Mouillez avec l'eau, salez, amenez à ébullition et faites mijoter à feu doux à découvert pendant 40 minutes environ. Ensuite, faites évaporer tout le liquide contenu dans la casserole, en mettant à feu plus vif si besoin est. Ajoutez les échalotes, le curcuma, le poivre et les zestes. Laissez cuire à feu modéré, en remuant, jusqu'à ce que le beurre se sépare. A ce moment-là, ajoutez le yogourt petit à petit, en remuant bien, jusqu'à ce qu'il soit entièrement absorbé et que le beurre se sépare à nouveau de la sauce. Ajoutez l'ail, la cardamome et la cannelle. Laissez cuire encore 1 minute à feu modéré. Saupoudrez de macis, couvrez hermétiquement et passez au four préchauffé à 150° (2 au thermostat) 15 minutes avant de servir.

DHARAMJIT SINGH
INDIAN COOKERY

Porc à la vietnamienne

Pork Stew

Le nuoc mam est l'une des nombreuses sauces de poisson fermenté utilisées dans la cuisine d'Extrême-Orient. Pour faire le sirop de caramel, faites bouillir du sucre en poudre dans un peu d'eau (à raison de 1 cuillerée à café d'eau pour 50 g de sucre environ) jusqu'à ce qu'il soit caramélisé.

Ce plat peut se préparer à l'avance et se réchauffer plusieurs fois. Il se conserve bien au réfrigérateur pendant une semaine environ. On peut également le congeler.

Pour 6 personnes

Jambonneau maigre frais, désossé et coupé en petits morceaux	1 kg
Echalotes hachées menu	2
Sel	1 cuillerée à café
Sucre en poudre	1 cuillerée à soupe
Sirop de caramel	1 cuillerée à café
Poivre	2 pincées
Nuoc mam	4 cuillerées à soupe
Eau	1,5 litre

Mélangez les échalotes avec le sel, le sucre, le sirop de caramel, le poivre et le *nuoc mam* et versez cette préparation sur les morceaux de jambonneau frais. Laissez mariner 1 heure à température ambiante.

Dans une casserole à fond épais, amenez l'eau à ébullition. Ajoutez le porc et sa marinade et faites reprendre l'ébullition. Écumez, mettez sur feu modéré ou doux, couvrez et laissez mijoter 3 heures environ, jusqu'à ce que la viande soit tendre. Servez chaud avec du riz et de la salade.

JILL NHU HUONG MILLER
VIETNAMESE COOKERY

Bäckeofe

Suivant le goût on peut ajouter, en plus de la viande indiquée, une queue et un pied de porc. Pour justifier son nom, ce mets devrait être cuit dans un four de boulanger.

Pour 6 à 8 personnes

Echine ou épaule de porc	500 g
Epaule de mouton désossée	500 g
Poitrine de bœuf désossée ou paleron	500 g
Pommes de terre émincées	1 kg
Oignons émincés	250 g
Sel	
Vin blanc d'Alsace sec	50 cl
Marinade :	
Vin blanc d'Alsace sec	20 cl
Oignons hachés	3
Gousses d'ail pilées	2
Bouquet garni	1
Poivre	

Détailler la viande en morceaux égaux comme pour une estouffade et la mettre à mariner pendant 24 heures avec le vin, les oignons, l'ail, le bouquet garni et le poivre.

Dans une cocotte en terre, disposer une couche de pommes de terre, ensuite les viandes, les oignons, puis une nouvelle couche de pommes de terre et d'oignons émincés. Mouiller avec le vin blanc. Fermer la terrine avec son couvercle et faire cuire au four du boulanger ou dans un four préchauffé à 170° (3 au thermostat) 2 heures à 2 heures 30 minutes. Servir tel quel dans la terrine où s'est effectuée la cuisson.

JOSEPH KOSCHER, ET AL
LES RECETTES DE LA TABLE ALSACIENNE

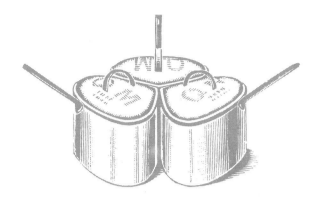

La cocotte du gros cochon

The Fat Pig Casserole

Pour nettoyer les oreilles et les pieds de porc, flambez-les de manière à brûler le duvet. Grattez bien, saupoudrez de sel et faites-le pénétrer en frottant. Rincez abondamment à l'eau froide et épongez.

Pour 8 personnes

Porc maigre désossé et coupé en dés de 2,5 cm	500 g
Oreilles de porc coupées en 2	2
Pieds de porc grossièrement hachés	2
Lard maigre émincé	125 g
Huile	3 cuillerées à soupe
Beurre	30 g
Oignon émincé	1
Vin blanc sec	15 cl
Branches de céleri hachées menu	2
Carottes hachées menu	2
Chou coupé en 4	1
Saucisses de porc très épicées coupées en tranches	350 g

Dans un fait-tout, mettez les viandes à l'exception des dés de porc, couvrez-les d'eau et faites-les mijoter 1 heure. Retirez-les avec une écumoire et réservez le bouillon. Détaillez les oreilles en julienne et désossez les pieds.

Dans une grande sauteuse contenant l'huile et le beurre préalablement chauffés, faites blondir l'oignon, puis mettez les dés de porc à dorer sur toutes leurs faces. Ajoutez le vin, le céleri, les carottes, les oreilles et les pieds, le lard et 40 cl de bouillon de cuisson. Faites cuire 30 minutes à découvert et à petit feu. Posez les quartiers de chou sur les viandes et laissez cuire 30 minutes. Ajoutez les saucisses, couvrez et faites braiser 20 minutes. Enlevez l'excès de gras avant de servir.

JANA ALLEN ET MARGARET GIN
OFFAL

Petit salé aux haricots

Plockfinken

Si vous ne trouvez pas de petit salé, préparez-le vous même avec n'importe quel morceau de porc. Après plusieurs jours de macération dans de la saumure liquide ou sèche (page 12), la viande sera assez salée pour cette recette.

Pour 6 personnes

Petit salé	750 g
Haricots blancs secs mis à tremper dans de l'eau pendant une nuit	250 g
Cœur de porc coupé en dés	250 g
Rognon de porc coupé en dés	250 g
Poireaux hachés	200 g
Carottes hachées	200 g
Pommes de terre coupées en dés	500 g
Haricots d'Espagne coupés en petits morceaux	500 g
Sel et poivre	
Vinaigre	
Persil haché	
Farine	2 cuillerées à soupe

Mettez la viande dans une grande casserole, couvrez-la généreusement d'eau et amenez à ébullition. Laissez mijoter 30 minutes. Ajoutez les haricots trempés, le cœur, le rognon, les poireaux et les carottes et faites cuire 20 minutes. Ajoutez ensuite les pommes de terre et faites cuire encore 15 minutes, jusqu'à ce qu'elles soient presque cuites. Ajoutez les haricots d'Espagne et laissez-les cuire 15 minutes.

Enlevez le petit salé, coupez-le en petits morceaux et réservez. Assaisonnez le liquide de cuisson avec du sel, du poivre et du vinaigre et incorporez du persil selon le goût. Délayez la farine dans un peu de liquide de cuisson, incorporez-la et faites épaissir le liquide en sauce pendant 10 minutes environ. Remettez les morceaux de petit salé dans cette sauce, réchauffez et servez.

JUTTA KÜRTZ
DAS KOCHBUCH AUS SCHLESWIG-HOLSTEIN

Porc en cocotte

Cassoeula

Les saucisses de Lugano sont des saucisses de porc fines et allongées. Vous pouvez les remplacer par des saucisses préparées avec du porc frais (saucisse de Lyon, par exemple). Si elles sont très grandes, coupez-les en morceaux avant de les faire cuire.

Pour 6 personnes

Porc maigre coupé en tranches épaisses	1 kg
Oreille de porc lavée, flambée et coupée en 2	1
Pied de porc lavé et grossièrement haché avec un couperet	1
Porc gras ou débris de lard coupés en gros morceaux	250 g
Saucisses de Lugano	6
Sel	
Huile d'olive	1 cuillerée à soupe
Beurre	30 g
Oignon émincé	1
Vin blanc sec	10 cl
Branches de céleri hachées menu	2
Carottes hachées menu	2
Chou blanc coupé en 4 et débarrassé du trognon	1,500 kg
Poivre	

Mettez l'oreille, le pied et le porc gras dans une grande casserole pleine d'eau, salez et faites cuire 1 heure à feu doux. Avec une écumoire, retirez la viande et les os. Coupez l'oreille en lanières. Réservez le liquide de cuisson.

Dans une cocotte à fond épais contenant l'huile et le beurre chauds, faites dorer l'oignon, puis faites revenir les tranches de porc maigre sur les 2 faces. Ajoutez le vin, le céleri, les carottes, l'oreille, le pied, le porc gras et 40 cl du liquide de cuisson réservé. Laissez mijoter 30 minutes.

Faites cuire le chou de 10 à 15 minutes dans de l'eau bouillante salée. Égouttez-le soigneusement et posez-le sur les viandes. Laissez cuire 30 minutes, ajoutez les saucisses et laissez encore 20 minutes sur le feu. Dégraissez de temps en temps et vérifiez l'assaisonnement.

Ce plat ne doit pas être trop liquide. Servez-le dans la cocotte de cuisson.

ADA BONI
ITALIAN REGIONAL COOKING

Porc au riz, aux oignons et aux tomates

Pork with Rice, Onions and Tomatoes

Ce plat peut se préparer plusieurs heures à l'avance, ou même la veille. Vous le réchaufferez au bain-marie pendant une demi-heure au moins, de façon que la chaleur pénètre bien à l'intérieur. Vous incorporerez le fromage au tout dernier moment.

Pour 6 personnes

Porc maigre coupé en dés	1,500 kg
Riz	250 g
Oignons émincés	175 g
Tomates pelées et hachées	500 g
Lard coupé en bâtonnets de 4 cm	125 g
Huile d'olive	2 cuillerées à soupe
Bière blonde anglaise	30 cl
Bouillon de volaille	40 cl
Sel et poivre	
Gousses d'ail pilées	4
Safran ou curcuma	
Thym	½ cuillerée à café
Feuille de laurier émiettée	1
Parmesan râpé	125 g

Faites blanchir le lard pendant 10 minutes. Égouttez-le, épongez-le et faites-le légèrement revenir dans une poêle contenant l'huile d'olive, à feu modéré. Mettez-le dans une cocotte. Essuyez les dés de porc avec du papier absorbant et faites-les dorer par petites quantités dans la graisse rendue par le lard, à feu vif. Mettez-les dans la cocotte au fur et à mesure. Faites blondir les oignons dans la poêle, à feu modéré, puis ajoutez-les dans la cocotte. Retirez les ingrédients de la poêle avec une écumoire pour égoutter l'huile.

La poêle étant toujours sur feu modéré, mélangez le riz à l'huile avec une cuillère en bois jusqu'à ce qu'il prenne une coloration laiteuse. Enlevez-le et mettez-le dans une terrine. Dégraissez la poêle au maximum et déglacez-la avec la bière, à feu vif, en raclant les fragments caramélisés au fond et sur les parois avec une cuillère en bois. Quand la poêle est bien nettoyée et que l'écume a disparu, versez le jus déglacé dans la cocotte. Mouillez avec le bouillon de volaille de manière que la viande soit couverte. Salez et poivrez. Ajoutez l'ail, le safran et les herbes. Amenez à frémissement, couvrez hermétiquement, mettez la cocotte sur la grille la plus basse du four préchauffé à 170° (3 au thermostat) et laissez braiser 1 heure. Sortez la cocotte du four et incorporez les tomates. Amenez à nouveau à frémissement sur le feu et remettez au four à 130° (½ au thermostat) de 1 heure 30 minutes à 2 heures, jusqu'à ce que la viande soit tendre. Sortez la cocotte du four, réservez et portez la température à 190° (5 au thermostat).

Le peu de graisse contenu dans la cocotte doit avoir remonté à la surface : inclinez la cocotte et dégraissez. Il doit vous rester de 40 à 60 cl de liquide. Ajoutez le riz (en versant du bouillon si le contenu de la cocotte vous semble trop sec). Amenez à nouveau à frémissement sur le feu, couvrez et remettez au four. Le contenu de la cocotte doit frémir pendant au moins 20 minutes pour que le riz cuise; ne remuez surtout pas et ne touchez à rien pendant la cuisson. Sortez la cocotte du four et rectifiez l'assaisonnement. Juste avant de servir, incorporez délicatement le fromage de façon qu'il imprègne bien le plat.

BILL RICE
FAR FLUNG FOOD

Riz au porc

Arroz con carne de cerdo

Pour 4 à 6 personnes

Porc maigre désossé et coupé en dés de 2,5 cm	500 g
Riz à grains longs	400 g
Gousses d'ail pilées	3
Oignon moyen haché menu	1
Piment chile frais, rouge ou vert, épépiné et haché	1
Feuille de laurier émiettée	1
Persil haché, de préférence à feuilles plates	1 cuillerée à soupe
Vinaigre blanc distillé	2 cuillerées à soupe
Sel	
Jambon grossièrement haché	30 g
Tranches de lard grossièrement hachées	2
Saindoux	4 cuillerées à soupe
Purée de tomates	5 cuillerées à soupe
Câpres	1 cuillerée à soupe
Petites olives vertes fourrées de piment et coupées en 2	12
Eau bouillante	90 cl

Mélangez le porc avec l'ail, l'oignon, le piment, le laurier, le persil, le vinaigre, le sel, le jambon et le lard et laissez mariner 1 heure environ.

Dans une casserole à fond épais contenant le saindoux chaud, faites revenir cette préparation de 2 à 3 minutes. Ajoutez la purée de tomates, le riz, les câpres, les olives et l'eau bouillante. Remuez pour mélanger, amenez à ébullition, couvrez et faites cuire à feu très doux pendant 20 minutes environ, jusqu'à ce que le riz soit tendre et ait absorbé presque tout le liquide.

ELISABETH LAMBERT ORTIZ
CARIBBEAN COOKERY

Bigos polonais

Bigos Polski

Le *bigos* peut se préparer avec toutes les sortes de viande, de gibier ou de viande fumée: plus elles seront variées, meilleur il sera. La saveur de ce plat sera rehaussée par l'adjonction de vin rouge. Vous pouvez le faire uniquement avec de la choucroute, sans chou frais.

Pour 6 personnes

Porc maigre désossé en un seul morceau	200 g
Veau maigre en un seul morceau	200 g
Lard fumé en un seul morceau	100 g
Kielbasa (saucisse polonaise) débarrassée de la peau et coupée en tranches	250 g
Choucroute hachée menu	400 g
Chou frais lavé et haché menu	400 g
Champignons séchés mis à tremper dans de l'eau chaude 20 minutes, égouttés et hachés	10 g
Sel	
Saindoux	30 g
Oignon haché	50 g
Couenne de porc coupée en dés et rissolée, graisse réservée	50 g
Farine	3 cuillerées à soupe
Purée de tomates	10 cl
Poivre	
Sucre en poudre (facultatif)	

Couvrez la choucroute d'une petite quantité d'eau bouillante et faites-la cuire 1 heure à couvert. Pendant ce temps, faites cuire le chou frais avec les champignons de 30 à 40 minutes dans une petite quantité d'eau bouillante, à couvert.

Salez le porc et le veau, faites-les revenir de tous les côtés dans le saindoux chaud avec le lard, puis ajoutez ces viandes à la choucroute et laissez-les cuire 40 minutes environ, jusqu'à ce qu'elles soient tendres. Quand elles sont cuites, retirez-les, coupez-les en dés et réservez.

Faites revenir l'oignon dans la graisse de la couenne, ajoutez la farine et remuez pour mélanger. Incorporez ce roux à la choucroute avec le chou et les champignons, les tranches de saucisse, les dés de viande et la purée de tomates. Salez, poivrez et sucrez selon le goût. Réchauffez bien et servez.

HELENA HAWLICZKOWA
KUCHNIA POLSKA

Casserole de porc à la polonaise
Suropieki

Pour 4 personnes

Escalopes de porc aplaties	600 g
Sel	
Farine	50 g
Saindoux	50 g
Persil haché	1 cuillerée à soupe

Sauce à la bière :

Racine de persil de Hambourg coupée en julienne ou grossièrement râpée	1
Oignon émincé	1
Betterave coupée en julienne ou grossièrement râpée	1
Carotte coupée en julienne ou grossièrement râpée	1
Branche de céleri émincée	1
Champignons émincés	75 g
Saindoux	50 g
Bière	50 cl
Purée de tomates	4 cuillerées à soupe
Crème aigre	10 cl
Raisins secs	2 cuillerées à soupe
Pruneaux mis à gonfler dans de l'eau chaude et dénoyautés	50 g
Bouquet de thym, livèche, piment chile séché et baies de genévrier (facultatif) enveloppés dans un nouet	1
Citron, jus passé	1
Sel et poivre	
Pomme épluchée, évidée et coupée en morceaux	1

Garniture :

Tranches de pain blanc	4
Lait	10 cl
Œuf légèrement battu	1
Beurre	40 g

Farinez les escalopes, salez-les et faites-les revenir de chaque côté dans une sauteuse contenant le saindoux, à feu vif.

Pour la sauce, faites cuire les légumes dans le saindoux préalablement chauffé, à feu modéré, jusqu'à ce qu'ils soient tendres, puis ajoutez la bière, la purée de tomates que vous aurez mélangée à la crème aigre et les raisins secs. Réservez quelques pruneaux pour la garniture et ajoutez le reste avec le nouet d'aromates et le jus de citron. Salez et poivrez légèrement. Ajoutez les escalopes dorées et faites-les mijoter 40 minutes environ à feu doux, jusqu'à ce qu'elles soient tendres. Environ 10 minutes avant la fin de la cuisson, incorporez les morceaux de pomme.

Pour la garniture, trempez les tranches de pain dans le lait puis dans l'œuf et faites-les dorer dans le beurre chaud.

Pour servir, posez les escalopes sur les tranches de pain dorées, nappez-les de sauce, saupoudrez-les de persil haché et décorez-les avec les pruneaux réservés.

B. SNAGLEWSKA ET I. ZAHORSKA
POTRAWY STAROPOLSKIE I REGIONALNE

La potée du cocher
Hökarepanna

Pour 4 à 6 personnes

Echine de porc coupée en tranches de 0,5 cm d'épaisseur	350 g
Beurre	30 g
Huile	2 cuillerées à soupe
Oignons moyens émincés	3
Rognons d'agneau (ou 1 rognon de veau ou 2 rognons de porc)	4
Bière	30 cl
Bouillon de bœuf *(page 167)*	30 cl
Sucre en poudre	2 cuillerées à café
Pommes de terre émincées et mises à tremper dans de l'eau froide afin qu'elles ne noircissent pas	1 kg
Sel et poivre du moulin	
Feuille de laurier	1

Préchauffez le four à 180° (4 au thermostat). Dans une sauteuse à fond épais de 20 à 30 cm de diamètre, faites chauffer le beurre et l'huile à feu modéré, mettez-y les oignons et faites-les cuire jusqu'à ce qu'ils soient tendres et légèrement dorés. Mettez-les dans un plat. Ajoutez du beurre et de l'huile dans la sauteuse, si besoin est, et faites rapidement rissoler les rognons et les tranches de porc, en les retournant plusieurs fois pour qu'ils brunissent uniformément. Retirez les viandes et coupez les rognons en tranches de 0,5 centimètre d'épaisseur. Déglacez la sauteuse : versez la bière, le bouillon et le sucre et faites bouillir le tout à feu vif de 2 à 3 minutes en raclant le fond et les parois de la sauteuse pour détacher le gratin. Enlevez du feu et réservez.

Égouttez les pommes de terre. Dans une cocotte de 2,5 litres, alternez des couches de pommes de terre, de viande et d'oignon en terminant par une couche d'oignon. Salez et poivrez chaque couche et posez le laurier au milieu de la couche supérieure. Versez le jus déglacé de manière à couvrir à peine la dernière couche, en ajoutant du bouillon si besoin est. Amenez à ébullition à feu vif et faites cuire à découvert au milieu du four pendant 1 heure 40 minutes environ, jusqu'à ce que les pommes de terre de la couche supérieure soient dorées et tendres lorsqu'on les pique avec la pointe d'un couteau. Servez directement dans la cocotte.

LES RÉDACTEURS DES ÉDITIONS TIME-LIFE
FOODS OF THE WORLD-THE COOKING OF SCANDINAVIA

Goulash de porc

Sikulskỳ Guláš

Pour 4 personnes

Porc maigre désossé coupé en dés	500 g
Pied de porc coupé en 4	1
Oignons hachés	80 g
Saindoux	60 g
Paprika de Hongrie	1 cuillerée à soupe
Graines de carvi	1 cuillerée à soupe
Gousse d'ail pilée	1
Sel	
Choucroute	400 g
Crème aigre	15 cl
Farine de maïs	2 cuillerées à soupe
Citron, jus passé	

Faites revenir les oignons dans le saindoux 10 minutes environ, jusqu'à ce qu'ils soient dorés. Ajoutez le paprika, le carvi, l'ail, 10 cl d'eau environ et le pied de porc. Salez,

couvrez et laissez mijoter 10 minutes. Salez les dés de porc et ajoutez-les. Laissez cuire encore 30 minutes, en ajoutant un peu d'eau si besoin est. Ajoutez ensuite la choucroute, couvrez et laissez mijoter pendant 1 heure 30 minutes environ, jusqu'à ce que la viande et la choucroute soient très tendres.

Juste avant de servir, incorporez la crème aigre dans laquelle vous aurez délayé la farine et faites épaissir à feu modéré, sans cesser de remuer. Rectifiez l'assaisonnement avec du sel et le jus de citron. Servez.

VOJTECH ŠPANKO
SLOVENSKÁ KUCHÁRKA

Porc braisé aux légumes

Ghiveciu

Pour 6 à 8 personnes

Epaule de porc désossée, parée et coupée en gros morceaux carrés	1 kg
Saindoux	60 g
Oignons émincés	2
Petit chou coupé en 2, débarrassé du trognon et coupé en morceaux	1
Grosse carotte coupée en dés	1
Racine de persil de Hambourg coupée en dés	1
Céleri-rave coupé en dés	½
Gombos parés aux extrémités	125 g
Haricots blancs frais (ou 60 g de haricots secs mis à tremper dans de l'eau une nuit et égouttés)	125 g
Petits pois frais écossés	125 g
Petite courgette coupée en dés	1
Petite aubergine coupée en dés	1
Pommes de terre coupées en dés	2 ou 3
Poivron vert coupé en dés	1
Petit chou-fleur divisé en bouquets	1
Grosses tomates coupées en tranches	2 ou 3
Sel et poivre	

Dans une poêle contenant le saindoux, faites revenir les oignons de 3 à 4 minutes, puis ajoutez la viande et faites-la dorer. Mélangez tous les légumes dans une terrine.

Dans un grand plat en terre, alternez des couches de viande et d'oignon avec des couches de légumes. Salez et poivrez. Déglacez la poêle avec un peu d'eau, faites chauffer en remuant et versez le jus déglacé dans le plat. Couvrez et faites braiser 2 heures au four préchauffé à 180° (4 au thermostat), en secouant le plat de temps en temps. Découvrez pendant les 20 dernières minutes pour faire dorer la surface et absorber le jus. Servez dans le plat de cuisson.

SANDA MARIN
CARTE DE BUCATE

Carré et filet de porc frais

Pour 6 à 8 personnes

Carré de porc frais	1,500 kg
Carottes	2
Oignon piqué de 2 clous de girofle	1
Tête d'ail	1
Blancs de poireaux	2
Branche de céleri	1
Sel	
Saindoux	2 à 3 cuillerées à soupe

Ne pas désosser le carré, mais faire donner un trait de scie, tous les 3 centimètres, sur l'os de l'échine, pour faciliter le découpage. Mettre le carré dans une marmite ou daubière avec carottes, oignon, tête d'ail, blancs de poireaux, branche de céleri comme il est pratiqué pour un pot-au-feu. Mouiller avec de l'eau froide en couvrant de deux doigts au-dessus de la hauteur. Saler à raison de 10 grammes de sel par litre d'eau, c'est-à-dire à point. Mettre à ébullition, écumer et ranger sur le coin du feu pour poursuivre le pochage très lentement à 80°, c'est-à-dire sans ébullition.

Temps de cuisson: 25 à 30 minutes par kilo suivant l'épaisseur de la pièce. Quand le carré est poché à point, l'égoutter et le mettre dans un plat à rôtir où fume le saindoux; l'en arroser et le mettre au four très chaud (230° à 240°, 8 à 9 au thermostat) pour le faire rissoler rapidement.

Servir avec sauce Robert *(page 15)* ou piquante.

PAUL BOCUSE
LA CUISINE DU MARCHÉ

Porc braisé au jus de raisin

Arrosto di maiale all'uva

Pour faire du jus de raisin frais, pressez à la main 1 kg de raisins blancs, car le presse-fruits risque d'extraire le goût amer des pépins. Pour exprimer le plus de jus possible, vous pouvez tordre les fruits dans un linge.

Pour 4 personnes

Longe ou filet de porc désossés, roulés et ficelés	1 kg
Jus de raisin frais	25 cl
Huile d'olive	6 cuillerées à soupe
Sel et poivre	

Huilez légèrement la viande et faites-la revenir uniformément, à feu vif, dans une casserole profonde contenant le reste d'huile. Quand elle est bien dorée, ajoutez le jus de raisin. Couvrez, baissez le feu et faites mijoter à feu très doux pendant 1 heure 30 minutes. Vous obtiendrez une viande délicatement parfumée, avec une sauce épaisse et légèrement acidulée. Rectifiez l'assaisonnement de la sauce avec du sel et du poivre, versez-la sur la viande et servez.

PIER ANTONIO SPIZZOTIN (RÉDACTEUR)
I QUADERNI DEL CUCCHIAIO D'ARGENTO-GLI ARROSTI

Porc épicé

Spiced Pork

Ce plat est meilleur froid et peut se manger dans des petits pains aux graines de sésame ou dans des crêpes chinoises.

Pour 6 personnes

Porc maigre désossé ou lard maigre avec sa couenne	600 g
Pâte de soja	2 cuillerées à soupe
Sauce de soja	3 cuillerées à soupe
Vin chinois ou xérès	1 cuillerée à soupe
Morceau de badiane	1
Eau bouillante	50 cl
Sucre cristallisé ou sucre semoule	60 g

Épongez le porc, enduisez-le de pâte de soja sur toutes ses faces et laissez-le mariner de 2 à 3 heures. Dans un grand fait-tout, amenez à ébullition la sauce de soja avec le vin et la badiane. Ajoutez le porc et versez l'eau bouillante. Amenez à ébullition à feu vif, puis baissez le feu et faites cuire 30 minutes à découvert. Sucrez et laissez mijoter le tout encore 1 heure.

Retournez souvent la viande pendant la cuisson. Quand la

sauce a réduit à 10 cl et est assez épaisse, enlevez du feu et laissez refroidir dans le fait-tout. Découpez le porc, dressez les tranches sur un plat et nappez-les de sauce.

FU PEI MEI
PEI MEI'S CHINESE COOKBOOK

Le rôti de cochon

L'avantage de ce rôti, outre que cette cuisson le rend tendre et plein de saveurs, c'est qu'il ne «fond» pas, ne diminue pas comme un rôti cuit au four. La graisse et le jus des légumes de cuisson feront à un ragoût un assaisonnement tout prêt qui vous étonnera par son bouquet. Sur du pain bis ou des «toasts» pour parler anglais (chez nous on y a droit), si vous étendez la graisse maniée avec le jus, vous vous pourlécherez de ce concentré de parfums fixés par le gras. Je l'ai fait souvent et ne m'en suis jamais rassasiée. Pour les repas, les pique-niques, la chasse, la pêche, n'allez surtout pas chercher d'autre façon de cuire vos rôtis de cochon. Je vous garantis que cette recette vous donnera pleine satisfaction.

Pour 6 à 8 personnes

Filet ou échine de porc désossés	2 kg
Gousses d'ail	2
Sel et poivre	
Oignon piqué de 2 clous de girofle	1
Belles carottes	2
Poireaux	2
Bouquet garni	1

Avec un petit couteau pointu, insérez des lamelles d'ail dans la viande. Salez, poivrez, ficelez votre viande. Oubliez-la une nuit. Le lendemain, couchez le rôti dans une cocotte en fonte, recouvert d'eau, avec l'oignon clouté, les carottes, les poireaux, le bouquet garni, sel et poivre. Amener à ébullition, baisser le feu, couvrir et laisser mijoter. Après 1 heure, découvrir la cocotte et laisser bouillir le rôti 1 heure environ en le tournant de temps en temps jusqu'à complète évaporation de l'eau; il est alors cuit. Le dorer très légèrement à petit feu dans le jus graisseux et parfumé. L'installer à refroidir sur un plat où vous le laisserez reposer 24 heures avant de le

couper en tranches fines et de le servir avec une salade de laitue ou de cresson ou, mieux, de doucette (mâche).

ZETTE GUINAUDEAU-FRANC
LES SECRETS DES FERMES EN PÉRIGORD NOIR

Le jambon braisé sauce à la crème

Pour dessaler et cuire un jambon fumé entier, reportez-vous aux explications données à la page 60.

Pour 10 à 20 personnes

Jambon fumé entier	1
Carottes coupées en petits dés	250 g
Branche de céleri coupée en petits dés	1
Oignons coupés en petits dés	250 g
Os d'échine de veau coupés très minces	500 g
Cous de volailles coupés en morceaux	4
Beurre	60 g
Vin blanc	50 cl
Madère	30 cl
Bouillon de veau *(page 167)*	30 cl
Tomates fraîches coupées en 2 et pressées	4
Bouquet garni	1
Sucre glace	
Crème fraîche	75 cl
Sel et poivre	

Cuire le jambon à l'eau mais le retirer aux ¾ de sa cuisson. Le découenner, et enlever l'excédent de gras.

Le mettre dans une braisière, garnie de la fine mirepoix de légumes, des os d'échine de veau, des cous de volaille (poulet), le tout revenu dans la moitié du beurre pendant 10 minutes. Mouiller avec le vin blanc.

Laisser découvert au four préchauffé à 190° (5 au thermostat) pendant 30 minutes jusqu'à évaporation complète du vin blanc. Mouiller ensuite d'¼ de litre de madère, du bouillon de veau, les tomates, bouquet garni. Faire prendre l'ébullition à feu vif, couvrir la braisière et placer au four préchauffé à 180° (4 au thermostat) pendant 1 heure environ. Arroser de temps en temps. Retourner le jambon de temps à autre.

Retirer le jambon de la braisière et le passer au four après avoir semé sa surface d'un peu de sucre glace pour activer la coloration. Le fond de la cuisson est passé au chinois pour faire une sauce crème. Réduire ce fond de 50%. Ajouter 50% de crème fraîche. Rectifier l'assaisonnement. Hors du feu, ajouter le reste de beurre et de madère et le reste de crème fraîche demi-fouettée.

Couper le jambon en tranches, le reformer. Napper de cette sauce et faire gratiner au four préchauffé à 240° (9 au thermostat) pendant quelques minutes.

ALEXANDRE DUMAINE
MA CUISINE

Épaule de porc entière « rouge »

Red-cooked Whole Shoulder of Pork

Les plats « rouges » sont particulièrement populaires dans la région de Shanghai et de Sou-Tcheou et offrent le grand avantage d'être encore meilleurs que les restes, qu'ils soient chauds ou froids. Avec la cuisson au rouge, le porc doit être tendre et juteux et peut se manger sans couteau: la viande doit se détacher des os avec des baguettes. Après un repas, désossez la viande, aplatissez-la dans un plat, mettez-la au réfrigérateur et coupez-la en tranches quand elle est froide.

Pour 8 à 10 personnes

Epaule de porc avec sa couenne	2,500 à 3 kg
Pétales séchés de fleurs de lys	30
Champignons noirs séchés	30 g
Champignons chinois séchés	30 g
Xérès sec	10 cl
Sauce de soja	10 cl
Sel	1 cuillerée à café
Tranches de gingembre frais	4
Ciboules coupées en tronçons de 5 cm	2
Sucre candi ou cassonade	45 g

Lavez l'épaule à l'eau froide. Pendant ce temps, amenez à ébullition 4 litres d'eau environ dans une grande casserole. Immergez l'épaule dans cette eau bouillante, faites reprendre l'ébullition et laissez bouillir 10 minutes. Lavez et rincez la viande à l'eau froide pour enlever l'écume.

Faites tremper les fleurs de lys et les champignons noirs séchés dans 25 cl d'eau chaude pendant 20 minutes puis égouttez-les. Faites tremper les champignons chinois dans 25 cl d'eau chaude pendant 20 minutes, équeutez-les et gardez les chapeaux intacts.

Mettez une grille en bambou ou 2 baguettes au fond d'une marmite d'une contenance de 6 litres. Posez l'épaule de porc sur cette grille ou sur ces baguettes, mettez sur feu vif et ajoutez le xérès, la sauce de soja, le sel, les tranches de gingembre et les ciboules. Versez 1,5 litre d'eau froide et amenez à ébullition. Couvrez, mettez sur feu modéré ou doux et laissez mijoter 4 heures, en arrosant et en vérifiant la cuisson toutes les heures. Ajoutez les champignons chinois, les champignons noirs et les fleurs jaunes égouttés et laissez cuire encore 30 minutes. Ajoutez le sucre candi ou la cassonade et mouillez la viande à plusieurs reprises. Couvrez et faites cuire encore 30 minutes.

S'il vous reste plus de 10 cl de liquide, découvrez et faites cuire encore 10 minutes jusqu'à ce que le liquide ait réduit à 10 cl. Servez la viande sur un plat, nappée de sauce.

GRACE ZIA CHU
MADAME CHU'S CHINESE COOKING SCHOOL

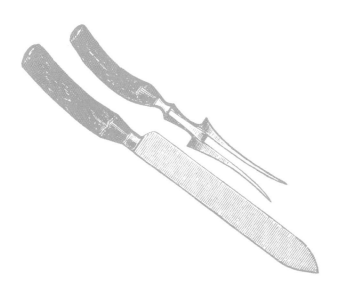

Longe désossée et roulée au calvados

Varkensrollade met Appel

Pour 6 personnes

Longe désossée, roulée et ficelée	1 kg
Calvados ou cidre	2 cuillerées à soupe
Gousse d'ail pilée	1
Sel et poivre	
Moutarde de Dijon	
Beurre	100 g
Oignon grossièrement haché	1
Branches de céleri émincées	2
Pommes de terre coupées en dés	4
Grosse pomme	1
Bouillon *(page 167)*	20 cl
Vin blanc sec	20 cl

Faites tremper une « brique » en terre cuite dans de l'eau froide pendant 10 minutes. Pendant ce temps, frottez la viande avec l'ail, salez, poivrez et badigeonnez-la généreusement de moutarde. Faites-la revenir sur toutes ses faces dans une sauteuse contenant le beurre chaud.

Sortez la brique de l'eau et parsemez le fond d'oignon, de céleri, de pommes de terre et de pomme. Posez la viande roulée par-dessus. Déglacez la sauteuse avec le bouillon, le vin et le calvados ou le cidre et arrosez la viande de porc avec ce jus déglacé.

Fermez la brique et mettez-la au four froid. Réglez la température à 200° (6 au thermostat) et faites cuire 2 heures, jusqu'à ce que la viande soit cuite. Découpez-la en tranches et servez-la au milieu des légumes.

HUGH JANS
KOKEN IN EEN KASSEROL

Travers de porc au chou caramélisé

Flaesk i Brunkaal

Pour 4 à 6 personnes

Travers de porc frais ou légèrement salé en un seul morceau	1 kg
Chou blanc	1
Sucre en poudre	2 cuillerées à soupe
Beurre	30 g
Sauce de soja (facultatif)	
Eau	25 cl

Divisez le chou en 8 et ciselez-le grossièrement. Faites caraméliser le sucre à feu doux. Ajoutez le beurre et faites revenir le chou dans cette préparation. Pour obtenir une coloration plus foncée, ajoutez un peu de sauce de soja. Mouillez avec l'eau, couvrez et laissez braiser 2 heures environ, jusqu'à ce que le chou soit tendre. Une heure avant la fin de la cuisson du chou, ajoutez le travers.

SUSANNE
DANISH COOKERY

Jambon d'York braisé au madère

Ce jambon fera plus d'un repas, même pour dix convives. Vous pourrez manger le reste froid ou coupé en tranches et réchauffé dans une sauce.

Pour 10 à 20 personnes

Jambon d'York mis à dessaler dans de l'eau froide pendant 24 heures	1 de 6 à 8 kg
Madère, vin blanc ou champagne	25 cl
Sucre en poudre	
Sauce demi-glace	90 cl

Mettre le jambon à cuire à l'eau froide et à partir de l'ébullition retirer sur le côté du feu (ou mettre sur une plaque d'amiante, à feu doux) pour maintenir un léger frémissement pendant 20 minutes par livre. Laisser ensuite refroidir à moitié dans sa cuisson, puis égoutter et dépouiller le jambon de sa peau et d'une partie de la couche de graisse. Le mettre dans un plat à rôtir, l'arroser avec le madère, le saupoudrer légèrement de sucre et le faire rôtir 45 minutes au four (préchauffé à 180°, 4 au thermostat) en l'arrosant très souvent. Il doit être bien doré comme un vrai rôti; le vin est ensuite dégraissé et ajouté à la sauce demi-glace très fine. On a alors un plat digne d'une table royale.

Le jambon présenté ainsi chaud peut être accompagné de garnitures variées, soit épinards, petits pois, jardinière, champignons, truffes, etc.

HENRI PELLAPRAT
LE NOUVEAU GUIDE CULINAIRE

Palette de porc « Pauvre Femme »

Le chou au lard se compose de chou que l'on fait blanchir et que l'on coupe ensuite grossièrement avant de l'ajouter à quelques tranches fines de lard sauté. On le fait cuire au four ou braiser jusqu'à ce qu'il soit tendre, et on l'arrose de vinaigre bouillant juste avant de servir.

Pour 4 personnes

Palette de porc avec os	900 g
Gousses d'ail coupées en 2 dans le sens de la longueur	3
Sel et poivre	
Beurre	100 g
Oignons émincés	800 g
Pomme de terre coupée en rondelles	1
Bouquet garni	1
Lait bouillant	25 cl
Persil haché	

Introduire l'ail dans 6 petites incisions faites dans la viande. Assaisonner de sel et poivre. Faire fondre 20 g de beurre dans une cocotte, dorer la palette sur ses deux faces (à feu modéré) pendant 15 minutes. Parallèlement, rissoler les oignons dans une poêle avec le reste de beurre afin de leur donner une belle couleur blonde. Les ajouter à la palette, ainsi que la pomme de terre et le bouquet garni.

Mouiller le tout avec le lait bouillant, et laisser cuire à couvert pendant 1 heure 15 minutes à feu doux en retournant la viande de temps à autre.

Réserver la viande dans un plat à feu et la tenir au chaud. Ôter le bouquet garni, passer à la moulinette les oignons, les pommes de terre et le bouillon, pour obtenir une sauce purée légère. Retirer le surplus de graisse qui surnage à la surface et rectifier l'assaisonnement qui doit être assez relevé en poivre. Verser sur la viande et laisser bouillonner quelques instants. Présenter dans le plat après l'avoir parsemé de persil effeuillé. Servir accompagné de choux au lard.

JEAN ET PIERRE TROISGROS
CUISINIERS A ROANNE

Steak de jambon frais au vin et à la moutarde

Hamschijf met wijn en mosterdsaus

Pour 4 personnes

Tranche épaisse de jambon frais désossé	600 g
Vin blanc sec	1 litre
Moutarde de Dijon	1 cuillerée à soupe
Sel et poivre	
Romarin en poudre	
Poireaux parés	6
Botte de fanes de céleri	1
Petit oignon haché	1
Beurre	30 g
Crème fraîche légèrement battue	2 cuillerées à soupe

Saupoudrez le jambon de sel, de poivre et de romarin. Placez-le dans une braisière avec les poireaux et les fanes de céleri. Mouillez avec le vin, couvrez et laissez mijoter 2 heures à feu très doux.

Pour la sauce, faites revenir l'oignon dans une petite casserole contenant le beurre, pendant 10 minutes. Incorporez la moutarde, la crème et 2 cuillerées à soupe du liquide de cuisson du jambon. Tenez au chaud sans laisser bouillir.

Sur une planche à découper, détaillez le jambon en portions assez généreuses. Dressez-les dans un plat chaud et nappez-les de sauce chaude. Servez avec des petites pommes de terre saupoudrées de persil haché et des petits pois ou des choux de Bruxelles au beurre.

HUGH JANS
BISTRO KOKEN

Jambon braisé aux pruneaux

Zharkoe Svinina s Sousom iz Chernosliva

Vous pouvez remplacer les pruneaux par 15 cl de jus de cerise obtenu en réduisant en purée des cerises dénoyautées.

Pour 6 à 8 personnes

Jambon frais désossé et débarrassé de la couenne	1,500 kg
Pruneaux blanchis, dénoyautés et égouttés	200 g
Sauternes ou autre vin blanc doux	15 cl
Vinaigre	10 cl
Sel	
Feuilles de laurier	2
Grains de poivre	8 à 10
Baies de genévrier	8 à 10
Mie de pain blanc émiettée	60 g
Beurre	30 g
Morceaux de sucre	4 ou 5
Cannelle en poudre	½ cuillerée à café

Mettez le jambon frais dans une casserole avec le vin, le vinaigre, un peu de sel, le laurier, le poivre, les baies de genévrier et une quantité d'eau suffisante pour couvrir le tout. Couvrez et faites cuire 1 heure 30 minutes à feu doux, en retournant souvent la viande.

Faites dorer la mie de pain dans le beurre. Ajoutez les pruneaux, le sucre et la cannelle et délayez avec un peu de liquide de cuisson du jambon. Portez à ébullition. Découpez le jambon en tranches et servez-le nappé de sauce.

ELENA MOLOKHOVETS
PODAROK MOLODŶM KHOZYAÏKAM

Rôti de porc en cocotte

Arrosto di maiale in casseruola

Pour 6 personnes

Longe de porc	1,200 kg
Bouillon (*page 167*)	15 cl
Beurre	30 g
Sel et poivre	
Gousse d'ail	1
Brin de romarin	1
Vin blanc	10 cl

Dans une cocotte, mettez le porc avec tous les ingrédients. Couvrez et faites braiser à feu doux pendant 1 heure au moins. Quand la viande a absorbé presque tout le liquide, enlevez la cocotte du feu, sortez le rôti, désossez-le et coupez-le en tranches fines. Dressez ces tranches sur un plat de service chaud et arrosez-les avec le reste de jus. Ce plat se sert aussi bien chaud que froid, avec des légumes verts et une purée de pommes de terre.

GUGLIELMA CORSI
UN SECOLO DI CUCINA UMBRA

Épaule de porc braisée, farcie

Stuffed, Braised Pork Shoulder

Pour désosser et ficeler une épaule de porc, reportez-vous aux explications données à la page 11. S'il vous reste des parures, vous pouvez les hacher et les incorporer à la farce.

Pour 8 personnes

Epaule de porc désossée et débarrassée de la couenne, os et couenne réservés	2 kg
Huile d'olive	2 cuillerées à soupe
Bouillon *(page 167)* bouillant	50 cl environ
Marinade:	
Huile d'olive	2 cuillerées à soupe
Vin blanc	25 cl
Brin de romarin	1
Feuilles de laurier	2
Assortiment d'herbes séchées	1 cuillerée à café
Gousses d'ail légèrement écrasées	2
Baies de genévrier légèrement concassées	6
Farce aux herbes:	
Gousses d'ail	2
Sel et poivre	
Persil haché	2 cuillerées à soupe
Assortiment d'herbes séchées	1 cuillerée à café
Œuf	1
Chapelure	30 g
Parures de viande (facultatif)	

Dans une terrine, mélangez tous les ingrédients de la marinade et faites mariner la viande plusieurs heures à température ambiante, en la retournant de temps en temps. Sortez-la et épongez-la. Réservez la marinade.

Pour la farce, pilez l'ail avec sel et poivre. Mélangez avec le reste des ingrédients jusqu'à ce que la préparation ait la consistance d'une pommade. Enduisez la surface de la viande de farce, à la main. Ficelez pour envelopper la farce et cousez les extrémités avec du fil de cuisine de manière à donner à l'épaule une forme plus ou moins sphérique. Enduisez-la d'huile d'olive.

Mettez l'épaule farcie dans un plat à four et faites-la bien dorer pendant 30 à 45 minutes au four préchauffé à 220° (7 au thermostat). Ensuite, mettez-la dans une braisière juste assez grande pour la contenir et placez la couenne et les os réservés autour s'il reste de la place. Dégraissez le plat à four et déglacez-le avec la marinade passée. Versez ce jus dans la braisière et ajoutez une quantité suffisante de bouillon bouillant pour immerger la viande à mi-hauteur ou aux deux tiers de sa hauteur. Couvrez et faites braiser 1 heure 30 minutes environ au four préchauffé à 170° (3 au thermostat) en arrosant la viande de temps en temps. Trente minutes avant la fin de la cuisson, ôtez le couvercle et faites glacer l'épaule à 190° (5 au thermostat) en l'arrosant souvent.

Dressez la viande sur un plat de service chaud. Passez le liquide de la braisière dans une petite casserole et faites-le réduire en écumant jusqu'à obtention d'une sauce sans graisse. Enlevez les fils, coupez l'épaule en tranches ou en portions triangulaires et servez avec la sauce et, selon le goût, une purée de légumes blancs (pommes de terre, céleri-rave, navets, oignons et ail mélangés).

PETITS PROPOS CULINAIRES

Filet de porc aux pruneaux

Fläskfillet med Plommon

Pour 6 personnes

Filet de porc fendu dans le sens de la longueur	1 kg
Sel et poivre	
Gingembre en poudre	2 cuillerées à café
Pruneaux mis à tremper, égouttés et dénoyautés	24
Beurre	60 g
Bouillon *(page 167)* bouillant	25 cl
Crème fraîche	

Frottez la viande avec un mélange de sel, de poivre et de gingembre. Placez les pruneaux côte à côte dans l'entaille pratiquée dans la viande et recousez solidement les bords de manière à enfermer les fruits. Dans une casserole à fond épais, faites fondre le beurre puis dorer le porc. Versez le bouillon, couvrez, faites braiser au four préchauffé à 180° (4 au thermostat) pendant 1 heure, jusqu'à ce que la viande soit tendre; arrosez-la fréquemment.

Dès qu'elle est cuite, découpez-la en tranches épaisses que vous disposez sur un plat chaud. Faites réduire le jus si besoin est, assaisonnez selon le goût et incorporez un peu de crème fraîche. Versez cette sauce sur la viande et servez. Ce plat peut s'accompagner d'une purée de pommes de terre et de chou cuit dans du vin rouge.

LILO AUREDEN
DAS SCHMECKT SO GUT

Poitrine farcie

Gefüllte Schweinsbrust

Pour préparer une poitrine de porc destinée à être farcie, désossez-la et ouvrez la poche naturelle formée entre les couches de viande maigre avec la pointe d'un couteau.

Pour 6 personnes

Poitrine de porc préparée pour être farcie, couenne incisée	1 kg
Eau chaude	15 cl
Bouillon	25 cl
Crème aigre	10 cl

Farce aux raisins secs :

Petits pains croustillants mis à tremper dans du lait, exprimés et émiettés	2
Beurre	30 g
Persil haché	1 cuillerée à soupe
Marjolaine	1 cuillerée à café
Gousse de cardamome, graines extraites et pilées	1
Sel et poivre	
Œuf	1
Raisins secs	150 g

Faites rapidement revenir le pain dans le beurre. Assaisonnez avec le persil, la marjolaine, la cardamome, du sel et du poivre. Hors du feu, ajoutez l'œuf et les raisins secs et mélangez intimement. Fourrez la poche pratiquée dans la poitrine avec cette farce et cousez l'ouverture.

Mettez la viande dans une braisière, arrosez-la avec l'eau chaude et faites-la cuire au four préchauffé à 220° (7 au thermostat) pendant 15 minutes environ. Mouillez avec un peu de bouillon, baissez la température à 180° (4 au thermostat), couvrez et laissez braiser 1 heure 30 minutes environ, en arrosant la viande et en ajoutant du bouillon de temps en temps. Dégraissez le jus et liez-le avec la crème aigre. Servez la poitrine farcie nappée de sauce avec du chou rouge.

DOROTHEE V. HELLERMANN
DAS KOCHBUCH AUS HAMBURG

❖

Filet de porc aux amandes

Lomo de cerdo almendrado

Les amandes de Majorque sont très réputées. Soigneusement récoltées et décortiquées à la main, elles sont utilisées pour de nombreuses recettes. En Aragon, on prépare un plat similaire avec du vin rouge et de l'eau. Sans crème, il n'en est pas moins succulent; on l'accompagne de pommes de terre et d'une salade de laitue et d'oignons.

Pour faire griller les amandes, mondez-les, mettez-les sur

une plaque à four et faites-les légèrement dorer pendant 10 minutes au four préchauffé à 200° (6 au thermostat).

Pour 4 à 6 personnes

Filet de porc coupé en 2 morceaux allongés	1 kg environ
Amandes grillées et pilées	100 g
Sel	
Farine salée et poivrée	60 g
Saindoux	50 g
Xérès sec	10 cl
Ciboules ou échalotes hachées	2 cuillerées à soupe
Bouillon *(page 167)*	25 cl
Crème fraîche	3 cuillerées à soupe

Faites deux incisions dans chaque filet, dans le sens de la longueur, sans les transpercer complètement. Mettez du sel et pressez une couche d'amandes pilées dans les quatre fentes ainsi pratiquées. Ficelez soigneusement les filets et roulez-les dans la farine. Dans une grande casserole à fond épais contenant le saindoux chaud, faites soigneusement revenir la viande sur toutes ses faces. Baissez le feu, versez le xérès et laissez-le frémir avant d'ajouter les ciboules ou les échalotes. Faites cuire quelques minutes, puis ajoutez le bouillon, couvrez et laissez braiser 1 heure en retournant la viande une fois et en veillant à ce qu'elle n'attache pas. Dégraissez et liez avec la crème fraîche. Servez la viande coupée en tranches, nappées de sauce, avec des croûtons dorés. Une garniture de pommes de terre à la crème fera ressortir la consistance croquante des amandes.

ANNA MACMIADHACHÁIN
SPANISH REGIONAL COOKERY

❖

Filets mignons farcis

Stuffed Pork Tenderloin

Pour 4 à 6 personnes

Filets mignons de porc, incisés 2 fois dans le sens de la longueur de manière à s'ouvrir comme un livre	2
Grandes tranches de jambon cuit coupées en bâtonnets de 1 cm de large	2
Fromage du Lancashire, ou tout autre fromage à pâte ferme, comme le Cantal, coupé en bâtonnets de 1 cm de large	90 g
Feuilles de sauge coupées en 2 et blanchies 1 minute (ou 1 cuillerée à café de thym)	8
Gros oignons hachés	2
Xérès rouge, madère ou porto	10 à 15 cl
Tranches minces de petit salé grillé	4

Farcissez les incisions pratiquées dans la viande avec une rangée de bâtonnets de jambon et de fromage (il vous restera un peu de fromage). Mettez les feuilles de sauge le long des incisions ou saupoudrez de thym. Ficelez chaque filet mignon à 4 cm d'intervalle. Parsemez d'oignon un plat allongé et étroit, versez le xérès, posez les filets mignons dessus et couvrez-les avec les tranches de petit salé pour qu'ils soient arrosés de graisse en permanence. Faites-les cuire 40 minutes au four préchauffé à 190° (5 au thermostat). Hachez le reste de fromage, saupoudrez-en les filets et remettez-les 5 minutes au four. Enlevez la ficelle avant de servir.

Découpez vos filets mignons farcis à table, dans le sens de la largeur et en diagonale.

JANE GRIGSON
ENGLISH FOOD

Longe ou filet de porc en crépine

Schweinslungenbraten (Jungfernbraten) im Netz

Dans certaines régions d'Autriche, on enduit le porc d'ail pilé et de barbotine avec le sel et le carvi.

Pour 6 personnes

Longe de porc désossée et débarrassée de la couenne	1,500 kg
Sel	
Graines de carvi écrasées	
Saindoux	60 g
Oignon haché menu	50 g
Persil haché	1 cuillerée à soupe
Marjolaine et thym hachés menu	1 cuillerée à café
Champignons hachés menu	40 g
Gros morceau de crépine	1
Bouillon de bœuf (*page 167*) ou eau 25 cl environ	

Frottez la viande de sel et de carvi. Dans une poêle contenant la moitié du saindoux fondu, faites revenir l'oignon, le persil, la marjolaine, le thym et les champignons. Laissez tiédir. Enduisez la viande de cette préparation et enveloppez-la dans la crépine. Dans une cocotte à fond épais contenant le reste de saindoux, faites revenir la viande enrobée. Couvrez, baissez le feu et laissez cuire 45 minutes en arrosant souvent et en ajoutant progressivement le bouillon ou l'eau à mesure que le jus est absorbé par la viande.

Quand la viande est cuite, dressez-la sur un plat de service chaud. Dégraissez le jus de la cocotte et déglacez avec un peu de bouillon ou d'eau. Portez cette sauce à ébullition et versez-la sur la viande.

Servez avec des pommes de terre cuites à l'eau et saupoudrées de persil, rôties ou en croquettes.

OLGA HESS ET ADOLF FR. HESS
WIENER KÜCHE

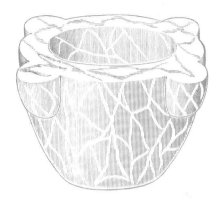

Pain de viande épicée au four

Gekruid Gehakt uit de Oven

Le ketjap benteng manis est une sauce de soja sucrée d'origine indonésienne dont on trouve l'équivalent dans les épiceries asiatiques. On peut aussi sucrer légèrement une sauce de soja ordinaire.

Pour 4 personnes

Epaule de porc désossée et hachée	500 g
Tranches de pain de mie rassis trempées dans un peu de lait	2 ou 3
Œuf légèrement battu	1
Sel et poivre	
Muscade râpée	
Cumin en poudre	1½ cuillerée à café
Gingembre en poudre	¾ cuillerée à café
Oignon haché menu	1
Vert de poireau haché menu	1 cuillerée à soupe
Ketjap benteng manis	2 ou 3 cuillerées à café
Beurre	
Gouda ou *cheddar* râpés	2 ou 3 cuillerées à soupe
Chapelure	3 cuillerées à soupe
Persil haché	2 cuillerées à soupe

Dans une terrine, mélangez intimement le porc à l'aide de 2 fourchettes avec le pain, l'œuf, du sel, du poivre, de la muscade, le cumin, le gingembre, l'oignon, le poireau et le *ketjap benteng manis*. Goûtez l'assaisonnement. Beurrez une cocotte en fonte émaillée de 1 litre, remplissez-la avec le hachis épicé et aplatissez légèrement avec une fourchette. Saupoudrez avec le fromage mélangé avec la chapelure et le persil. Parsemez de copeaux de beurre et mettez, à découvert, au four préchauffé à 190° (5 au thermostat). Au bout de 10 minutes, baissez la température à 170° (3 au thermostat) et laissez cuire encore 30 minutes, jusqu'à ce que le pain de viande soit cuit et bien gratiné.

HUGH JANS
BISTRO KOKEN

Savoureux hachis sauté

Chow Yook Soong

Pour 2 personnes

Porc maigre haché	250 g
Cacahuètes décortiquées ou amandes mondées	75 g
Huile	4 cuillerées à soupe
Sauce de soja	2 cuillerées à soupe
Farine de maïs	1 cuillerée à soupe
Sel et poivre	
Sucre en poudre	1 cuillerée à café
Eau	2 cuillerées à soupe
Xérès sec	1 cuillerée à soupe
Champignons chinois séchés, immergés dans de l'eau, égouttés et coupés en petits dés, eau de trempage réservée	4
Châtaignes d'eau coupées en petits dés	8
Mange-tout coupés en petits dés	40 g
Branches de céleri coupées en petits dés	2
Gousse d'ail hachée	1
Tranches de gingembre frais	2
Petite laitue grossièrement hachée	1

Faites dorer les cacahuètes ou les amandes dans 1 cuillerée à soupe d'huile chaude. Égouttez-les, laissez-les refroidir et écrasez-les.

Mélangez la viande avec la moitié du soja, 1 cuillerée à café de farine de maïs, du sel, du poivre, presque tout le sucre et l'eau. Par ailleurs, mélangez le xérès avec le reste de soja et de farine, une pincée de sucre et l'eau de trempage des champignons.

Dans une sauteuse contenant 2 cuillerées à soupe d'huile chaude, faites sauter tous les ingrédients coupés en petits dés, salez, couvrez et faites braiser 3 minutes. Dressez-les sur un plat. Faites sauter l'ail et le gingembre, ajoutez le hachis de porc, remuez pendant 1 minute à feu vif puis couvrez et laissez cuire 2 minutes à feu doux. Ajoutez les légumes braisés et remuez jusqu'à ce qu'ils soient bien mélangés.

Faites un puits au centre des ingrédients et versez-y la sauce au xérès. Faites-la légèrement épaissir sur le feu, puis mélangez-la avec le reste des ingrédients. Couvrez et laissez braiser 3 minutes, jusqu'à ce que la viande soit bien cuite.

Pendant ce temps, faites braiser la laitue dans le reste d'huile, en la saupoudrant de sel. Quand elle est tendre, incorporez-la au hachis. Dressez le tout sur un plat de service chaud, saupoudrez de cacahuètes ou d'amandes et servez.

DOREEN YEN HUNG FENG
THE JOY OF CHINESE COOKING

Brochettes à la calabraise

Spiedini di carne alla Calabrese

Pour 6 personnes

Jambonneau ou longe désossés	500 g
Noix de veau désossée	500 g
Huile d'olive	4 cuillerées à soupe
Sel et poivre	
Basilic haché	1 cuillerée à soupe
Origan écrasé	1 cuillerée à café
Piment chile écrasé (facultatif)	½ cuillerée à café
Eau	10 cl

Émincez la viande. Enfilez les tranches obtenues sur 6 brochettes, en alternant porc et veau. Versez l'huile dans un plat à four, mettez-y les brochettes et faites-les revenir à feu vif. Assaisonnez, mouillez avec l'eau, couvrez et faites braiser 45 minutes au four préchauffé à 170° (3 au thermostat).

WILMA REIVA LASASSO
REGIONAL ITALIAN COOKING

Brochettes de porc à la japonaise

Kushisashi-Nabé

Vous trouverez les sept-épices, la pâte de soja rouge et le mirin dans les épiceries asiatiques.

Pour 4 personnes

Filet de porc coupé en carrés de 4 cm de côté sur 1 cm d'épaisseur	500 g
Poireaux parés et coupés en tronçons de 4 cm	3
Poivrons verts coupés en 4 et épépinés	4
Farine	100 g
Huile	2 cuillerées à soupe
Bouillon *(page 167)*	45 cl
Pâte de soja rouge	1 cuillerée à soupe
Mirin (vin de riz)	4 cuillerées à soupe
Sauce de soja	4 cuillerées à soupe
Sucre en poudre	2 cuillerées à soupe
Sept-épices	

Enfilez successivement des morceaux de poireau, de porc et de poivron sur des brochettes. Roulez-les dans la farine et faites-les revenir dans l'huile, à feu vif, de 7 à 10 minutes, jusqu'à ce que les morceaux soient bien dorés de tous les côtés. Pendant ce temps, amenez le bouillon à ébullition dans une casserole peu profonde avec la pâte de soja préalablement diluée dans un peu de bouillon, le *mirin*, la sauce de soja et le sucre. Baissez le feu et ajoutez les brochettes. Faites-les cuire à feu modéré de 2 à 3 minutes, puis retournez-les et faites cuire l'autre face de 1 à 2 minutes. Retirez les brochettes, mettez les ingrédients dans des bols et arrosez avec le bouillon. Saupoudrez de sept-épices.

MASARU DOI
JAPANESE ONE-POT COOKERY

Mixed grill braisé

Meshana Skara po Preslavski

Cette spécialité de Preslav, ancienne capitale de la Bulgarie, doit se faire avec des saucisses pur porc ne contenant aucune liaison à base de céréale. Pour les préparer, reportez-vous aux explications données à la page 18. Pour adoucir cette sauce très épicée, on l'accompagne généralement de purée de pommes de terre, de riz cuit à l'eau ou de pain.

Pour 5 personnes

Porc désossé et coupé en dés	250 g
Côtes de porc	5
Saucisses de porc	200 g
Saindoux (facultatif)	30 g
Piments chiles frais ou séchés	5
Oignon haché	50 g
Champignons émincés	150 g
Brin de sarriette des jardins séché et émietté	1
Sel	
Grains de poivre concassés	1 cuillerée à café
Citron, jus passé	½

Enfilez les dés de porc sur 5 brochettes et faites-les griller avec les côtes de porc et les saucisses, ou faites-les revenir dans le saindoux.

Quand les viandes sont à moitié cuites, au bout de 15 minutes environ, faites glisser les dés de porc des brochettes et mettez-les dans un grand plat en terre avec les autres viandes. Cachez les piments dedans et saupoudrez d'oignon, de champignons et de sarriette. Salez et poivrez généreusement. Mouillez avec 50 cl d'eau chaude et fermez hermétiquement avec un couvercle ou une double épaisseur de papier d'aluminium. Faites braiser au four préchauffé à 180° (4 au thermostat) pendant 1 heure environ. A ce stade, la viande doit être tendre et vous devez avoir une bonne quantité de sauce qu'il ne faut pas faire réduire. Arrosez de jus de citron et servez dans le plat de cuisson.

DR. L. PETROV, DR. N. DJELEPOV, DR. E. IORDANOV ET S. UZUNOVA
BULGARSKA NAZIONALNA KUCHNIYA

Chich Kebab au four

Kebap po Shopski

Pour 5 personnes

Porc désossé et coupé en dés de 2,5 cm	1 kg
Sel et poivre du moulin	
Piments chiles rouges frais, coupés en anneaux et épépinés (réduisez la quantité selon le goût)	5
Huile d'olive	10 cl
Oignons hachés	200 g
Farine	2 cuillerées à soupe
Paprika	1 cuillerée à café
Purée de tomates	10 cl
Bouillon chaud *(page 167)* ou eau chaude	10 cl
Garniture au yogourt:	
Yogourt	20 cl
Œufs légèrement battus	2
Sarriette des jardins séchée et émiettée	1 cuillerée à café
Persil haché	1 cuillerée à soupe

Salez et poivrez les dés de viande et enfilez-les sur des brochettes en bois ou en métal en les alternant avec les anneaux de piment, et en comptant de 5 à 6 morceaux de viande par brochette. Faites-les légèrement dorer sur toute leurs faces dans l'huile chaude. Ensuite, rangez-les côte à côte dans un plat à four peu profond légèrement graissé.

Faites revenir les oignons dans l'huile qui reste dans la poêle pendant 10 minutes, jusqu'à ce qu'ils soient tendres. Ajoutez la farine et le paprika, remuez pour mélanger et ajoutez la purée de tomates. Mouillez avec le bouillon ou l'eau. Assaisonnez selon le goût, amenez à ébullition et versez la sauce obtenue sur les brochettes. Faites cuire à découvert au four préchauffé à 180° (4 au thermostat) pendant 30 minutes environ, jusqu'à ce que la viande soit tendre.

Pour la garniture, fouettez les œufs avec le yogourt. Salez, poivrez et versez sur la viande. Saupoudrez de sarriette, remettez au four et laissez cuire 30 minutes, jusqu'à ce que la garniture soit ferme et dorée en surface. Saupoudrez de persil et servez dans le plat de cuisson. Ce plat s'accompagne bien de pommes paille et de petits pois au beurre.

DR. L. PETROV, DR. N. DJELEPOV, DR. E. IORDANOV ET S. UZUNOVA
BULGARSKA NAZIONALNA KUCHNIYA

Petits paquets de porc à la Bühl

Bühler Schweinetaschen

Vous pouvez remplacer les prunes par des pruneaux trempés ou cuits dans de l'eau jusqu'à ce qu'ils soient gonflés.

Pour 4 personnes

Côtelettes de porc découvertes, désossées et aplaties	4 de 200 g chacune
Prunes dénoyautées et coupées en 4	500 g
Sucre en poudre	3 cuillerées à soupe
Sel	
Clous de girofle	4
Petits morceaux de bâton de cannelle	4
Farine	
Beurre ou saindoux	3 cuillerées à soupe
Oignon émincé	1
Bouillon bouillant *(page 167)*	50 cl
Vin rouge	10 cl

Faites légèrement cuire les prunes dans le sucre jusqu'à ce qu'elles commencent à rendre leur jus. Salez les côtelettes de chaque côté. Mettez un quart de prunes, 1 clou de girofle et un morceau de cannelle sur la moitié de chaque escalope, repliez l'autre moitié par-dessus et fixez avec 3 bâtonnets.

Farinez ces petits paquets de viande et faites-les rapidement revenir sur les deux faces dans une grande cocotte contenant le beurre ou le saindoux, à feu vif. Ajoutez l'oignon, mouillez avec le bouillon brûlant, couvrez et faites braiser 50 minutes au four préchauffé à 180° (4 au thermostat). Quand la viande est cuite, dressez-la sur un plat de service et tenez-la au chaud. Versez le vin dans la cocotte et faites cuire quelques minutes à gros bouillons pour que la sauce réduise. Versez cette sauce sur la viande et servez avec des pommes de terre à la crème.

HANS KARL ADAM
DAS KOCHBUCH AUS SCHWABEN

Le porc mijoté de Dublin

Dublin Coddle

C'est un plat courant dans les familles qui vivent à Dublin depuis plusieurs générations et qui considèrent la capitale comme leur village. Le *Dublin Coddle* se mange surtout le samedi soir, quand les hommes rentrent du pub, et s'arrose de lampées de bière brune forte. On y ajoute parfois quelques pommes de terre coupées en tranches.

Pour 6 personnes

Tranches de lard	6
Saucisses	500 g
Oignons émincés	500 g
Sel et poivre	
Eau	25 cl

Mettez le lard, les saucisses et les oignons dans une casserole. Assaisonnez, ajoutez l'eau, couvrez de papier sulfurisé, fermez hermétiquement avec un couvercle et faites braiser 30 minutes à feu doux.

MONICA SHERIDAN
MY IRISH COOKBOOK

Paupiettes de porc

Polpette

Pour 6 personnes

Porc maigre coupé en tranches aplaties	500 g
Saindoux ou huile	1 cuillerée à soupe
Farce à la mortadelle :	
Chair à saucisse de porc	200 g
Mortadelle hachée	50 g
Tranches de jambon fumé cru hachées	2
Œuf battu	1
Parmesan râpé	2 cuillerées à soupe
Persil haché	2 cuillerées à soupe
Gousse d'ail pilée	½
Sel et poivre	

Mélangez intimement les ingrédients de la farce et tartinez-en les tranches de porc. Enroulez et rangez les paupiettes les unes contre les autres dans un plat graissé avec le saindoux ou l'huile, côté rabattu en dessous pour qu'elles ne se défassent pas. Faites-les cuire 10 minutes environ à feu vif, en les retournant après qu'elles se sont soudées pour les dorer uniformément. Salez, poivrez, couvrez et laissez mijoter 1 heure à feu doux.

OTTORINA PERNA BOZZI
VECCHIA BRIANZA IN CUCINA

Rouleaux de porc

Stewed Pork Rolls

Pour 4 personnes

Filet de porc coupé en 14 tranches aplaties	500 g
Champignons noirs séchés, mis à tremper dans de l'eau pendant 15 minutes, équeutés et coupés en 14 morceaux	2
Pousse de bambou cuite à l'eau et coupée en bâtonnets de 4 cm	1
Ciboules fendues et coupées en lanières de 4 cm	3
Tête d'ail vert ébouillantée, feuilles séparées en 3 ou 4 fils (ou 14 bâtonnets)	1
Sauce de soja	5 cuillerées à soupe
Vin chinois ou xérès	1 cuillerée à soupe
Huile d'arachide	1,25 litre
Sucre en poudre	3 cuillerées à soupe
Vinaigre chinois foncé ou vinaigre de vin rouge	3 cuillerées à soupe
Eau bouillante	75 cl
Huile de sésame	1 ½ cuillerée à café

Couvrez chaque tranche de porc d'un morceau de champignon, de pousse de bambou et de ciboule. Enroulez les tranches et ficelez-les avec un fil d'ail ou fixez-les avec un bâtonnet. Faites mariner ces rouleaux dans la sauce de soja et le vin ou le xérès à température ambiante 20 minutes.

Dans un *wok* ou dans une sauteuse profonde contenant l'huile chaude, faites frire les rouleaux 1 minute environ. Retirez-les dès qu'ils sont dorés et enlevez l'huile du *wok*. Remettez les rouleaux frits avec la marinade, le sucre, le vinaigre et l'eau bouillante et faites-les cuire à découvert 30 minutes environ, jusqu'à ce qu'ils soient tendres. Quand la sauce a réduit à 10 cl, ajoutez l'huile de sésame et servez.

FU PEI MEI
PEI MEI'S CHINESE COOKBOOK

Tourtes et soufflés

Fricadelles de porc du Hampshire

Hampshire Haslet

Pour 4 personnes

Porc assez maigre grossièrement haché	1 kg
Pain de mie rassis, coupé en dés, mis à tremper dans du lait ou de l'eau et exprimé	250 g
Petit oignon haché	1
Sauge	1 cuillerée à café
Sel et poivre	

Mélangez intimement tous les ingrédients. Hachez-les ensemble à la grille fine du hachoir à viande. Graissez un grand moule à pain. Divisez votre hachis en rectangles que vous rangez côte à côte. Faites cuire au four préchauffé à 180° (4 au thermostat) pendant 1 heure 30 minutes, jusqu'à ce que le tout soit bien cuit. Servez froid avec une salade.

KATE EASLEA
COOKING IN HAMPSHIRE PAST AND PRESENT

Tourte au porc et aux pommes

Pork and Apple Pie

Pour 6 personnes

Porc maigre coupé en petits morceaux	500 g
Pommes à cuire épluchées et émincées	2
Sel et poivre	
Oignons émincés	2
Pommes de terre émincées	1 kg
Sauge hachée	1 cuillerée à café
Graisse de rôti ou saindoux	30 g
Bouillon *(page 167)*	25 cl
Pâte brisée *(page 166)* ou 350 g de pommes de terre écrasées	200 g environ

Salez et poivrez généreusement le porc. Dans une tourtière graissée, alternez des couches de viande, de pommes, d'oignons et de pommes de terre. Saupoudrez de sauge, assaisonnez, parsemez de graisse de rôti ou de saindoux et mouillez avec le bouillon. Couvrez avec une feuille de papier d'aluminium ou de papier sulfurisé et faites cuire 1 heure 30 minutes au four préchauffé à 170° (3 au thermostat).

Laissez refroidir, puis couvrez de pâte brisée ou de purée de pommes de terre et remettez 30 minutes au four à 220° (7 au thermostat). Servez chaud.

KATE EASLEA
COOKING IN HAMPSHIRE PAST AND PRESENT

Tourte au porc du Cheshire

Cheshire Pork Pye

Pour 8 personnes

Longe de porc désossée et coupée en tranches	1 kg
Sel et poivre	
Muscade râpée	
Pâte brisée *(page 166)*	250 g
Pommes acides à chair ferme, épluchées, évidées et émincées	500 g
Sucre en poudre	2 cuillerées à soupe
Vin blanc	30 cl
Beurre	30 g

Salez, poivrez et muscadez les tranches de porc et foncez-en le fond d'une tourtière. Disposez une couche de pommes par-dessus et saupoudrez de sucre. Couvrez avec le reste de viande. Mouillez avec le vin, parsemez de beurre et couvrez de pâte. Faites une incision dans le couvercle de pâte et faites cuire pendant 1 heure 30 minutes environ au four préchauffé à 180° (4 au thermostat).

MADE PLAIN AND EASY
THE ART OF COOKERY

Tourte des vallées

Pour 4 personnes

Longe de porc sans os	700 g
Oignon moyen émincé	1
Gousse d'ail émincée	1
Beurre	20 g
Petit pain au lait	1
Œufs	2
Sel et poivre	
Epices composées	
Cognac	7 cuillerées à soupe
Pâte brisée ou demi-feuilletée *(page 166)*	600 g
Crème fraîche (facultatif)	4 cuillerées à soupe
Muscade râpée (facultatif)	

Faire suer l'oignon et l'ail dans le beurre. Hacher grossière-ment ces éléments avec le petit pain et la viande. Ajouter un œuf, l'assaisonnement, le cognac et bien travailler le tout. Disposer sur une tourtière épaisse une abaisse de pâte de 3 mm d'épaisseur. Piquer le fond avec une fourchette, garnir de farce. Battre le dernier œuf et mouiller les bords de cette dorure. Recouvrir d'une autre abaisse de 3 mm, appuyer sur les bords pour bien les souder et faire une petite cheminée au centre de l'abaisse supérieure. Laisser reposer au frais

pendant 10 à 20 minutes. Dorer deux fois à l'œuf et décorer en rayant le dessus avec la pointe d'un petit couteau. Commen-cer la cuisson au four préchauffé à 220° (7 au thermostat) et au bout de 10 minutes, continuer à 180° (4 au thermostat). Durée : 30 à 40 minutes.

Avant de servir, on peut verser par la cheminée un peu de crème double chaude relevée d'une pointe de muscade.

JOSEPH KOSCHER ET AL
LES RECETTES DE LA TABLE ALSACIENNE

La terrine de porc fourrée d'herbes fines

Pour 6 à 8 personnes

Filet de porc désossé	1,500 kg
Poitrine fumée coupée en lamelles	100 g
Sel et poivre	
Vin blanc sec	10 cl
Paprika doux	
Feuilles de laurier	2
Brindille de thym	1
Barde de lard	1
Farce à l'ail et au thym :	
Gros bouquet de persil haché	1
Gousses d'ail hachées	6
Oignons hachés	4
Thym frais effeuillé	1 cuillerée à café

Il faut mélanger le persil, l'ail, l'oignon et le thym frais afin d'avoir un hachis abondant. D'autre part, couper le porc en tranches sans aller complètement jusqu'au fond. Saler peu les tranches, bien poivrer. Intercaler entre chaque tranche une lamelle de poitrine fumée et beaucoup de hachis de fines herbes, d'ail, d'oignons. Bien tasser le tout pour reconstituer le filet. Le poser dans la terrine où il doit juste rentrer en s'appuyant sur les bords. Verser le vin blanc pour juste le recouvrir, saupoudrer de paprika, poser les feuilles de laurier, le thym et la barde de lard. Fermer la terrine et cuire le tout au four pas trop chaud, à 150° (2 au thermostat) 2 heures 30 minutes environ.

Démouler le rôti fourré pour le couper en tranches qui se sont soudées grâce au lard et aux fines herbes.

ODETTE REIGE
LES TERRINES

Tourte au porc du Cheshire

Cheshire Pork Pie

Pour le bouillon utilisé dans cette recette, faites mijoter la couenne, les os et les parures de porc au moins 2 heures avec 50 cl d'eau et, si possible, un bouquet garni et une petite botte de légumes aromatiques: carotte, oignon et céleri. Ensuite, passez le bouillon et dégraissez-le. Une longe de porc de 1,5 kg environ donnera jusqu'à 500 g d'os et de couenne. Vous pouvez aussi utiliser de la viande désossée et demander à votre charcutier une livre d'os et de parures.

Pour 8 personnes

Porc maigre désossé coupé en dés de 1 cm, couenne réservée	1 kg
Sel	1 cuillerée à soupe
Poivre blanc	½ cuillerée à café
Macis	1 pincée
Sauge	1 pincée
Pommes à cuire émincées	750 g
Sucre en poudre	
Bouillon préparé avec les os et la couenne de la viande	
Cidre	
Pâte:	
Saindoux	175 g
Sel	½ cuillerée à café
Farine passée au four	600 g
Beurre réchauffé avec 1 cuillerée à soupe de lait chaud	15 g

Assaisonnez le porc avec le sel, le poivre, le macis et la sauge. Mettez-en une couche dans un plat en verre allant au feu, couvrez avec une couche de pommes, saupoudrez de sucre et continuez à alterner ainsi les ingrédients en terminant par une couche de viande. Ajoutez du cidre au bouillon de manière à obtenir 40 cl de liquide que vous versez dans le plat.

Pour la pâte, faites bouillir le saindoux et le sel dans 15 cl d'eau. Versez ce liquide bouillant sur la farine et mélangez intimement avec une cuillère en bois. Quand la pâte est suffisamment refroidie pour que vous puissiez la toucher, pétrissez-la pendant 10 minutes. Abaissez-la sur 2 cm d'épaisseur et couvrez la tourte. Utilisez les restes de la pâte pour faire une décoration en forme de feuilles et de baies. Dorez le couvercle avec le beurre et le lait chauds et faites cuire 30 minutes au four préchauffé à 190° (5 au thermostat) puis 1 heure 30 minutes à 150° (2 au thermostat).

THE DAILY TELEGRAPH
FOUR HUNDRED PRIZE RECIPES

Le pâté de Pâques à la Berrichonne

Vous pouvez garder les œufs entiers, couper les extrémités et les ranger côte à côte sur le hachis, sur toute sa longueur. Pour faire la pâte brisée, reportez-vous aux explications données à la page 72.

Pour 6 à 8 personnes

Porc frais gras haché	1 kg
Veau haché	500 g
Persil haché	2 cuillerées à soupe
Gros oignon haché	1
Sel et poivre	
Pâte brisée *(page 166)*	500 g
Œufs durs coupés en 2 dans le sens de la longueur	8
Beurre	
Muscade fraîchement râpée	
Feuille de laurier émiettée	1
Œuf battu	1

Hachez ensemble le porc, le veau, le persil, l'oignon, le sel et le poivre jusqu'à ce qu'ils soient bien mélangés. Faites une abaisse avec le tiers de la pâte brisée, en ovale; étalez-la sur une plaque à four; mettez au milieu la moitié du hachis, donnez-lui une forme ovale et aplatissez. Recouvrez chaque moitié d'œuf d'un peu de beurre, sel, un peu de muscade; rangez-les côte à côte sur votre hachis; recouvrez avec ce qui vous reste de hachis; placez sur le tout un peu de laurier; fermez votre pâté avec le reste de pâte; décorez-le à votre idée; dorez-le à l'œuf battu; faites cuire 2 heures au four préchauffé à 170° (3 au thermostat).

AUSTIN DE CROZE
LES PLATS RÉGIONAUX DE FRANCE

Gratin de porc campagnard
Pork Cottage Pie

Pour 4 à 6 personnes

Porc cuit haché	750 g
Pommes de terre	750 g
Beurre	30 g
Sel et poivre	
Muscade	
Tranches de lard grillé hachées	2
Oignon haché	½
Persil haché	1 cuillerée à soupe
Bouillon *(page 167)*	25 cl environ

Faites cuire les pommes de terre à grande eau pendant 30 minutes environ. Égouttez-les et écrasez-les avec une noix de beurre. Salez, poivrez et muscadez.

Mélangez le porc avec le lard et l'oignon et mettez ce hachis dans un plat à four peu profond. Saupoudrez de persil et mouillez avec le bouillon. Salez et poivrez. Étalez les pommes de terre en purée sur le hachis en veillant à ce que les bords soient soudés: s'il restait des interstices, la sauce risquerait de remonter à la surface et l'empêcherait de gratiner.

Passez le tout 1 heure au four préchauffé à 180° (4 au thermostat). A ce stade, la surface devrait être bien gratinée. Dans le cas contraire, faites-la dorer sous un gril chaud.

Ce gratin s'accompagne bien de tomates pelées chaudes ou en coulis, de céleri ou d'oignons braisés.

MLLE READ
MISS READ'S COUNTRY COOKING

La tourte au lard du Lancashire
Clanger

Pour 4 personnes

Lard maigre débarrassé de la couenne et coupé en dés	250 g environ
Oignon très finement haché	1
Persil haché	1 cuillerée à soupe
Sauge fraîche hachée	1 cuillerée à café
Poivre	
Pâte à tourte *(page 165)*	500 g

Dans une poêle, faites fondre le lard à feu très doux puis laissez-le dorer. Enlevez-le et mettez-le dans une terrine. Faites dorer l'oignon dans la graisse obtenue, puis ajoutez-le au lard. Saupoudrez de persil et de sauge et poivrez selon le goût. Graissez un moule, foncez-le de pâte, ajoutez la préparation au lard et posez un couvercle de pâte par-dessus.

Couvrez avec plusieurs couches de papier sulfurisé que vous ficelez sous le rebord du moule et immergez ce dernier aux deux tiers de sa hauteur dans une casserole d'eau bouillante. Couvrez et faites cuire 2 heures 30 minutes.

Servez avec un légume vert et, éventuellement, des tomates grillées. Cette tourte est également délicieuse avec des betteraves fraîchement cuites à l'eau et une sauce au persil.

JOAN POULSON
OLD LANCASHIRE RECIPES

Flamiche aux poireaux et aux saucisses
Leek and Sausage Pie

Pour 6 personnes

Petites saucisses de porc	12
Poireaux parés, coupés en 2 dans le sens de la longueur et détaillés en tronçons de 5 cm	6
Pâte brisée *(page 166)*	250 g
Bouillon *(page 167)*	25 cl
Beurre	30 g
Farine	3 cuillerées à soupe
Crème fraîche	15 à 20 cl
Jaunes d'œufs	2
Sel	1 cuillerée à café
Poivre noir du moulin	
Raifort râpé et bien égoutté	3 ou 4 cuillerées à soupe

Placez un cercle à flan peu profond sur une plaque à four, foncez-le de pâte et mettez-le au réfrigérateur.

Dans une casserole, faites mijoter les poireaux dans le bouillon, à couvert, jusqu'à ce qu'ils soient presque tendres. Égouttez-les et réservez le bouillon de cuisson. Faites revenir les saucisses jusqu'à ce qu'elles soient bien dorées et presque cuites. Égouttez-les sur des serviettes en papier.

Dans une casserole, faites fondre le beurre. Hors du feu, incorporez la farine pour faire un roux. Pendant ce temps, faites bouillir le bouillon réservé avec la crème fraîche, dans une autre casserole. Incorporez le tout en une seule fois au roux, en remuant avec un fouet. Dès que la sauce épaissit, enlevez-la du feu et incorporez au fouet les jaunes d'œufs. Remettez sur le feu et faites légèrement épaissir en remuant, sans laisser bouillir. Salez, poivrez et ajoutez le raifort.

Dressez les poireaux refroidis dans le cercle à flan. Nappez-les de sauce et posez uniformément les saucisses par-dessus. Faites cuire au four préchauffé à 230° (8 au thermostat) pendant 20 minutes environ, jusqu'à ce que les bords de la pâte soient bien dorés. Servez la flamiche chaude et découpée en portions triangulaires.

PAULA PECK
THE ART OF GOOD COOKING

Pouding de porc

East Riding Pudding

Pour préparer la sauce d'accompagnement de ce pouding, faites un bouillon avec les os de la viande et ajoutez-le à un velouté (recettes page 167).

Pour 6 à 8 personnes

Poitrine entrelardée, désossée et coupée en tranches, os réservés	1 kg
Pâte à tourte *(page 165)*	500 g
Petit oignon haché menu	1
Sauge	
Sel	
Pommes de terre coupées en tranches fines	750 g

Foncez un moule à pouding graissé avec de la pâte, et réservez-en une quantité suffisante pour le couvercle.

Remplissez le moule en alternant des tranches de poitrine, un peu d'oignon, une pincée de sauge et de sel et une couche de pommes de terre. Mouillez avec 2 cuillerées à soupe d'eau. Fermez avec le couvercle de pâte, couvrez hermétiquement le moule et faites étuver pendant 3 heures au moins.

Servez avec une sauce aux pommes ou une gelée aux pommes sauvages.

DAILY TELEGRAPH
FOUR HUNDRED PRIZE RECIPES

Pouding de saucisses

Toad-in-the-Hole

Pour 4 personnes

Saucisses de porc	500 g
Saindoux, huile ou graisse de rôti	3 cuillerées à soupe
Pouding du Yorkshire :	
Farine	125 g
Sel	
Œufs	2
Lait	30 cl

Préparez le pouding du Yorkshire en tamisant la farine dans une terrine avec une bonne pincée de sel. Faites un puits avec le dos d'une cuillère en bois et mettez-y les œufs et un peu de lait. Amalgamez lentement le tout en travaillant du centre vers l'extérieur puis incorporez le reste de lait.

Mettez un plat à four contenant la graisse au four préchauffé à 220° (7 au thermostat). Piquez soigneusement les saucisses et faites-les pocher 5 minutes pour les raffermir. Veillez à ce que le saindoux ne brûle pas et sortez le plat dès qu'il est très chaud. Disposez une couche de pouding dans le plat. Elle doit légèrement se solidifier et former un lit pour les saucisses. Posez les saucisses dessus et couvrez-les avec le reste de pouding. Remettez au four de 30 à 40 minutes.

Le pouding doit être bien gonflé et succulent, croustillant à 90 % à l'extérieur et sans pâte liquide à l'intérieur.

JANE GRIGSON
CHARCUTERIE AND FRENCH PORK COOKERY

Pain de Colne

Colne Loaf

Bon plat revigorant, qui doit probablement son origine au climat rigoureux et montagnard pour lequel Colne est renommée. Certains préfèrent mettre beaucoup plus d'oignons, mais c'est une affaire de goût.

Pour 4 personnes

Lard maigre ou gras cuit à l'eau	500 g
Oignon moyen	1
Chair à saucisse	250 g
Tomates fermes hachées	2
Branches de céleri hachées	2
Eau	15 cl
Sel	
Chapelure	60 g
Un peu de sauge séchée	
Œuf bien battu	1
Œufs durs	3
Beurre	

Hachez le lard et l'oignon et mélangez-les avec la chair à saucisse et les tomates. Faites frémir le céleri 10 minutes dans l'eau salée, puis ajoutez-le au hachis avec 3 cuillerées à soupe de l'eau de cuisson, la chapelure, la sauge et l'œuf battu. Mettez la moitié de ce hachis dans un moule à pain beurré, ajoutez les œufs durs entiers et cachez-les sous le reste de hachis. Placez ce moule au bain-marie et faites cuire 1 heure environ au four préchauffé à 180° (4 au thermostat). Servez chaud ou froid.

JOYCE DOUGLAS
OLD PENDLE RECIPES

Pounti ou Pountari

Recette fluctuante qui permet de laisser vagabonder son imagination. Ainsi l'oignon peut être remplacé par de la ciboulette ou par de l'échalote, des épinards additionnés de quelques feuilles d'oseille peuvent remplacer les cardes ou les poirées et être d'un meilleur effet. On peut aussi diminuer la quantité de farine et forcer en œufs. Méfiez-vous du sel, car le lard et le jambon en sont suffisamment pourvus. Quelques-uns usent d'une variante bien locale en remplaçant le jambon par des pruneaux et font un pounti «maigre» bien que préparé au lard. D'autres, en introduisant des pruneaux et des raisins dans le pounti, y laissent le jambon.

Pour 8 personnes

Bonne tranche de lard hachée menu	125 g
Jambon haché menu	125 g
Persil haché	30 g
Oignon haché	1
Carde ou poirée hachées	300 g
Sel et poivre	
Farine	300 g
Lait	50 cl
Œufs	5
Bardes de lard	100 g

Mélanger tous les ingrédients hachés. Salez et poivrez. Pétrir la farine avec le lait, y incorporer les œufs. La pâte doit être coulante. Mélanger le hachis à la pâte. Enduire une cocotte de beurre, la tapisser avec les minces tranches de lard. Verser le mélange dans la cocotte et la mettre au four, à découvert, préchauffé à 180° (4 au thermostat).

Lorsque le dessus du pounti est doré, au bout de 45 minutes environ, piquer le gâteau avec une aiguille. S'il reste un peu de pâte autour de l'aiguille, mettre un papier beurré sur le pounti avant de le remettre au four pour prolonger la cuisson. On démoule et on sert chaud pour entrée. On peut arroser le pounti d'une sauce brune ou d'une sauce tomate, mais ce n'est pas la recette de la fermière qui le sert «nature».

SUZANNE ROBAGLIA
MARGARIDOU

Le petit déjeuner du fermier letton

Lettisches Bauernfrühstück

Pour 4 personnes

Longe ou filet de porc coupés en dés	150 g
Saucisses de porc émincées	150 g
Aloyau ou filet de bœuf coupés en dés	200 g
Lard maigre haché	150 g
Oignons hachés	250 g
Pommes de terre	600 g
Saindoux ou graisse de rôti	30 g
Œufs	2 ou 3
Lait ou crème aigre	10 cl
Sel et poivre	
Assortiment d'herbes hachées	

Faites revenir les viandes avec les oignons pendant 15 minutes environ. Faites cuire les pommes de terre avec leur peau à la vapeur pendant 15 à 20 minutes, épluchez-les, coupez-les en dés et faites-les légèrement rissoler dans le saindoux ou dans la graisse de rôti. Ajoutez-les aux viandes. Mettez le tout dans un plat à four profond. Battez les œufs avec le lait et versez cette préparation dans le plat. Faites cuire au four préchauffé à 180° (4 au thermostat) pendant 20 minutes, jusqu'à ce que les œufs se soient solidifiés. Salez, poivrez et saupoudrez d'herbes avant de servir.

Garnissez de cornichons et de tomates émincés et entourez d'oignon cru haché si vous le désirez.

KULINARISCHE GERICHTE

Chipolatas en pâte

Rospo nel Buco

Pour 4 personnes

Chipolatas	8
Huile d'olive	1 cuillerée à soupe
Œufs, jaunes séparés des blancs	6
Lait	25 cl
Farine	6 cuillerées à soupe
Sel et poivre du moulin	
Feuilles de romarin	1 cuillerée à soupe

Préchauffez le four à 200° (6 au thermostat). Avec une fourchette, piquez chaque chipolata en 2 ou 3 endroits, puis mettez-les dans un plat à four de 30 cm sur 20 environ avec l'huile d'olive. Faites-les cuire pendant 20 à 25 minutes, jusqu'à ce qu'elles aient rendu toute leur graisse.

Préparez la pâte. Dans une terrine, mélangez avec une cuillère en bois les jaunes d'œufs, le lait, la farine, du sel et du poivre et les feuilles de romarin. Laissez cette pâte reposer 20 minutes au frais, mais pas au réfrigérateur.

Quand les chipolatas sont prêtes, sortez-les du four et enlevez toute la graisse du plat en y laissant 2 cuillerées à soupe. Battez les blancs d'œufs en neige et incorporez-les rapidement à la pâte. Versez cette dernière sur les chipolatas, dans le plat de cuisson, et remettez au four 35 minutes environ. Laissez refroidir 5 minutes avant de servir.

GIULIANO BUGIALLI
THE FINE ART OF ITALIAN COOKING

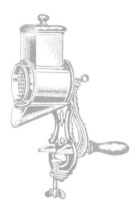

Tourte au lard et aux pommes de terre

Bacon and Potato Pie

Pour 4 personnes

Tranches de lard débarrassées de la couenne et hachées menu	8
Pommes de terre râpées et égouttées	250 g
Oignon haché menu	30 g
Farine	30 g
Œufs battus	2
Sel et poivre	
Lait	10 cl
Graisse de rôti	15 g
Crème fraîche (facultatif)	

Mélangez le lard avec les pommes de terre et l'oignon et ajoutez la farine. Salez et poivrez les œufs battus, ajoutez le lait et incorporez ce liquide à la préparation au lard. Remplissez un moule peu profond contenant la graisse chaude, préalablement fondue, avec cet appareil et faites cuire 45 minutes environ au four préchauffé à 200° (6 au thermostat).

Découpez cette tourte et servez-la chaude recouverte de crème et accompagnée de petits pois frais.

ANN PASCOE
CORNISH RECIPES, OLD AND NEW

Crêpe aux lardons

Fläskpannkaka

Les airelles sont très appréciées en Scandinavie. Vous pouvez les remplacer par des myrtilles ou des groseilles.

Pour 4 personnes

Lard maigre coupé en dés	250 g
Farine	100 g
Sucre en poudre	1 cuillerée à café
Sel	
Œufs	4
Lait	50 cl

Tamisez la farine dans une terrine et ajoutez le sucre et du sel. Incorporez progressivement les œufs et le lait en remuant jusqu'à obtention d'une pâte homogène. Laissez-la reposer 2 heures. Dans une poêle, faites dorer les lardons. Battez la pâte et versez-la sur les lardons. Faites cuire au four à 200° (6 au thermostat) pendant 30 minutes, jusqu'à ce que la crêpe soit ferme et bien dorée. Découpez-la en portions et servez avec des airelles.

SAM WIDENFELT (RÉDACTEUR)
FAVORITE SWEDISH RECIPES

Boulettes de jambon du Holstein

Holsteiner Schinkenklösse

Pour 20 boulettes environ

Jambon maigre cuit coupé en dés	250 g
Petits pains (ou 250 g de pain) coupés en dés	2
Beurre	30 g
Oignon haché	1
Lait	25 cl
Œuf	1
Jaune d'œuf	1
Sel	
Farine	250 g

Faites dorer les dés de pain dans le beurre. Enlevez-les et faites revenir l'oignon dans la même casserole jusqu'à ce qu'il soit tendre et doré. Dans une terrine, mélangez le lait avec l'œuf entier et le jaune d'œuf, salez et incorporez progressivement la farine, le pain, l'oignon et les dés de jambon. Au bout de 15 minutes environ, divisez cette préparation en boulettes avec une cuillère et faites-les pocher de 15 à 20 minutes dans une casserole d'eau salée frémissante.

JUTTA KURTZ
DAS KOCHBUCH AUS SCHLESWIG-HOLSTEIN

Soufflé au jambon
et aux pointes d'asperges

Soufflé di prosciutto con punte di asparagi

Pour 6 personnes

Jambon maigre pilé ou haché menu	250 g
Pointes d'asperges blanchies jusqu'à ce qu'elles soient juste tendres et égouttées	18
Beurre ramolli	40 g
Parmesan râpé	50 g
Sauce Béchamel très épaisse *(page 165)*	25 cl
Jaunes d'œufs	5
Poivre du moulin	
Blancs d'œufs	2
Sel	1 pincée

Beurrez généreusement un moule à soufflé de 1,5 litre et saupoudrez-le de 4 cuillerées à soupe de fromage râpé. Mélangez intimement le jambon avec la béchamel, le reste de fromage et les jaunes d'œufs et poivrez légèrement. Battez les blancs d'œufs en neige ferme avec le sel et incorporez-en le quart dans la préparation au jambon. Mélangez intimement puis incorporez délicatement le reste sans trop mélanger.

Disposez 6 pointes d'asperges en éventail au fond du moule et versez le tiers de l'appareil à soufflé par-dessus. Alternez ainsi deux autres couches d'asperges et d'appareil. Mettez au four préchauffé à 190° (5 au thermostat), baissez la température à 180° (4 au thermostat) et laissez cuire pendant 40 minutes environ, jusqu'à ce que le dessus soit bien doré et que la lame d'un couteau piquée dans le soufflé ressorte propre. Servez immédiatement.

LUIGI CARNACINA
LA GRANDE CUCINA

Mousse froide de jambon

Pour préparer une mousse froide, reportez-vous aux explications données à la page 80.

La gelée au madère se prépare avec un fond blanc gélatineux que l'on fait réduire, si besoin est, pour qu'il prenne bien et que l'on parfume quand il est tiède avec 2 ou 3 cuillerées à café de madère. Pour faire le velouté, reportez-vous aux explications données à la page 167.

Pour 4 à 6 personnes

Jambon cuit	500 g
Velouté rafraîchi	20 cl
Gelée au madère très blonde, suffisamment chaude pour être en partie fondue	20 cl
Crème fraîche	40 cl

Débiter le jambon en menus morceaux et le piler finement au mortier. Quand il est parfaitement broyé, ajouter peu à peu le velouté très froid. Réunir cette purée sur un tamis fin, de crin si possible, et la fouler au pilon dans une terrine. Mettre ensuite cette dernière dans de la glace broyée en neige, puis travailler vigoureusement la purée à la spatule, en lui incorporant, petit à petit, d'abord les deux tiers de la gelée mi-fondue, enfin la crème fouettée à moitié. Vérifier l'assaisonnement avant d'ajouter la crème.

Choisir un moule de dimension proportionnée à la quantité de mousse, verser dedans le reste de la gelée fondue et en chemiser le moule en le faisant pivoter sur un lit de glace qui active la solidification de la gelée. Garnir l'intérieur du moule avec la mousse et mettre au froid à reposer.

Pour démouler sur un plat d'argent extrêmement net, tremper le moule une seconde dans de l'eau chaude, l'essuyer pour éviter que des gouttelettes ne maculent le plat, retourner celui-ci sur le moule et, d'un mouvement brusque, replacer le plat et le moule dans leur position normale. Il ne restera plus qu'à enlever le moule. La mousse apparaît rose sous la couche lustrée et transparente de la gelée. Servir aussitôt.

PAUL BOCUSE
LA CUISINE DU MARCHÉ

Soufflé au jambon

Sformato di prosciutto

Pour obtenir un soufflé rubané, doublez les quantités données dans cette recette, sauf pour le jambon et le cognac. Avant d'incorporer les œufs en neige, divisez l'appareil en deux parties égales et ajoutez 250 g d'épinards cuits et hachés menu ou réduits en purée à l'une des moitiés et le jambon coupé en morceaux et mariné à l'autre. Incorporez la moitié des œufs en neige dans chaque préparation et alternez-les en couches dans un grand moule à charlotte beurré ou dans une timbale profonde. Augmentez la durée de cuisson de 15 minutes.

Pour 6 personnes

Jambon au torchon	300 g
Cognac	10 cl
Sauce Béchamel épaisse *(page 165)*	30 cl
Beurre fondu et refroidi	30 g
Farine	15 g
Parmesan fraîchement râpé	2 cuillerées à soupe
Œufs, jaunes séparés des blancs	4
Sel et poivre du moulin	
Muscade fraîchement râpée	1 pincée

Coupez 175 g de jambon en petits morceaux et faites-les mariner dans le cognac de 20 à 30 minutes. Hachez très finement le reste et mélangez-le intimement avec la béchamel. Ajoutez le beurre fondu, la farine, le parmesan, les jaunes d'œufs et le jambon mariné avec son cognac.

Goûtez l'assaisonnement et muscadez. Préchauffez le four à 200° (6 au thermostat).

Battez les blancs d'œufs en neige ferme et incorporez-les délicatement. Remplissez un plat à soufflé beurré de cet appareil. Mettez le plat dans une grande casserole remplie d'eau jusqu'à mi-hauteur des parois du plat. Enfournez et faites cuire de 30 à 35 minutes, puis sortez le soufflé du four et laissez-le refroidir 10 minutes.

Démoulez sur un plat de service et servez chaud.

GIULIANO BUGIALLI
THE FINE ART OF ITALIAN COOKING

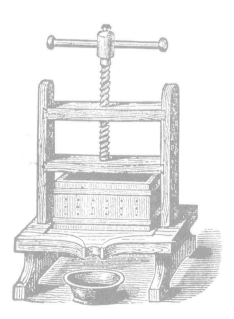

Roulades de jambon aux poireaux gratinées
Gratin of Leeks and Ham Rolls

Pour 6 personnes

Tranches de jambon cuit	6
Poireaux parés, blanchis pendant 10 minutes dans de l'eau bouillante salée et égouttés	12
Petites courgettes passées à la grille moyenne du mouli-julienne dans une passoire, salées et exprimées de tout liquide	500 g
Beurre	100 g
Champignons passés à la grille moyenne du mouli-julienne	250 g
Sel	
Persil haché ou fines herbes	2 cuillerées à soupe
Oignon haché menu et étuvé dans 30 g de beurre 30 minutes, sans coloration	1
Poivre	
Jus de citron	1 cuillerée à café
Grains de poivre vert, blanchis s'ils sont frais, emballés sous vide ou surgelés	2 cuillerées à soupe
Parmesan et gruyère râpés	50 g de chaque
Sauce Béchamel *(page 165)*	60 cl

Faites sauter les courgettes dans 30 g de beurre, à feu vif, de 7 à 8 minutes, en secouant souvent la casserole. Réservez. Faites sauter les champignons légèrement salés dans 30 g de beurre, à feu vif, sans cesser de secouer la casserole, pendant 3 à 4 minutes, jusqu'à ce que toute leur eau se soit évaporée et qu'ils commencent à attacher. Ajoutez les herbes hachées quelques minutes avant d'enlever la casserole du feu et, au moment de l'enlever, saupoudrez d'une pincée de poivre et arrosez de quelques gouttes de jus de citron. Mélangez les courgettes avec les champignons et l'oignon étuvé.

Enveloppez 2 poireaux badigeonnés de 2 cuillerées à soupe de cette préparation dans chaque tranche de jambon et rangez ces roulades dans un plat à gratin suffisamment grand pour qu'elles se touchent à peine, côté rabattu en dessous. Parsemez de grains de poivre vert. Incorporez la moitié du fromage râpé dans la béchamel et couvrez-en uniformément les roulades. Saupoudrez du reste de fromage, parsemez le reste de beurre réfrigéré en copeaux et faites cuire 30 minutes au four à 200° (6 au thermostat), jusqu'à ce que la sauce bouillonne et que la surface soit bien gratinée.

RICHARD OLNEY
SIMPLE FRENCH FOOD

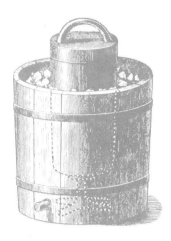

Roulade de jambon en sauce

Ham Roulade with Mustard Sour Cream Sauce

Pour 4 personnes

Jambon haché menu	500 g
Huile	2 cuillerées à soupe
Œufs, jaunes séparés des blancs	6
Beurre fondu et refroidi	125 g
Farine	60 g
Sel	½ cuillerée à café
Poivre du moulin	½ cuillerée à café
Persil haché	2 cuillerées à soupe
Estragon haché (ou 2 cuillerées à café d'estragon séché)	2 cuillerées à soupe
Madère sec	4 cuillerées à soupe

Sauce à la moutarde et à l'estragon :

Crème aigre	25 cl
Moutarde de Dijon	1 cuillerée à soupe
Estragon haché	1 cuillerée à soupe

Badigeonnez d'huile une plaque à biscuits et foncez-la de papier sulfurisé que vous laissez dépasser de 10 cm à chaque extrémité. Enduisez ce papier d'huile et réservez. Dans une terrine, mélangez le jambon, les jaunes d'œufs, le beurre, la farine, le sel, le poivre, le persil, l'estragon et le madère. Battez les blancs d'œufs en neige et incorporez-les au reste. Étalez cet appareil sur la plaque préparée et faites-le cuire 20 minutes au four préchauffé à 190° (5 au thermostat). Renversez sur 2 feuilles de papier sulfurisé à cheval l'une sur l'autre, détachez le papier utilisé pour foncer la plaque et, en vous aidant des nouvelles feuilles, enroulez le tout comme une bûche. Placez cette roulade dans un plat de service. Mélangez la crème aigre avec la moutarde de Dijon et l'estragon et servez cette sauce avec la roulade.

JULIE DANNENBAUM
MENUS FOR ALL OCCASIONS

Roulades de jambon

Individual Ham Rolls

Pour 8 personnes

Tranches de jambon moyennes	16
Jambon haché	500 g
Œufs battus	6
Chapelure	60 g
Estragon haché	2 cuillerées à café
Câpres hachées	40 g
Sel	1 cuillerée à café
Poivre noir du moulin	½ cuillerée à café
Moutarde de Dijon	1 cuillerée à soupe
Persil haché menu	2 cuillerées à soupe
Madère	10 cl
Beurre fondu	60 g

Mélangez le jambon haché avec les œufs, la chapelure, l'estragon, les câpres, le sel, le poivre, la moutarde et le persil. Badigeonnez les tranches de jambon avec la moitié du madère et mettez la préparation au jambon haché sur un bord de chaque tranche. Enroulez les tranches et mettez-les dans un plat à four beurré, côté rabattu en dessous. (Tous ces préparatifs peuvent se faire à l'avance.) Faites cuire 30 minutes au four préchauffé à 180° (4 au thermostat) en arrosant à trois reprises avec le reste de madère et le beurre fondu.

JULIE DANNENBAUM
MENUS FOR ALL OCCASIONS

Crêpes Rondinerie

Pour 4 à 6 personnes

Tranches de jambon	8 à 12
Echalotes émincées	3 ou 4
Beurre	60 g
Vermouth blanc sec	10 cl
Crème fraîche	15 cl
Parmesan râpé	30 g

Pâte à crêpes :

Farine	50 g
Sel	1 pincée
Œufs	3
Lait ou eau	30 cl
Beurre fondu	3 cuillerées à soupe

Pour préparer les crêpes, mettez la farine dans une terrine avec le sel. Ajoutez les œufs, puis versez le liquide et fouettez en travaillant du centre vers l'extérieur jusqu'à obtention d'une pâte homogène. Ajoutez le beurre en dernier. Graissez légèrement une petite poêle, faites-la chauffer à feu modéré et versez-y une petite louche de pâte. Quand la pâte est ferme, retournez la crêpe et faites cuire l'autre côté. Dressez-la sur un plat chaud.

Préparez ainsi de 8 à 12 crêpes, soit 2 par personne.

Faites fondre les échalotes dans la moitié du beurre. Ajoutez le vermouth, portez à ébullition, baissez le feu et laissez cuire quelques minutes, jusqu'à ce que la préparation ait épaissi. Posez une tranche de jambon sur chaque crêpe, badigeonnez-la de préparation aux échalotes, ajoutez un peu de crème fraîche et saupoudrez légèrement de fromage râpé. Roulez les crêpes et mettez-les dans un plat à gratin beurré.

Saupoudrez généreusement de parmesan râpé et parsemez du reste de beurre. Passez au four préchauffé à 200° (6 au thermostat) 15 minutes avant de servir.

ARIANE CASTAING
HARPERS & QUEEN (SEPTEMBRE 1974)

Jambon à la crème de Saulieu

Pour 4 personnes

Jambon du Morvan (ou jambon de pays cuit) coupé en tranches épaisses	500 g
Vin blanc sec	25 cl
Sauce :	
Champignons des prés émincés	250 g
Jus de citron	1 cuillerée à soupe
Beurre	50 g
Echalote hachée menu	1 cuillerée à café
Tomates pelées, épépinées et concassées	3 ou 4
Crème fraîche	20 cl
Sel et poivre	

Disposer les tranches de jambon dans un plat creux allant au four, les arroser d'un peu de vin blanc, couvrir (avec une feuille de papier d'aluminium si le plat n'a pas de couvercle) et tenir au chaud, au four préchauffé à 150° (2 au thermostat).

Mettre les champignons dans une casserole avec le jus de citron, une cuillerée à soupe d'eau et la moitié du beurre.

Couvrir et faire cuire à feu vif jusqu'à ébullition. Passer le liquide de cuisson et réserver les champignons. D'autre part, faire réduire de moitié, à feu vif, le reste de vin avec l'échalote et le liquide de cuisson des champignons. Ajouter les tomates ; laisser cuire et réduire pendant une vingtaine de minutes ; ajouter la crème ; laisser réduire encore jusqu'à formation d'une sauce liée ; ajouter le jus du jambon et rectifier l'assaisonnement en sel et poivre. Terminer, hors du feu, avec le reste de beurre.

Disposer les champignons émincés sur les tranches de jambon et napper avec la sauce. Servir chaud.

ROGER LALLEMAND
LA VRAIE CUISINE DE LA BOURGOGNE

Le saupiquet Montbardois

C'est à l'occasion d'une fête qu'on préparait autrefois le jambon de cette façon.

Pour 4 personnes

Tranches épaisses de jambon d'York	4
Beurre	80 g
Farine	30 g
Vin blanc aligoté de Bourgogne	20 cl
Bouillon *(page 167)*	25 cl
Sel et poivre	
Baies de genièvre	5
Echalotes hachées menu	5
Grains de poivre	5
Vinaigre de vin	10 cl
Crème fraîche	3 cuillerées à soupe
Persil et estragon hachés	

Faire fondre 30 g de beurre dans une poêle. Dès qu'il est fondu, ajouter la farine. Bien mélanger et laisser cuire ce roux pendant 5 minutes à feu doux. Le mouiller avec le vin et le bouillon ; saler, poivrer et ajouter les baies de genièvre et la moitié des échalotes. Cuire 10 minutes.

Écraser les grains de poivre (on les entoure d'un linge et on les écrase à l'aide d'une pierre ou d'un marteau). Les mettre dans une casserole avec le reste des échalotes. Mouiller l'ensemble de vinaigre et faire réduire jusqu'à évaporation presque totale. Mouiller alors avec la sauce précédente et laisser cuire 10 minutes. Dans une poêle contenant 30 g de beurre, faire saisir sur chaque face les tranches de jambon. Les conserver au chaud. Incorporer la crème à la sauce en y joignant le reste de beurre. La passer au chinois. Napper les tranches de jambon de cette sauce. Saupoudrer d'un hachis de persil et d'estragon.

ANNICK MARIE
LE GRAND LIVRE DE LA CUISINE BOURGUIGNONNE

Jambon fumé cuit en pâte

Prager Schinken

Pour 6 à 8 personnes

Jambon légèrement fumé, désossé et mis à dessaler une nuit dans de l'eau froide	1 kg
Marjolaine	1 cuillerée à café
Poivre	
Gin	10 cl
Farine de blé complète	500 g
Eau tiède	10 cl environ

Épongez bien le jambon, mettez-le dans une terrine et assaisonnez-le de marjolaine et de poivre. Mouillez-le avec le gin, couvrez et faites-le mariner 30 minutes à température ambiante, en le retournant de temps en temps.

Délayez la farine avec une quantité d'eau juste suffisante pour obtenir une pâte souple et malléable mais non collante. Pétrissez-la jusqu'à ce qu'elle soit bien lisse et abaissez-la sur une surface farinée en lui donnant l'épaisseur d'un doigt. Sortez le jambon de la marinade et enveloppez-le soigneusement dans la pâte, en soudant les bords avec de l'eau froide pour que le jus ne s'échappe pas pendant la cuisson. Posez le jambon sur une plaque à four farinée et faites-le cuire 3 à 4 heures au four préchauffé à 180° (4 au thermostat).

Pour servir, écartez la croûte non comestible et découpez le jambon en tranches; cuit sous cette protection, il est absolument succulent. Servez avec des asperges, des petits pois ou des épinards, une purée de pommes de terre et une sauce au madère. Ce jambon sera aussi bon froid, sur du pain de campagne et avec des œufs brouillés.

LILO AUREDEN
DAS SCHMECKT SO GUT

Jambon au Chablis

Pour 4 personnes

Belles tranches de jambon d'York ou de Prague de 0,5 cm d'épaisseur	8
Très bon Chablis ou autre vin blanc sec	30 cl
Beurre	30 g
Champignons de Paris émincés	300 g
Echalotes hachées finement	1 cuillerée à café
Ail haché finement	1 cuillerée à café
Crème fraîche	25 cl
Porto blanc	1 cuillerée à soupe

Beurrer grassement un plat allant au four: placez-y les tranches de jambon; couvrir de 10 cl environ de Chablis; fermer avec un autre plat renversé et placer au four (préchauffé à 150°, 2 au thermostat) de façon que le jambon ne bouille pas. D'autre part, mettre les champignons dans un sautoir avec les échalotes et l'ail. Adjoindre le reste de Chablis. Porter rapidement à l'ébullition; ajouter la crème. Laisser réduire; ajouter le Chablis du jambon; réduire à nouveau, adjoindre le porto blanc, saucer le jambon et servir bien chaud.

ANDRÉ GUILLOT
LA GRANDE CUISINE BOURGEOISE

Petits pâtés de porc au riz

Zrazy Wieprzowe z Ryzem

Pour 6 à 8 personnes

Epaule ou morceau supérieur de jambon frais, haché ou pilé	1 kg
Riz à moitié cuit dans 50 cl de bouillon	250 g
Oignon haché menu et légèrement doré dans du beurre	1
Sel et poivre	
Œuf	1
Farine	60 g
Beurre	60 g
Bouillon (*page 167*)	25 cl
Crème aigre	50 cl

Mélangez la viande avec l'oignon, du sel, du poivre, le riz et l'œuf. Divisez cette préparation en 12 à 16 petits pâtés, farinez-les et faites-les rapidement revenir dans le beurre de chaque côté. Rangez-les côte à côte dans une cocotte à fond épais, mouillez avec le bouillon, amenez à ébullition, couvrez et laissez mijoter 30 minutes. Ajoutez la crème aigre dans laquelle vous aurez délayé 1 cuillerée à café du reste de farine et faites chauffer jusqu'au premier bouillon. Servez avec des pommes de terre sautées.

MARJA OCHOROWICZ-MONATOWA
POLISH COOKERY

Escalopes de porc au gratin

Rijstschnitzels, Gegratineerde

Pour 4 personnes

Escalopes de porc	4 de 180 g chacune
Sel et poivre blanc du moulin	
Paprika	
Beurre	50 g
Riz cuit et égoutté	200 g
Emmenthal, Beaufort ou Comté râpés	60 g
Sauce à la tomate :	
Tomates pelées, coupées et épépinées	500 g
Oignons hachés menu	2
Gousses d'ail pilées	2
Huile	5 cuillerées à soupe
Sel et poivre blanc du moulin	
Origan	1 pincée

Pour faire la sauce, faites revenir les tomates, les oignons et l'ail dans l'huile chaude, à feu vif, 5 minutes, sans cesser de remuer. Salez, poivrez et ajoutez l'origan. Couvrez et faites mijoter 20 minutes à feu doux. Passez la sauce au tamis, remettez-la dans la casserole et faites-la réduire d'un tiers à découvert et à feu modéré, en remuant souvent.

Salez, poivrez et enduisez les escalopes de paprika sur les deux faces. Faites-les revenir dans 30 g de beurre chaud, en comptant 5 minutes par côté. Beurrez généreusement un plat à four et mettez-y un tiers du riz. Couvrez d'un tiers de la sauce. Ajoutez 2 escalopes, saupoudrez du tiers de fromage râpé et continuez à alterner les couches en terminant par une couche de riz, de sauce et de fromage. Parsemez le reste de beurre et faites cuire 30 minutes au four préchauffé à 180° (4 au thermostat). Servez avec une salade de concombres.

LILY VAN PAREREN (RÉDACTEUR)
PRISMA VLEESBOEK 2 KALFS- EN VARKENSVLEES

Feuilles de chou farcies à la saucisse fumée

Leaves of Cabbage Filled with Smoked Sausage

Pour 4 personnes

Saucisses fumées	4
Chou	1
Sauce Béchamel *(page 165)*	25 cl
Sel et poivre	
Sarriette	2 pincées
Moutarde	1 cuillerée à soupe
Cheddar râpé	30 g

Enlevez les feuilles flétries du chou et détachez délicatement 6 grandes feuilles extérieures (4 pour envelopper les saucisses et 2 pour combler les vides). Coupez la base blanche épaisse et faites pocher les feuilles ainsi parées à l'eau bouillante pendant 7 minutes. Égouttez-les.

Coupez le reste du chou en morceaux, en enlevant le trognon. Faites cuire ces morceaux 20 minutes à l'eau bouillante. Préchauffez le four à 230° (8 au thermostat).

Égouttez les morceaux de chou et passez-les à la grille fine du hachoir à viande. Mettez ce hachis dans un tamis ou dans une passoire et pressez-le pour en exprimer l'eau. Mélangez avec la sauce Béchamel, salez, poivrez et ajoutez la sarriette. Faites chauffer les saucisses pendant 3 minutes dans de l'eau bouillante. Égouttez-les. Étalez les feuilles de chou pochées et enduisez-les légèrement de moutarde. Faites une incision profonde dans chaque saucisse, et disposez-les sur les feuilles de chou. Remplissez ces incisions et couvrez les saucisses de chou à la béchamel, en en réservant le tiers pour couvrir le plat. Enroulez les feuilles farcies et rangez-les côte à côte dans un plat à four peu profond. Étalez le reste de chou à la béchamel par-dessus.

Saupoudrez de fromage et passez au four 30 minutes environ, jusqu'à ce que le tout soit bien gratiné.

ALBERT STOCKLI
SPLENDID FARE-THE ALBERT STOCKLI COOKBOOK

Feuilles de chou farcies au porc

Sarmale cu varză dulce

Les *sarmale* se font avec des feuilles de chou frais ou saumuré. Dans le second cas, on prend des feuilles de chou entièrement macérées dans la même saumure que celle utilisée pour la choucroute ciselée. A défaut, débarrassez un chou blanc entier bien ferme du trognon et de la partie centrale dure, mettez-le dans une terrine, arrosez-le d'eau bouillante salée et laissez-le macérer pendant 25 minutes environ, jusqu'à ce que les feuilles se détachent facilement.

Pour 6 personnes

Porc maigre haché	750 g
Feuilles de chou frais ou saumuré	2 douzaines
Oignons hachés menu	2
Saindoux	30 g
Riz	2 cuillerées à soupe
Persil, aneth et thym hachés	2 cuillerées à soupe
Sel et poivre	
Grande tranche de pain blanc trempée dans de l'eau et bien exprimée	1
Choucroute égouttée, jus réservé	500 g
Purée de tomates	10 cl

Dans une cocotte à fond épais contenant le saindoux, faites fondre les oignons à feu doux sans les laisser prendre couleur. Ajoutez le riz et remuez jusqu'à ce qu'il soit transparent. Assaisonnez avec les herbes hachées et un peu de sel et de poivre. Dans une terrine, mélangez cette préparation avec le porc et le pain trempé et travaillez cette farce à la main de manière qu'elle soit homogène, en ajoutant de l'eau si besoin est pour lui donner une consistance onctueuse.

Coupez les nervures centrales dures des feuilles de chou. Aplatissez chaque feuille, placez un peu de farce au centre, repliez les bords par-dessus, puis enroulez en serrant. Les *sarmale* de Moldavie n'ont pas plus de 2,5 cm d'épaisseur.

Foncez une grande cocotte en terre d'une couche de choucroute. Rangez par-dessus une couche de rouleaux de chou serrés les uns contre les autres. Répétez ces opérations jusqu'à ce qu'il ne reste plus de rouleaux, en terminant par une couche de choucroute.

Couvrez presque les rouleaux avec le jus de la choucroute mélangé à la purée de tomates. Si ce jus est très salé, délayez-le avec de l'eau. Amenez lentement à frémissement à feu doux en utilisant un diffuseur de chaleur si besoin est, et

laissez cuire 2 heures en secouant la cocotte de temps en temps pour que le contenu n'attache pas. Ensuite, couvrez et faites cuire au four préchauffé à 150° (2 au thermostat) pendant 2 heures jusqu'à ce qu'il ne reste plus que 25 cl de liquide.

Servez avec un bol de crème aigre et de la polenta ou du pain de maïs. Ce plat est encore meilleur préparé la veille et réchauffé à feu doux.

SANDA MARIN
CARTE DE BUCATE

Oreilles de porc à la diable

Vous améliorerez considérablement la saveur des oreilles de porc en les mettant dans de la saumure liquide ou sèche pendant deux ou trois jours. Après les avoir pochées, vous pourrez les manger soit chaudes avec une vinaigrette composée de 5 cuillerées à soupe d'huile, 1 cuillerée à soupe de vinaigre, du sel, du poivre et de la moutarde et aromatisée d'oignon, de persil, d'ail, d'échalotes, de cornichons ou de câpres hachés, selon le goût; soit les couper en julienne, les tremper dans de la pâte et les faire frire.

Pour 6 personnes

Oreilles de porc nettoyées et flambées, saumurées selon le goût (*page 166*)	6
Court-bouillon (*page 167*)	1½ litre
Moutarde	3 cuillerées à soupe
Beurre fondu	60 g
Chapelure	60 g

Sauce à la diable :

Oignon ou échalote hachés menu	1 ½ cuillerée à soupe
Vinaigre de vin	4 cuillerées à soupe
Vin blanc	10 cl
Velouté (*page 167*)	25 cl

Faites mijoter les oreilles dans le court-bouillon de 1 à 2 heures. Veillez à ce que la délicieuse membrane gélatineuse ne se détache pas du cartilage : retirez les oreilles avant que cela se produise. Faites-les refroidir sous un objet lourd.

Quand elles sont froides et aplaties, coupez-les en 2 dans le sens de la longueur, badigeonnez-les de moutarde, trempez-les d'abord dans le beurre fondu, puis dans la chapelure et faites-les griller. Vous pouvez également les faire cuire au four préchauffé à 200° (6 au thermostat) si cela est plus pratique, mais veillez à ce qu'elles restent croustillantes : carbonisées, elles ne sont pas très appétissantes.

Pour la sauce, faites cuire les oignons avec le vinaigre et le vin jusqu'à évaporation presque totale. Incorporez le velouté et portez à ébullition. Ne passez pas cette sauce. Servez les oreilles grillées avec la sauce à la diable.

JANE GRIGSON
CHARCUTERIE AND FRENCH PORK COOKERY

Pieds de Cochon à la Ste-Menehould

Pour 8 personnes

Pieds de porc grattés au couteau, flambés et rincés	8
Gros sel	
Bouquet garni	1
Oignon piqué de 2 clous de girofle	1
Carotte	1
Bouillon *(page 167)*	60 cl environ
Vin blanc sec	60 cl environ
Beurre ramolli	
Mie de pain émiettée	

Mettez les pieds à dégorger dans de l'eau fraîche pendant plusieurs heures. Égouttez-les, enduisez-les d'une couche épaisse de gros sel et laissez-les ainsi pendant 2 jours.

Avant de les faire cuire, rincez-les pour ôter le sel et ficelez-les bien deux par deux pour qu'ils ne se défassent pas pendant la cuisson. Couvrez-les d'eau froide, amenez à ébullition, égouttez et rincez-les à l'eau froide. Mettez-les dans une marmite avec le bouquet garni, l'oignon et la carotte. Couvrez avec le bouillon et le vin, couvrez et faites braiser à feu très doux ou au four à 150° (2 au thermostat) 4 heures au moins.

Retirez-les de la marmite et laissez-les refroidir. Quand ils ont refroidi, enlevez la ficelle et fendez chaque pied en 2 dans le sens de la longueur. Enduisez chaque partie de beurre, passez-les dans la mie de pain et faites-les griller jusqu'à ce qu'ils soient dorés sur les deux faces.

CHARLES DURAND
LE CUISINIER DURAND

Préparations de base

Sauce Béchamel

Proportions pour 40 cl de sauce environ

Beurre	30 g
Farine	2 cuillerées à soupe
Lait	60 cl
Sel et poivre blanc	
Muscade fraîchement râpée (facultatif)	
Crème fraîche (facultatif)	

Dans une casserole à fond épais, faites fondre le beurre. Ajoutez la farine et laissez cuire en remuant de 2 à 5 minutes à feu doux. Versez tout le lait d'un seul coup en fouettant pour obtenir une préparation sans grumeaux. Portez à ébullition à feu plus fort, toujours en fouettant. Salez très modérément. Baissez le feu et laissez cuire très doucement 40 minutes environ, en remuant de temps en temps pour que la sauce n'attache pas. Poivrez et muscadez selon le goût. Rectifiez l'assaisonnement. Continuez à remuer jusqu'à ce que la sauce soit parfaitement lisse. Si vous la préférez plus riche et plus blanche, ajoutez de la crème.

Pâte à tourte

Cette pâte peut convenir pour n'importe quelle tourte à base de porc mais on l'emploie traditionnellement pour les pâtés en croûte.

Proportions pour 750 g de pâte environ

Farine	500 g
Sel	
Graisse de rognon de bœuf ou saindoux	150 g
Eau	15 cl

Au-dessus d'une terrine, tamisez la farine additionnée d'une pincée de sel. Faites un puits au centre. Mettez la graisse de rognon de bœuf, ou le saindoux, avec l'eau dans une casserole et portez à ébullition. Versez sur la farine et mélangez rapidement en pétrissant doucement jusqu'à obtention d'une pâte lisse. Laissez reposer 30 minutes dans un endroit chaud. Pendant que la pâte est encore chaude et facile à manipuler, abaissez-la sur une planche farinée ou façonnez-la avec les mains pour un pâté en croûte.

Pâte brisée

Pour faire une tourte de porc, vous pouvez remplacer tout ou partie du beurre par du saindoux. Si vous mettez une couche de pâte au fond et une seconde qui formera le couvercle, doublez les proportions.

Proportions pour foncer un moule à tarte de 20 cm de diamètre

Farine	125 g
Sel	2 pincées
Beurre frais, raffermi et coupé en dés	125 g
Eau froide	3 à 4 cuillerées à soupe

Dans une terrine, mélangez la farine et le sel. Ajoutez le beurre et coupez-le rapidement dans la farine avec 2 couteaux de table jusqu'à ce qu'il soit réduit en tout petits morceaux. Ne travaillez pas plus de quelques minutes. Délayez ensuite cette préparation avec la moitié de l'eau, avec une fourchette. Mouillez davantage s'il le faut, de manière à pouvoir ramasser la pâte avec les mains en boule ferme. Enveloppez cette dernière dans une feuille de matière plastique ou de papier paraffiné et mettez-la 30 minutes au moins au réfrigérateur ou 20 minutes au congélateur, jusqu'à ce que l'extérieur soit légèrement gelé.

Sortez la boule de pâte du réfrigérateur ou du congélateur et posez-la sur une surface froide farinée, l'idéal étant une plaque de marbre. Aplatissez-la et assouplissez-la d'abord un peu à la main, puis en la battant doucement au rouleau à pâtisserie. Abaissez en partant du centre, jusqu'à obtention d'un cercle de 1 cm environ d'épaisseur. Retournez pour fariner l'autre côté et continuez à abaisser jusqu'à ce que le cercle ait 3 mm environ d'épaisseur. Enroulez la pâte sur le rouleau à pâtisserie et déroulez-la sur le moule à tarte ou sur la tourtière. Si vous utilisez la pâte pour foncer un moule, pressez-la fermement contre toute la surface du moule et coupez les bords. Si vous l'utilisez pour couvrir une tourte, coupez-la à 1 cm du bord, enroulez les bords en dessous et pressez fermement la double épaisseur de pâte obtenue entre le pouce et l'index pour onduler les bords.

Sauce aux pommes

Proportions pour 75 cl de sauce environ

Pommes épluchées, évidées et émincées	1 kg
Sel	
Beurre (facultatif)	60 g
Sucre en poudre (facultatif)	100 g

Mettez les pommes dans une grande casserole avec très peu d'eau pour qu'elles n'attachent pas et faites-les cuire à feu modéré, en remuant souvent, pendant 20 minutes environ, jusqu'à ce qu'elles soient tendres et presque fondues en une purée grumeleuse. Incorporez une pincée de sel et le beurre (si vous servez la sauce chaude) ou le sucre, ou les deux selon le goût. Vous pouvez tamiser cette sauce ou la laisser telle quelle et la servir chaude ou froide.

Saumure sèche

Cette quantité de saumure suffit pour 2 kg environ de viande. Si vous désirez en saumurer davantage, il vous en faudra une quantité proportionnellement moins importante.

Proportions pour 500 g de saumure sèche environ

Gros sel	500 g
Grains de poivre de la Jamaïque	4
Clous de girofle	4
Baies de genévrier	6
Feuilles de laurier	2
Grains de poivre	6
Assortiment d'herbes séchées	1 cuillerée à soupe

Dans un mortier, écrasez grossièrement les grains de poivre de la Jamaïque avec les clous de girofle, les baies de genévrier, le laurier et les grains de poivre. Mélangez avec le sel et les herbes. Enduisez la viande de cette préparation en veillant à ce qu'elle soit uniformément enrobée. Mettez une couche de saumure au fond d'une terrine ou d'un récipient en terre, ajoutez les morceaux de viande et saupoudrez-les d'une quantité généreuse de saumure.

Saumure liquide

Proportions pour 1 litre de saumure environ

Eau	1 litre
Sel de mer	170 g
Sucre en poudre ou cassonade	2 cuillerées à soupe
Baies de genévrier	1 cuillerée à soupe
Clous de girofle	4 ou 5
Feuilles de laurier	3
Pointe de macis	1
Branches de thym	2 ou 3

Amenez l'eau à ébullition avec le sel et le sucre et laissez bouillir 2 minutes. Hors du feu, ajoutez un nouet contenant le reste des ingrédients. Laissez refroidir entièrement avant d'enlever le nouet aromatique.

Court-bouillon

Proportions pour 1,5 litre de court-bouillon environ

Eau	1,5 litre
Oignons finement émincés	2
Carottes finement émincées	2
Bouquet garni	1
Sel	30 g
Vin blanc sec (facultatif)	25 cl

Dans une grande casserole, faites bouillir l'eau avec les oignons, les carottes, le bouquet garni et le sel de 10 à 15 minutes. Laissez refroidir. Avant de réchauffer, ajoutez le vin selon le goût.

Bouillon

Si vous voulez utiliser ce bouillon pour une sauce à servir avec un morceau de porc désossé, vous pouvez le préparer exclusivement avec des os de porc. Les éléments gélatineux comme les oreilles, la queue et la couenne feront prendre le bouillon fini en une gelée ferme. Vous pouvez également utiliser du jarret de veau, des morceaux de bœuf gélatineux — queue, gîte ou paleron — et des carcasses ou parures de volaille.

Proportions pour 2 à 3 litres de bouillon

Os charnus et parures de porc, de veau, de bœuf ou de volaille	3 kg
Eau	3 à 5 litres
Carottes grattées et parées	4
Gros oignons, dont 1 piqué de 2 ou 3 clous de girofle	2
Tête d'ail entière non épluchée	1
Branche de céleri	1
Poireau fendu et lavé	1
Gros bouquet garni	1
Sel	1 pincée

Mettez les os sur une grille au fond d'une marmite à fond épais et posez la viande et les parures par dessus. Couvrez de 5 cm d'eau froide. Amenez à ébullition à feu doux, en commençant à écumer avant le premier bouillon. Continuez à écumer en ajoutant un verre d'eau froide de temps en temps, jusqu'à cessation de la formation d'écume. Ne remuez pas pour ne pas voiler le bouillon.

Ajoutez les légumes, le bouquet garni et le sel et enfoncez-les dans le liquide pour les immerger. Continuez à écumer jusqu'à la reprise de l'ébullition. Couvrez à moitié et faites cuire à feu très doux, à tout petit frémissement, pendant 4 heures, en dégraissant la surface 3 ou 4 fois. Passez le bouillon à travers une double épaisseur de mousseline humide dans une passoire placée au-dessus d'une terrine ou d'un récipient propre. Jetez les os et les parures, les légumes et le bouquet. Laissez refroidir avant de dépouiller la surface de toute trace de graisse. S'il reste un dépôt au fond du récipient après refroidissement, décantez soigneusement le liquide clair et jetez le dépôt.

Velouté

Proportions pour 40 cl de sauce environ

Beurre	30 g
Farine	2 cuillerées à soupe
Bouillon *(ci-contre)*	60 cl
Sel et poivre	

Dans une casserole à fond épais, faites fondre le beurre à feu doux. Incorporez la farine et laissez cuire ce roux en remuant de 2 à 5 minutes. Délayez avec tout le bouillon sans cesser de fouetter pour obtenir une préparation sans grumeaux. Amenez à ébullition à feu vif, sans cesser de fouetter. Retirez la casserole sur le coin du feu et laissez mijoter 40 minutes environ à feu très doux, en écumant de temps en temps. Rectifiez l'assaisonnement avant d'utiliser la sauce.

Sauce Robert

Pour faire une sauce charcutière, ajoutez 30 g environ de cornichons coupés en julienne à une sauce Robert chaude. Ne laissez pas bouillir et ne passez pas la sauce.

Pour 6 personnes

Echalote ou petit oignon hachés	60 g
Beurre	75 g
Vin blanc	5 cl
Velouté *(ci-dessus)*	50 cl
Moutarde	1 cuillerée à café

Faites blondir l'échalote ou l'oignon dans 15 g de beurre. Ajoutez le vin et faites réduire jusqu'à évaporation presque totale. Ajoutez le velouté et laissez mijoter 30 minutes environ. Incorporez la moutarde, laissez cuire encore 5 minutes, puis ajoutez le reste de beurre.

Index des recettes

Toutes les recettes sont classées par ordre alphabétique; elles ont parfois été regroupées selon les ingrédients ou le morceau de viande utilisés (ail, aubergines, chou ou filet, épaule, jambon, etc.). Les titres des recettes étrangères figurent en italique.

A

Adobo, 128
Ail
    Farce à l'— et au thym, 152
    Jambon frais à l'—, 107
    Porc à l'— haché, 119
    Rôti de porc à l'—, 99
Amandes
    Filet de porc aux —, 146
Arista alla fiorentina, 101
Arrosta di maiale all'aglio, 99
Arrosta di maiale al latte, 106
Arrosto di maiale all'uva, 140
Arrosto di maiale in casseruola, 144
Arroz con carne de cerdo, 137
Asperges
    Soufflé au jambon et aux pointes d'—, 158
Aubergine Stew with Pork, 127
Aubergines
    Daube de porc aux bélangères, 127
    Filet de porc à la provençale, 101
    Porc aux —, 127

B

Babi Mérah, 133
Babi Tempra, 97
Bäckeofe, 134
Barbecued Pork, 113
Barbecued Spare Ribs, 112
Berliner Eisbein, 125
Bière
    Porc bouilli au foin et à la —, 116
    Porc braisé à la —, 132
    Sauce à la —, 138
Bigos polonais, 137
Bigos Polski, 137
Bouillon, 167
Boulettes de jambon du Holstein, 157
Bracioline di maiale al vino bianco, 124
BRAISER ET CUIRE À L'ÉTOUFFÉE, 120
Brochettes
    — à la calabraise, 148
    — à la sicilienne, 96
    — de filet de porc, 112
    — de porc à la japonaise, 148
Bühler Schweinetaschen, 150

C

Câpres
    Côtes de porc à la sauce aux —, 94
Carré
    — de côtes aux oignons, 107
    — de porc à la boulangère, 102
    — de porc provençale, 106
    — et filet de porc frais, 140

Casserole de porc à la polonaise, 138
Cassoeula, 136
Cazzoeula, 114
Cerdo asado, 106
Cervelas
    — chaud à la beaujolaise, 121
    — truffé sous la cendre, 121
Cha-Ts'ai Cheng Chu-Jou Ping, 119
Chaurice
Chaurice à la sauce créole, 121
Cheshire Pork Pie, 153
Cheshire Pork Pye, 152
Chich Kebab au four, 149
Chipolatas en pâte, 156
Chou(x)
    Feuilles de — farcies à la saucisse fumée, 163
    Feuilles de — farcies au porc, 164
    Porc poché au — blanc, 115
    Potée aux —, 114
    Potée de Transylvanie, 126
    Travers de porc au — caramélisé, 143
Choucroute
    — d'Ammerschwihr, 126
    — superposée par lits, 126
    Bonne recette de la véritable — à l'alsacienne (La), 125
Chow Yook Soong, 148
Chuletas de puerco adobadas, 94
Citron
    Porc au céleri à la sauce à l'œuf et au —, 131
    Porc braisé au cumin, à la coriandre et au —, 133
    Rôti de porc glacé au —, 105
Clanger, 154
Cochon
    Cocotte du gros —, 135
    Comment faire le petit salé de —, 85
    Pieds de — à la Ste-Menehould, 165
    Rôti de —, 141
Cochon de lait
    — en blanquette, 132
    Farce aux raisins secs pour —, 84
    Farce pour — au gruau de sarrasin, 84
    — farci, rôti au four, 110
Cocotte de Brianza (La), 114
Colne Loaf, 155
Concombres
    Dés de porc aux —, 97
CONFECTION DES SAUCISSES, 86
Costelas de porco a Alentejana, 96
Costolette di maiale alla Napoletana, 124
Costolettine di maiale all cacciatora, 92
Coteghino fasciato, 120
Côtes de porc
    — à l'adobo, 94
    — à la menthe, 95
    — à la napolitaine, 124
    — à la sauce aux câpres, 94
    — à la sauce au jambon et aux cornichons, 123
    — aux herbes aromatiques, 111
    — aux pommes et à la moutarde, 95
    — aux saucisses, 125
    — de l'Alentejo (Les), 96
    — minute, 92
    — panées, 96
    — et patates douces en cocotte, 123

— farcies, 123
— Pilleverjus, 124
— et riz sauvage au vin en cocotte, 123
Râgout de porc aux pommes, 130
Tranches de porc villageoise, 92
Côtelettes
    — de porc à la mirepoix, 122
    — de porc au vin blanc, 124
Cotolette di maiale alla monzese, 125
Cotolette alla minuta, 92
Court-bouillon, 167
Crêpes
    — aux lardons, 157
    — Rondinerie, 160
    Pâte à —, 160

D

Daube de porc aux bélangères, 127
Dés de porc aux concombres, 97
Diced Pork with Cucumbers, 97
Dublin Coddle, 150

E

East Riding Pudding, 155
Echine
    Bäckeofe, 134
    Porc mariné, 105
    Porc poché au chou blanc, 115
    Potée du cocher (La), 138
    Tranches de porc villageoise, 92
Eminé de porc frais à la minute, 93
Enchaud de porc à la périgourdine, 117
English Country Pork Sausages, 88
Epaule de porc
    Bäckeofe, 134
    — braisée, farcie, 145
    — entière rouge, 142
    — fourrée (L'), 108
Escalopes de porc
    — au gratin, 163
    — chasseur, 92
    — cuites au four, 128
    Casserole de porc à la polonaise, 138
    Fausse anguille, 94
    Porc à la sauce moutarde, 97
    Porc Stroganoff de Lettonie, 93
Excellentes saucisses, 86
Excellent Sausages, 86

F

Falscher Aal, 94
Farce
    — à l'ail et au thym, 152
    — à la mortadelle, 150
    — à la sauge et au gingembre, 109
    — à la sauge et à l'oignon, 110
    — au foie de porc, 118
    — au foie de porc et au lard, 108
    — au jambon et aux saucisses, 110
    — aux champignons, 123
    — aux épinards, 85
    — aux herbes, 145
    — aux raisins secs, 146
    — aux raisins secs pour cochon de lait, 84
    — pour cochon de lait au gruau de sarrasin, 84
    — sèche, 109
FARCES ET SAUCES, 84
Farsz z Kaszy, 84
Farsz z Rodzynkami, 84

Fat Pig Casserole (The), 135
Fausse anguille, 94
Fausse oie, 109
Fennel and Paprika Sausage, 87
Feuilles de chou
   — farcies à la saucisse fumée, 163
   — farcies au porc, 164
Fenouil
   Porc rôti au —, 100
   Saucisse au — et au paprika, 87
Filet de porc
   — à la diable, 112
   — à la Provençale, 101
   — au xérès, 100
   — aux amandes, 146
   — aux pruneaux, 145
   — grillé à la broche, 111
   Brochettes de —, 112
   Carré et — frais, 140
   Emincé de porc frais à la minute, 93
   Julienne de porc sautée à la sauce forte, 98
   Longe ou — en crépine, 147
   Noisettes de porc aux pruneaux, 91
   Petit déjeuner du fermier letton (Le), 156
   Porc à la sauce pimentée, 98
   Porc mariné, 105
   Porc Stroganoff de Lettonie, 93
   Rôti de cochon (Le), 141
   Rôti de porc, 99
   Rôti de porc à la sauge, 101
   Rouleaux de porc, 151
   Terrine de porc fourrée d'herbes fines (La), 152
Filets mignons
   — de porc à la sauce au fromage, 103
   — farcis, 146
Flaesk i Brunkaal, 143
Flamiche aux poireaux et aux saucisses, 154
Fläskfillet med Plommon, 145
Fläskpannkaka, 157
Foin
   Porc bouilli au — et à la bière, 116
   Jambon au —, 116
Fricadelles de porc du Hampshire, 151
Fried Pork Sausages, 87
Fromage
   Filets mignons de porc à la sauce au —, 103

Garniture au yogourt, 149
Gedämpftes Schweinefleisch mit Weisskraut, 115
Gefüllte Schweinsbrust, 146
Gefüllte Schweinsbrust (kalt), 118
Gekruid Gehakt uit de Oven, 147
Ghiveciu, 139
Goulash de porc, 139
Gratin
   — de porc campagnard, 154
   Escalopes de porc au —, 163
   Roulades de jambon aux poireaux
     gratinées, 159
Gratin of Leeks and Ham Rolls, 159
GRILLER ET RÔTIR, 99

Hampshire Haslet, 151
Ham Roulade with Mustard Sour Cream
   Sauce, 160
Hand-and-Spring Roast, 109
Haricots

Saucisses aux — et au basilic, 89
Hirino riganato, 103
Hökarepanna, 138
Holsteiner Schinkenklösse, 157
Hottish Barbecue Sauce, 85

Individual Ham Rolls, 160
Italian Sausages with Peppers, 90

Jambon
   — à la crème de Saulieu, 161
   — au Chablis, 162
   — au foin, 116
   — braisé aux pruneaux, 144
   — braisé sauce à la crème, 141
   — chaud, 117
   — d'York braisé au madère, 143
   — frais à l'ail, 107
   — fumé cuit en pâte, 162
   — genre « York ou d'Arleuf », 116
   Boulettes de — du Holstein, 157
   Côtes de porc à la sauce au — et aux
     cornichons, 123
   Farce au — et aux saucisses, 110
   Mousse froide de —, 158
   Petits — frais à la broche, 102
   Porc à l'ail haché, 119
   Porc bouilli au foin et à la bière, 116
   Porc piqué, 117
   Roulades de —, 160
   Roulades de — aux poireaux gratinées, 159
   Soufflé au —, 158
   Soufflé au — et aux pointes d'asperges, 158
   Steak de — frais au vin et à la moutarde, 144
   Voir aussi Lard
Jambonneau
   — cuit comme du gibier, 104
   — cuit comme du sanglier, 103
   — rôti, 109
   Brochettes à la calabraise, 148
   Porc à la vietnamienne, 134
   Porc braisé à la bière, 132
   Porc grillé, 113
   Rôti de porc à l'ail, 99
   Rôti de porc à la crétoise, 103
Jarrets de porc
   — aux légumes, 118
   — salés, 125
   Petits jambons frais à la broche, 102
   Potée aux choux, 114
Judru (saucisson bourguignon) (Le), 113

Kebap po Shopski, 149
Kotlety Schabowe Panierowane, 96
Krenfleisch, 131
Kushisashi - Nabé, 148

Lard
   — aux pommes séchées et aux pommes
     de terre, 129
   Crêpes aux lardons, 157
   Filets de porc à la diable, 112
   Pain de Colne, 155
   Petit déjeuner du fermier letton (Le), 156
   Porc épicé, 140
   Porc mijoté de Dublin (Le), 150
   Potée champenoise, 115

Pounti ou Pountari, 156
   Tourte au — du Lancashire (La), 154
   Tourte au — et aux pommes de terre, 157
   Voir aussi Jambon
Leaves of Cabbage Filled with Smoked
   Sausage, 163
Leek and Sausage Pie, 154
Leeks Wrapped in Pork, 91
Leitão recheado, 110
Lettischer Kursemes « Stroganoff », 93
Lettisches Bauernfrühstück, 156
Loin of Pork with Pistachios on Apple
   Brown Betty, 107
« Lombello » Arrosto, 111
Lomo de cerdo almendrado, 146
Lombo de porco à moda de Monção, 99
Lombo de porco com améijoas à Alentejana, 91
Lomo negro, 93
Longe
   — cuite dans de la saumure pour
     choucroute, 118
   — de porc niçoise au gratin de navets, 102
   — désossée et roulée au calvados, 142
   — marinée à la roumaine, 104
   — noire, 93
   — ou filet de porc en crépine, 147
   — ou selle aux pistaches et aux pommes, 107
   — rôtie à la mode de Monçao, 99
   — rôtie à la mode polonaise d'autrefois, 100
   Brochette à la calabraise, 148
   Enchaud de porc à la Périgourdine, 117
   Porc à la sauce rouge, 133
   Porc aux palourdes, 91
   Porc aux radis blancs, 130
   Porc braisé au jus de raisin, 140
   Porc braisé au miel, 134
   Porc braisé aux marrons, 128
   Porc grillé, 113
   Porc piqué, 117
   Porc mariné, 105
   Porc rôti au fenouil, 100
   Porc rôti dans du lait, 106
   Rôti de cochon (Le), 141
   Rôti de porc à la florentine, 101
   Rôti de porc à l'ail, 99
   Rôti de porc à la sauge, 101
   Rôti de porc en cocotte, 144
   Rôti de porc farci aux fruits, 108
   Tourte au porc du Cheshire, 153
   Tourte des Vallées, 152

Madère
   Jambon d'York braisé au —, 143
Marrons
   Porc braisé aux —, 128
   Porc Limousine, 131
   Saucisses et —, 90
Meshana Skara po Preslavski, 149
Miel
   Porc braisé au —, 134
Mixeg Grill braisé, 149
Mock Goose, 109
Mousse froide de jambon, 158
Moutarde
   Côtes de porc aux pommes et à la —, 95
   Porc à la —, 97
   Sauce à la — et à l'estragon, 160

Steak de jambon frais au vin et à la —, 144

Nastoyashchaya Buzhenina, v Sennoy
    Trukhe s Pivom, 116
Navets
    Longe de porc niçoise au gratin de — (La), 102
    Porc aux petits —, 129
    Potée colmarienne ou Süri Rüewe, 130
Noisettes de porc aux pruneaux, 91

Œuf
    Porc au céleri, à la sauce à l'— et au
      citron, 131
Oreilles de porc
    — à la diable, 164
    Cocotte du gros cochon (La), 135
    Porc en cocotte, 136
Ormania Stuffed Belly of Pork, 108
Oxford Sausages, 86
Oignon(s)
    Carré de côtes aux —, 107
    Carré de porc à la boulangère, 102
    Farce à la sauge et à l'—, 110
    Porc au riz, aux — et aux tomates, 136

Pain
    — de Colne, 155
    — de viande à la vietnamienne, 119
    — de viande épicée au four, 147
Palette
    — de porc « Pauvre Femme », 143
    Potée colmarienne ou Süri Rüewe, 130
Palourdes
    Porc aux —, 91
Pâte
    — à crêpes, 160
    — à tourte, 166
    — brisée, 166
    Chipolatas en —, 156
Pâté de Pâques à la Berrichonne, 153
Paupiettes de porc, 150
Pease-Pudding, 120
Perna de porco à moda do Norte, 107
Petit déjeuner du fermier letton (Le), 156
Petit salé
    Comment faire le — de cochon, 85
    Lard aux pommes séchées et aux pommes
      de terre, 129
Petits jambons frais à la broche, 102
Petits paquets de porc à la Bühl, 150
Petits pâtés de porc au riz, 162
Petit salé aux haricots, 135
Pieds de porc
    Cocotte du gros cochon (La), 135
    Pieds de cochon à la Ste-Menehould, 165
    Porc en cocotte, 136
Plockfinken, 135
POCHER, 113
POÊLER ET FRIRE, 89
Poireaux
    Roulades de jambon aux — gratinées, 159
    Roulades de porc aux —, 91
Poitrine
    — farcie, 146
    — farcie à la hongroise, 108
    — farcie froide, 118
    Pouding de porc, 155

Polpette, 150
Pommes
    Côtes de porc aux — et à la moutarde, 95
    Lard aux — séchées et aux pommes
      de terre, 129
    Longe ou selle aux pistaches et aux —, 107
    Ragoût de porc aux —, 130
    Sauce aux —, 166
    Saucisses aux —, 89
    Tourte au porc et aux —, 151
Pommes de terre
    Carré de porc à la boulangère, 102
    Lard aux pommes séchées et aux —, 129
    Tourte au lard et aux —, 157
Porc
    — à l'ail haché, 119
    — à la sauce moutarde, 97
    — à la sauce pimentée, 98
    — à la sauce rouge, 133
    — à la vietnamienne, 134
    — au céleri, à la sauce à l'œuf
      et au citron, 131
    — au raifort, 131
    — au riz, aux oignons et aux tomates, 136
    — aux aubergines, 127
    — aux légumes du Seu - Tch'ouan, 119
    — aux palourdes, 91
    — aux petits navets, 129
    — aux radis blancs, 130
    — aux radis d'hiver, 129
    — bouilli au foin et à la bière, 116
    — braisé à la bière, 132
    — braisé au cumin, à la coriandre
      et au citron, 133
    — braisé au jus de raisin, 140
    — braisé au miel, 134
    — braisé aux légumes, 139
    — braisé aux marrons, 128
    — en cocotte, 136
    — épicé, 140
    — grillé, 113
    — limousine, 131
    — mariné, 105
    — mijoté de Dublin (Le), 150
    — piqué, 117
    — poché, 120
    — poché au chou blanc, 115
    — rôti au fenouil, 100
    — rôti dans du lait, 106
    — sauté à la sauce de soja et au jus
      de citron vert, 97
    — Stroganoff de Lettonie, 93
Potée
    — aux choux, 114
    — champenoise, 115
    — colmarienne ou Süri Rüewe, 130
    — du cocher (La), 138
    — de Transylvanie, 126
Pruneaux
    Filet de porc aux —, 145
    Jambon braisé aux —, 144
    Noisettes de porc aux —, 91
    Ragoût de porc aux —, 127
Pouding de porc, 155
Pouding de saucisses, 155
Pounti ou Pountari, 156
Prager Schinken, 162

PRÉPARATIONS SPÉCIALES, 159
PRÉPARATIONS DE BASE, 165
Pudding du Yorkshire, 155
Puerco Horneado, 99
Purée de pois cassés à l'anglaise, 120

Radis
    Porc aux — blancs, 130
    Porc aux — d'hiver, 129
Rafutei, 120
Ragoût de porc
    — à l'italienne, 132
    — aux pommes, 130
    — aux pruneaux, 127
Raifort
    Porc au —, 131
Raisin(s)
    Farce aux — secs pour cochon de lait, 84
    Porc braisé au jus de —, 140
Rakottkáposzta d'Ormánság, 126
Red-cooked Whole Shoulder of Pork, 142
Rijstschnitzels, gegratineerde, 163
Riz
    — au porc, 137
    Côtes de porc et — sauvage au vin
      en cocotte, 122
    Escalopes de porc au gratin, 163
    Petits pâtés de porc au —, 162
    Porc au —, aux oignons et aux tomates, 136
Roast Pork with Fruit Stuffing, 108
Rojoes cominho, 133
Rospo nel Buco, 156
Rôti de porc, 99
    — à l'ail, 99
    — à la crétoise, 103
    — à la florentine, 101
    — à la portoricaine, 106
    — à la sauge, 101
    — en cocotte, 144
    — glacé au citron, 105
Rôti de cochon (Le), 141
Roulade(s)
    — de jambon, 160
    — de jambon aux poireaux gratinées, 159
    — de jambon en sauce, 160
    — de porc aux poireaux, 91
Rouleaux de porc, 151
Rumanian Marinated Loin of Pork, 104

Salsiccia in salsa bianca, 121
Sarmale cu varza dulce, 164
Sauce
    — à la bière, 138
    — à la crème aigre, 123
    — à la diable, 164
    — à la moutarde et à l'estragon, 160
    — à l'œuf et au citron, 131
    — à la tomate, 163
    — aux câpres, 94
    — aux gésiers, 92
    — aux pommes, 166
    — Béchamel, 165
    — chinoise, 97
    — forte, 98
    — piquante, 95
    — relevée pour grillades, 85
    — Robert, 167

Chaurice à la — créole, 121
Côtes de porc à la — aux câpres, 94
Côtes de porc à la — au jambon et aux
	cornichons, 123
Filet mignon de porc à la — au fromage, 103
Jambon braisé — à la crème, 141
Julienne de porc sautée à la — forte, 98
Porc à la — moutarde, 97
Porc à la — pimentée, 98
Porc au céleri, à la — à l'œuf et au citron, 131
Porc sauté à la — de soja et au jus de citron
	vert, 97
Roulade de jambon en —, 160
Sauge
	Farce à la — et à l'oignon, 110
	Farce à la — et au gingembre, 109
Saucisses
	— à la languedocienne, 89
	— au fenouil et au paprika, 87
	— au vin blanc, 90
	— aux haricots et au basilic, 89
	— aux pommes, 89
	— aux truffes, 88
	— créole pimentée, 87
	— de porc au vin blanc, 121
	— de porc campagnardes anglaises, 88
	— de porc en dentelle, 111
	— de porc sautées, 87
	— d'Oxford, 86
	— d'Oxford sans peau, 86
	— et marrons, 90
	— grecques, 88
	— italiennes aux poivrons, 90
Chaurice à la sauce créole, 121
Chipolatas en pâte, 156

Côtes de porc aux —, 125
Excellentes —, 86
Farce au jambon et aux —, 110
Flamiche aux poireaux et aux —, 154
Judru (Le), 113
Mixed Grill braisé, 149
Porc mijoté de Dublin (Le), 150
Potée au chou, 89
Petit déjeuner du fermier letton (Le), 156
Saucisson
	— à cuire, 86
	— chaud lyonnais, 114
	— en roulade, 120
	Judru (saucisson bourguignon) (Le), 113
Saumure
	— liquide, 166
	— sèche, 166
Saupiquet Montbardois (Le), 161
Sausages and Chestnuts, 90
Sausages with Beans and Basil, 89
Savoureux hachis sauté, 148
Schab po Staropolsku, 100
Schnitz und kartoffeln, 129
Schweineschnitzel aus dem Backofen, 128

Tapenado (La), 84
Terrine de porc fourrée d'herbes fines (La), 152
To Dress a Loin of Pork with Onions, 107
Toad-in-the-hole, 155
Tomates
	Filet de porc à la Provençale, 101
	Porc au riz, aux oignons et aux —, 136
Tonkatsu, 95
Tourte
	— au lard du Lancashire (La), 154

— au lard et aux pommes de terre, 157
— au porc du Cheshire, 153
— au porc et aux pommes, 151
— des Vallées, 152
Tourtes et soufflés, 151
Tranches de porc villageoise, 92
Transylvanian Cabbage, 126
Travers de porc
	— au chou caramélisé, 143
	— grillés, 112
	La cocotte de Brianza, 114
Truffes
	Enchaud de porc à la périgourdine, 117
	Saucisses aux —, 88

Varkenshaasjes met Kaassaus, 103
Varkensrollade met Appel, 142
Velouté, 167
Vietnamese Meat Loaf, 119
Vin
	Carré de porc provençale, 106
	Côtes de porc et riz sauvage au —
		en cocotte, 122
	Côtelettes de porc au — blanc, 124
	Jambon au Chablis, 162
	Jambon chaud, 117
	Rôti de porc à la crétoise, 103
	Saucisses au — blanc, 90
	Saucisses de porc au — blanc, 121
	Steak de jambon frais au — et à la
		moutarde, 144

Zharkoe Svinina s Sousom iz Chernosliva,
144
Zrazy Wieprzowe z Ryzem, 162

Index général/Glossaire

Vous trouverez dans cet index la définition de plusieurs termes culinaires utilisés dans ce livre. Les définitions sont en italique. Les recettes de l'Anthologie font l'objet d'une liste séparée, qui figure page 168

Abricots, 40-41, 64

Ail, 25, 34, 38, 56, 63 ; dans le bouillon, 14

Anis étoilé (badiane) : *épice sèche de couleur brune, à goût de réglisse, dont les fruits sont en forme d'étoile à 8 branches*

Arroser : *à l'aide d'un récipient ou d'une cuillère, verser du liquide (de l'huile ou de la matière grasse) sur un aliment pour éviter qu'il ne se dessèche à la cuisson ;* 38

Asem : *pulpe ou gelée de tamarin*

Asperges, 74

Assaisonnement, de la marinade, 13 ; du salage, 12 ; du bouillon, 14

Badiane : *voir Anis étoilé*

Baies de genévrier ou genièvre, 12, 13, 63, 70

Barbecue (cuisson au), 31 ; au four 34-35 ; sauce 34-35

Bardage, 31 ; du filet, 40-41

Bâtonnets, pour fixer la farce, 64

Bettes (ou Blettes), 74, 78

Bière, 54, 65

Blanchir : *plonger quelques minutes des aliments dans de l'eau bouillante ou dans du bouillon pour diminuer les saveurs un peu fortes comme l'excès de sel de la poitrine fumée ; ou pour attendrir des légumes avant la cuisson définitive ; ou bien pour retirer plus facilement une peau ou une coque ;* 50, 52

Bordeaux, 33

Bouillon, 8, 14, 59, 62-63, 65 ; gélatineux, 56 ; en gelée pour chemiser un moule, 81 ; porc salé, 49 ; sauces, 15

Boulettes, 69, 82

Bouquet garni, 14, 27, 53, 55, 65

Boyaux, pour les saucisses, 18-19

Braisage, 8, 9, 12, 59-63

Brider, le filet, 41 ; maintenir la farce, 62-63 ; poitrine de porc salée, 70 ; cochon de lait, 45-46 ; jambon d'York, 54-55

Brochettes, grillées, 32-33

Cannelle, 35

Câpres, 28

Caraméliser : *faire chauffer du sucre avec un peu d'eau jusqu'à ce qu'il devienne brun et sirupeux. Ou encore faire évaporer des jus de viande ou de légumes pour obtenir au fond de la poêle un « caramel » bien doré ;* 24, 65

Carottes, 14, 51, 52, 53, 65

Carré de côtes, 9, 42-43

Champignons, 66, 74 ; têtes de, 32, 59 ; duxelles, 16, 17 ; dans une farce, 64

Champignons noirs (champignons gélatineux) : *sous*

leur forme sèche, ils sont noirs et durs, mais ils deviennent tendres et gélatineux après trempage. Vendus dans les épiceries chinoises

Champignons parfumés : *gros champignons secs qui ont un extraordinaire parfum naturel. Vendus dans les épiceries chinoises*

Charcutière, sauce, 15

Châtaignes d'eau : *bulbes de la grosseur d'une noix avec une enveloppe dure et rugueuse et une chair blanche. Vendus frais dans les épiceries chinoises ; se trouvent également en boîte entiers, en tranches ou en dés*

Chiffonnade : *feuilles vertes de légumes aromatiques découpées en fines lanières (oseille, laitue, épinards ou blettes en particulier) ;* 32

Chiles anchos : *petits piments chile doux, d'une couleur brun rouge, très utilisés dans la cuisine mexicaine*

Chile en poudre : *épice très relevée faite de plusieurs espèces de piments chile séchés et moulus*

Chou, 51, 65

Choucroute, 69-71

Cidre, 24, 54, 59, 62

Citron, en garniture, 33 ; jus dans les sauces, 17, 28, 63

Clous de girofle, 12, 13, 14, 35, 51, 52

Cochon de lait, 8, 44, 47

Cognac, 24, 28, 56, 67

Colonne vertébrale, pour enlever la, 10-11

Cornichons, 15

Couenne, 8 ; 14, 50 ; détacher la couenne, 38, 55, 61, 62 ; la fendre, 36, 44 ; rouleaux, 51

Courgettes, 74, 78

Côtes, pour les détacher de la colonne vertébrale, 10

Côtelettes, 8, 9, 32 ; dans le filet, 9, 13 ; doubles, 64 ; au vin, 24-25

Coupe du porc, tableau, 8-9

Court-bouillon : *liquide de cuisson parfumé avec des légumes aromatiques et du vin ;* 54-55 ; 76

Crème, 24, 80

Crêpes, 77

Crépine, 18, 32-33

Cresson, en garniture, 34, 46, 76

Découpage, 37, 38, 38, 61, 63 ; simplification, 10-11 ; travers, 34-35 ; du cochon de lait, 46-47

Déglaçage : *verser un liquide (vin, bouillon, eau ou crème) dans le récipient où l'on a fait frire ou dorer des légumes ou de la viande afin d'incorporer le gratin de la poêle à une sauce ou à un potage ;* 24-25, 26, 27, 66

Degré de cuisson, vérifier le, 32, 36

Demi-glace : *sauce brune complétée au dernier moment avec un fond de veau brun un peu corsé ou une fine glace de viande*

Désossage, 10-11

Dessèchement, éviter le, 31, 32

Dorer, 57 ; 65

Duxelles, 16-17 ; 64

Echalotes, 74-75

Echine, 8, 13, 18, 65-67 ; désossage, 11 ; braisage, 62-63 ; enlever la couenne, 62

Ecumer, le bouillon, 14

Endives, 74

Epaissir, les sauces à base de gratin, 26-27

Epinards, 74 ; dans la timbale soufflée, 78-79 ; dans les farces 16-17, 42

Escalopes, 21, 28-29

Farces, 16-17, 62 ; fruits secs, 41 ; herbes aromatiques fraîches, 40 ; cousue à l'aiguille, 63 ; cochon de lait, 44

Farine, dans les boulettes, 82 ; dans la farce aux oignons et à la sauge, 16

Fenouil, 38, 40

Feuilles de laurier : 12-13, 65

Ficeler, le filet, 41

Filet, 9, 10, 33

Filet, 8-9, 10 ; désossé, 56-57 ; en couronne, 9, 42-43 ; filet mignon, 9 ; milieu de filet, 9 ; milieu de filet roulé, 9 ; farci, 40-41

Filets d'anchois, 28

Fines herbes : *mélange d'herbes aromatiques fraîches et finement hâchées comprenant toujours du persil additionné d'une ou plusieurs autres (ciboulette, estragon et cerfeuil)*

Fleurs de tilleul, 60

Foin, avec le jambon, 54-55

Fouet, métallique, 80 ; pour monter les blancs d'œufs, 78

Frémir, 49

Friture, 9, 18, 21-23 ; voir aussi Poêler, friture à la poêle

Fromage, 28, 75 ; dans une farce, 64

Fromage de gruyère, 75

Fruits, en accompagnement du porc, 40 ; dans une farce, 64 ; en jus sucré avec les côtes de porc, 24

Fumage, 69

Gélatine, ajoutée au bouillon, 56 ; naturelle dans le bouillon, 14, 50

Gelée, enrober la viande de, 56-57

Gelée au madère : *bouillon réduit parfumé au madère et qui prend en refroidissant*

Gelée de groseilles, 26

Gingembre, 13 ; racine de, dans la marinade, 35

Glaçage, obtenu en arrosant, 38 ; jambon, 60 ; oignons, 67 ; dans la pâtisserie, 73 ; travers, 34

Goulasch, 65

Gratin : *croûte habituellement composée de fromage ou de chapelure dont on recouvre les ingrédients avant de les faire dorer à four chaud ou sous un gril. Se dit aussi d'un plat accommodé au gratin ;* 69, 74-75

Gratin : *partie de certains mets qui reste attachée au fond du récipient dans lequel on les fait cuire ;* 24-25, 27, 66 ; voir aussi Caramel

Grillade, 9, 18, 31-33 ; de brochettes, 32-33

Haricots, 50, 52 ; haricots beurre, 52

Herbes aromatiques, 12 ; séchées pour salage, 39 ; fraîches, dans les farces, 40 ; dans la chair à saucisse, 19

Huile, pour la friture, 28

Huile d'olive, 25, 28 ; dans la marinade ; 63

Huile de sésame : *huile très concentrée faite à partir de graines de sésame rôties, utilisée pour parfumer les aliments*

Huîtres, crues, en garniture, 33

Inciser, la couenne, 36, 44

Jambon, 9 ; désossage, 11 ; braisé au madère, 15 ; 60 ; découpage, 37, 39, rôtissage, 38-39 ; en boulettes, 82 ; mousse, 69 ; 80-81 ; poché avec du foin, 54-55 ; enlever la couenne, 55, 61 ; roulé ; tranches farcies ; 74-75 ; timbale soufflée, 78-79 ; dans une farce, 64

Jambon d'York, 54-55

Jambonneau, 8, 62, 65-67
Jambonneau arrière, 9 ; 14
Jambonneau avant, 8, 62, 65-67
Jambonneau fumé, 6, 9 ; 21-23
Jarret, 8 ; avec de la choucroute, 70
Jonc odorant : *herbe aromatique tropicale vendue déshydratée en Europe. A défaut, on peut utiliser un zeste de citron*
Julienne : *terme désignant des légumes et tout autre aliment coupé en fines lanières*
Jus de cuisson : 21, 24-25 ; sauces, 26-27
Lait, 59, 82
Laitue, 33
Larder, 56
Lardons, 56
Légumes aromatiques : *toutes les substances — légumes, herbes et épices — qui peuvent parfumer un mets à la cuisson* ; 12-13 ; 51, 52-53, 59, 65 ; dans le bouillon, 14
Légumes secs, avec le porc salé, 52
Lentilles, 52
Lys (pétales séchés de fleurs de) : *fleurs de lys jaune clair d'environ 5 à 8 cm de long. Vendues dans les épiceries chinoises*
Macis, ou fleur de muscade, 13
Madère, 15 ; pour le braisage, 60-61 ; voir aussi Gelée au madère
Marinade : *liquide d'assaisonnement qui sert à napper les aliments ou à les faire tremper avant cuisson. Le mélange se compose d'huile et d'herbes aromatiques additionnées d'un ingrédient acide (vinaigre, vin ou jus de citron)* ; 12, 40, 62-63 ; 65 ; poivrons verts ; 13 ; pour le travers, 35
Mariner : *plonger des aliments crus dans un mélange d'ingrédients le plus souvent liquides avant la cuisson afin de leur donner du parfum et, dans le cas de la viande, afin de la rendre plus tendre* ; 12, 13 ; 62-63 ; 65 ; durée d'immersion, 12
Matières grasses, pour friture à la poêle, 28
Mélange d'épices : *mélange d'épices et d'herbes aromatiques en proportions égales (noix de muscade, fleur de muscade ou macis, cannelle, poivre de Cayenne, poivre blanc, clous de girofle, feuilles de laurier en poudre, thym, marjolaine et sariette)*
Miel, 34-35
Milieu de filet, 9
Mixer, 16, 18, 80
Mousse, 80
Moutarde, dans la sauce barbecue, 34-35 ; sur les oreilles de porc 76 ; dans la sauce Robert, 15 ; dans la tapenade, 28
Navets, 51
Noix de muscade, 17, 72
Nuoc mam (sauce de poisson) : *sauce faite de la macération de poissons variés dans une saumure dans des cuves exposées au soleil, typique de la gastronomie vietnamienne*
Œufs, liaison des boulettes, 82 ; liaison de la farce, 16
Œufs et chapelure, viande panée, 21, 28-29 ; base de farce, 16-17
Oignons, 13, 15, 35, 65, 70, 82 ; avec des clous de girofle, 14, 51, 52 ; glaçage, 67 ; dans les farces, 16, 64
Olives, 28
Orange (jus d'), 34 ; orange amère, 63
Oreilles de porc, 8, 50, 76 ; nettoyage, 50 ; salage,

12 ; dans le bouillon, 14
Origan, 32 ; 39
Os du bassin, détacher l', 11
Pain, chapelure pour viande panée, 54-55, 76 ; mie de pain dans les farces, 16-17 ; cubes de pain avec les boulettes, 82 ; en croûtons comme garniture, 67 ; dans les brochettes de viande, 33
Pain de viande, au saindoux, 72
Palette, 8 ; désossage, 11
Paprika, 65
Parmesan, 75
Pastis, 40
Pâtés en croûte, 69, 72-73
Pâte à frire : 21, 69 ; avec des saucisses ; 77
Persil, 13, 17 ; 82 ; dans une garniture en gelée ; 57 ; voir aussi Persil de Hambourg
Persil de Hambourg : *type de persil dont la racine est comestible comme celle du panais*
Petit salé, 8 ; 52
Pieds de porc, 8, 14, 44 ; nettoyage, 76
Piments chile : *nombreuses variétés de petits piments forts, de forme allongée que l'on trouve en Amérique du Sud et aux Antilles* : 34-35
Pochage, 9 ; 49-55 ; boulettes, 82 ; filet, 56-57 ; purée de pois, 52-53 ; jambon cru, 60 ; saucisses, 51
Poêler, 21, 28-29 ; 22-23
Pointe de filet, 9, 10
Poireaux, 14 ; 74-75
Pois cassés, 52-53
Poitrine ; 9 ; dans la potée, 50-51 ; salée et roulée, 69 ; salage, 12 ; avec de la choucroute, 70 ; dans les saucisses, 18
Poitrine fumée, 6, 8-9 ; 21-23
Poivre de la Jamaïque, voir Quatre-épices
Poivrons doux, déglacer avec, 24-25 ; enrober de poivrons verts, 13, en brochettes avec de la viande ; 32
Pommes, en garniture, 33, 46 ; sauce, 37, avec la choucroute, 70-71 ; dans les farces, 40 ; 64
Pommes de terre, en garniture, 33, 43, 51, 55, 71
Porc fumé, 8 ; historique, 5-6
Porc fumé en morceaux, 8 ; cuisson, 31
Porc salé, 8 ; historique, 5-6 ; 52-53
Porc salé en morceaux, 8 ; cuisson, 31
Porto, 60
Potée, 7, 49, 50-51
Poudre chinoise aux cinq épices : *mélange de cinq épices moulues (fenouil, girofle, cannelle et piment du Se-Tchouan) vendu dans les épiceries chinoises. On peut le remplacer par du quatre-épices*
Poudre du Laos (racine de souchet) : *ingrédient d'aspect semblable à celui du gingembre, mais qu'on ne trouve en Europe que sous forme de poudre sèche*
Pousses de bambou : *pousses du bambou des tropiques de couleur ivoire et de forme conique ; vendues en conserve dans les épiceries chinoises*
Pounti, 77
Pruneaux, 40, 64 ; pochés en garniture, 26
Purée, mélange de jambon et de velouté, 81
Quatre-épices : *baie séchée — utilisée entière ou en poudre — de la famille des myrtes. Elle doit son nom à son goût qui rappelle à la fois le clou de girofle, le poivre, le gingembre et la noix muscade* ; 12, 35
Queues, 49
Ragoûts, 65-67, 59
Réduire : *faire bouillir un liquide afin d'en concentrer*

tout l'arôme et l'épaissir pour donner une sauce
Restes, en boulettes, 82 ; en mousse, 80
Rissoler, 59, 62
Robert, sauce, 15
Rognons, 9, 10
Romarin, 32, 38, 40
Rôti en couronne : 31, 42-43
Rôtir, 8, 9, 31, 36-43 ; travers, 34-35 ; cochon de lait, 44-47 ; thermomètre, 31 ; temps et températures de cuisson, 36
Roux : *mélange cuit de beurre et de farine servant à épaissir une sauce* ; 15
Salage, 12-13, 39 ; temps de, 12
Sarriette, 39
Sarrasin : *céréale très employée dans la cuisine russe.*
Sauces, 15, 26, 27 ; charcutière, 15 ; Robert, 15 ; à base de bouillon, 15 ; Béchamel pour gratins, 80, 82
Sauce Béchamel, boulettes, 82 ; gratins, 74-75 ; mousse, 80
Sauce piquante, 34-35
Sauce de soja : *sauce liquide de couleur brune, salée et relevée obtenue par la fermentation de graines de soja, blé, levure de bière et sel* ; 35
Sauce velouté, 15 ; mousse, 80
Sauce hoisin : *sauce chinoise relevée à base de grains de soja, de piments chile et d'ail*
Saucisses, dans la pâte à frire, 77 ; en spirale 26-27 ; au court-bouillon, 55 ; frites, 21-23 ; grillées, 32 ; pochées, 18, 50-51 ; à la choucroute, 70
Saucisses, fabrication des, 18-19 ; saucisses plates, chair à saucisse, 22-23 ; avec la farce aux épinards, 17, 31, 42
Sauge, feuilles, 32, 38, 40 ; avec farce à l'oignon, 16, 44
Saumure : 6, 12-13
Sel marin, gros, 12-13
Sucre, 57, 66 ; glaçage du jambon, 60
Tapenade, 28-29
Températures, rôtissage, encadré, 36
Terasi : *pâte de crevettes séchées indonésienne*
Tête, 8
Thermomètre, cuisson, 49, 54 ; rôtissage, 31
Thym, 13, 39, 65
Thym-citronnelle, 60
Timbale soufflée, 69 ; 78-79
Tomates, dans la cuisson du gratin, 74-75 ; en purée, 15, 82 ; sauce pour saucisse en spirale, 27
Travers, 9, 11 ; découpage, 34-35 ; cuit au four, 34-35
Trempage, temps de, 12
Trichinose, 6, 31
Truffes, 56
Vermicelles chinois : *pâtes très fines et translucides faites avec de la farine de riz. On les trouve en gros écheveaux dans les épiceries chinoises*
Viande, et tranches de pomme en croûte, 73 ; pain à l'œuf 72-73 ; dans la farce, 17
Vin, 12, 24, 41, 56, 59, 62, 63, 73 ; dans le court-bouillon, 55 ; dans le nappage aux poivrons verts, 13 ; dans la marinade, 13, 65, 40 ; avec la choucroute, 71
Vinaigre, 12, 24, 34, 59 ; déglaçage, 26 ; dans la marinade, 12
Wok : *grande poêle creuse de la cuisine chinoise*
Xérès, 35, 60

Sources des recettes

Les sources des recettes qui figurent dans cet ouvrage sont énumérées ci-dessous. Les références indiquées entre parenthèses renvoient aux pages de l'Anthologie où l'on trouvera les recettes.

Acton, Eliza, *Modern Cookery.* Édité par Longman, Green, Longman, et Roberts, 1865 *(pages 86, 88 et 90)*

Adam, Hans Karl, *Das Kochbuch aus Schwaben.* © copyright 1976 Verlagsteam Wolfgang Hölker. Édité par Verlag Wolfgang Hölker, Münster. Traduit avec l'autorisation de Verlag Wolfgang Hölker *(pages 128 et 150).*

Allen, Jana et Gin, Margaret, *Offal.* © Jana Allen et Margaret Gin, 1974. © Pitman Publishing 1976. 1e édition aux États-Unis en 1974. 1e édition en Grande Bretagne en 1976. Traduit avec l'autorisation de 101 Productions, San Francisco *(page 135).*

Anderson, Beth, *Wild Rice for All Seasons Cookbook.* © 1977 Minnehaha Publishing. Édité par Minnehaha Publishing, 1977. Traduit avec l'autorisation de Beth Anderson, Minnesota *(page 123).*

Andrade, Margarette de, *Brazilian Cookery.* Copyright au Japon, 1965, par la Charles E. Tuttle Company, Inc. Édité par la Charles E. Tuttle Company, Inc., Tokyo. Traduit avec l'autorisation de Charles E. Tuttle Company, Inc. *(page 110).*

The Art of Cookery. Made and Easy. By a Lady. 6e édition, 1758 *(pages 107 et 152).*

Artocchini, Carmen (Rédacteur), *400 Ricette Della Cucina Piacentina.* Édité par Gino Molinari, Piacenza. Traduit avec l'autorisation de Carmen Artocchini et Gino Molinari *(page 92).*

Artusi, Pellegrino, *La Scienza in Cucina e l'Arte di Mangiar Bene.* Copyright © 1970 Giulio Einaudi Editore S.p.A. Édité par Giulio Einaudi Editore 1970 *(page 120).*

Asada, Mineko, *120 Pork Side Dishes.* © Shufunotomo Co., Ltd. 1975. Édité par Shufunotomo Co., Ltd., Tokyo. Traduit avec l'autorisation de Shufunotomo Co. Ltd. *(page 96).*

Aureden, Lilo, *Das schmeckt so gut.* © 1965 par Lichtenberg Verlag, Munich. Édité par Lichtenberg Verlag, Munich, 1973. Traduit avec l'autorisation de Kindler Verlag GmbH, Munich *(pages 131, 145 et 162).*

Bateman, Michael et Conran, Caroline (Rédacteurs) *Best British Meat Dishes (The Sunday Times).* Copyright © Michael Bateman et Caroline Conran, 1977. Édité par Cassel & Company Limited, Londres. Traduit avec l'autorisation de Times Newspapers Ltd., Londres *(page 105).*

Beard, James A., *The Fireside Cook Book.* Copyright © 1949, 1976 par Simon & Schuster, Inc. et The Artists and Writers Guild, Inc. Édité par Simon & Schuster, New York. Traduit avec l'autorisation de Simon & Schuster *(page 123).*

Béguin, Maurice, *La Cuisine en Poitou.* Édité par La Librairie Saint-Denis, vers 1933 *(page 117).*

Benoît, Félix et Clos Jouve, Henry, *La Cuisine Lyonnaise.* © Solar 1975. Édité par Solar, Paris. Reproduit avec l'autorisation de Solar, Paris *(page 121).*

Besson, Joséphine, *La Mère Besson: Ma Cuisine Provençale.* © Éditions Albin Michel, 1977. Éditions Albin Michel, Paris. Reproduit avec l'autorisation des Éditions Albin Michel, Paris *(page 102).*

Bocuse, Paul, *La Cuisine du Marché.* © 1976 Flammarion. Édité par Flammarion et Cie, Paris. Reproduit avec l'autorisation de Flammarion et Cie et de Paul Bocuse *(pages 116, 140 et 158).*

Boni, Ada, *Italian Regional Cooking.* Copyright © 1969 s.c. par Arnoldo Mondadori. Édité par Arnoldo Mondadori Editore S.p.A., Milan. Traduit avec l'autorisation de Arnoldo Mondadori Editore S.p.A. *(pages 111, 124 et 136).*

Borer, Eva Maria, *Tante Heidi's Swiss Kitchen.* English text copyright © 1965 Nicholas Kaye Ltd. Première édition sous le titre « Die Echte Schweizer Küche » par Mary Hahn's Kochbuchverlag, Berlin Ouest. 1963. Traduit avec l'autorisation de Kaye & Ward, Ltd. *(page 129).*

Bozzi, Ottorina Perna, *Vecchia Brianza in Cucina.* © 1975 par Giunti Martello Editore, Florence. Édité par Giunti Martello Editore, Florence. Traduit avec l'autorisation de Giunti Martello Editore *(pages 92, 114, 125 et 150).*

Breteuil, Jules, *Le Cuisinier Européen.* Édité par Garnier Frères Libraires-Éditeurs vers 1860 *(page 93).*

Brizová, Joza et Klimentavá, Maryna, *Tschechische Küche* Édité par Verlag Práce, Prague et Verlag für die Frau, Leipzig. Traduit avec l'autorisation de Práce *(pages 104 et 133).*

Brown, Cora, Rose et Bob, *The South American Cook Book.* 1e édition par Doubleday, Doran & Company Inc., 1939. Repris en 1971 par Dover Publications Inc., New York *(page 93).*

Brown, Helen, *Helen Brown's West Coast Cook Book.* Copyright 1952, par Helen Evans Brown. Édité par Little, Brown and Company, Boston. Traduit avec l'autorisation de Little, Brown and Company *(page 85).*

Bugialli, Giuliano, *The Fine Art of Italian Cooking.* Copyright © 1977 Giuliano Bugialli. Édité par Times Books, a Division of Quadrangle/The New York Times Book Co., Inc., New York. Traduit avec l'autorisation de Times Books, a Division of Quadrangle/The New York Times Books Co., Inc. *(pages 157 et 159).*

Burros, Marian, *Pure and Simple.* Copyright © 1978 Marian Fox Burros. Édité par William Morrow et Company, Inc., New York. Traduit avec l'autorisation de Mme A.M. Buchwald, Washington *(page 113).*

Cabanillas, Berta et Ginorio, Carmen, *Puerto-Rican Dishes.* © Université de Puerto Rico Press. Édité par Editorial Universitaria., Rio Piedras. Traduit avec l'autorisation de Editorial Universitaria *(page 127).*

Carnacina, Luigi, *La Grande Cucina (Rédacteur: Luigi Veronelli).* © Aldo Garzanti Editore, 1960. Édité par Aldo Garzanti Editore, Milan, 1960. Traduit avec l'autorisation de Aldo Garzanti Editore *(pages 124 et 158).*

Castaing, Ariane, Recette extraite du Harpers & Queen Magazine, septembre 1974. Traduit avec l'autorisation d'Ariane Castaing *(page 160).*

Chantiles, Vilma Liacouras, *The Food of Greece.* Copyright © 1975 Vilma Liacouras Chantiles. Édité par Atheneum, New York. Traduit avec l'autorisation de Vilma Liacouras Chantiles *(pages 88 et 103).*

Chiang, Cecilia Sun Yun, *The Mandarin Way.* (As told to Allan Carr.) Copyright © 1974 Cecilia Chiang et Allan Carr. Édité par Little, Brown and Co., Boston, en association avec l'Atlantic Monthly Press. Traduit avec l'autorisation de Cecilia Sun Yun Chiang *(page 119).*

Chu, Grace Zia, *Madame Chu's Chinese Cooking School.* Copyright © 1975 Grace Zia Chu. Édité par Simon & Schuster, a Division of Gulf & Western Corporation, New York. Traduit avec l'autorisation de Simon & Schuster, a Division of Gulf & Western Corporation *(pages 130, 142).*

Conran, Terence et Kroll, Maria, *The Vegetable Book.* © Conran Ink 1976. Édité par William Collins Sons & Co. Ltd., (Imprint of Crown Publishers, Inc.), Glasgow and Crescent, New York. Traduit avec l'autorisation de William Collins & Co., Ltd. *(page 120).*

Corsi, Guglielma, *Un Secolo di Cucina Umbra.* Édité par Tipografia Porziuncola, Assise 1968. Traduit avec l'autorisation de Tipografia Porziuncola *(page 144).*

Cottington Taylor, D.D., *Menu & Recipe Book.* 1e édition en 1926. Traduit avec l'autorisation de National Magazine Co. Ltd., Londres *(page 127).*

Çouffinal, Huguette, *La Cuisine Paysanne.* © Solar 1976. Édité par Solar, Paris. Reproduit avec l'autorisation de Solar, Paris *(pages 85 et 131).*

Croze, Austin de, *Les Plats régionaux de France.* Édité aux Éditions Daniel Morcrette, Luzarches. Reproduit avec l'autorisation des Éditions Daniel Morcrette *(page 153).*

Curnonsky, *Recettes des Provinces de France.* Édité par les Productions de Paris, Paris *(page 91).*

Curnonsky, *A l'Infortune du Pot.* Copyright Éditions de la Couronne 1946. Édité aux Éditions de la Couronne, Paris *(pages 90, 112 et 125).*

Czerny, Z, Kierst, Strasburger et Kapúscínska, *Zdrowo / Smacznie.* Édité par PZWL, Varsovie, 1965. Traduit avec l'autorisation de Agencja Autorska, Varsovie, pour les auteurs *(page 96).*

Daily Telegraph, The, *Four Hundred Prize Recipes.* © The Daily Telegraph. Édité par The Daily Telegraph, Londres. Traduit avec l'autorisation du Daily Telegraph *(pages 108, 153 et 155).*

Dannebaum, Julie, *Menus for All Occasions.* Copyright © 1974 Julie Dannebaum. Édité par Saturday Review Press/E.P. Dutton & Co. Inc., New York. Traduit avec l'autorisation de John Shaffner Literary Agent, New York *(page 160).*

David, Elizabeth, *Dried Herbs, Aromatics and Condiments.* © Copyright Elizabeth David 1969. Traduit avec l'autorisation d'Elizabeth David *(page 111).*

David, Elizabeth, *French Provincial Cooking.* Copyright © Elizabeth David, 1960, 1962, 1967, 1969. Édité par Penguin Books Ltd., en association avec Michael Joseph. Traduit avec l'autorisation d'Elizabeth David *(pages 106 et 117).*

David, Elizabeth, *Spices, Salt and Aromatics in the English Kitchen.* Copyright © Elizabeth David, 1970. Édité par Penguin Books, Ltd., Londres. Traduit avec l'autorisation d'Elizabeth David *(page 112).*

David-Perez, Enriqueta, *Recipes of the Philippines.* Copyright par Enriqueta David-Perez. Traduit avec l'autorisation de Rodrigo Perez III *(page 128).*

Doi, Masaru, *Japanese One-Pot Cookery.* Édité par Ward Lock & Co., Limited et Kodansha International, Ltd., Tokyo. Traduit avec l'autorisation de Kodansha International, Ltd. *(page 149).*

Douglas, Joyce, *Old Pendle Recipes.* © Joyce Douglas 1976. Édité par Hendon Publishing Co., Ltd., Nelson. Traduit avec l'autorisation de Hendon Publishing Co., Ltd. *(page 155).*

Dumaine, Alexandre, *Ma Cuisine.* © 1972 Pensée Moderne, Paris. Édité aux Éditions de la Pensée Moderne. Reproduit avec l'autorisation de Jacques Grancher, Éditeur, Paris *(pages 102, 113, 116 et 141).*

Durand, Charles, *Le Cuisinier Durand.* Édité à compte d'auteur, Nîmes, 1843 *(page 165).*

Easlea, Kate, *Cooking in Hampshire Past and Present.* Édité par Paul Cave Publications Ltd., Southampton. Traduit avec l'autorisation de Paul Cave Publications, Ltd *(page 151).*

Escudier, Jean-Noël, *La Véritable Cuisine Provençale et Niçoise.* Édité par U.N.I.D.E., Paris. Reproduit avec l'autorisation de U.N.I.D.E. *(page 84).*

Famularo, Joe et Imperiale, Louise, *The Festive Famularo Kitchen.* Copyright © 1977 Joe Famularo et Louise Imperiale. Édité en 1977 par Atheneum Publishers, New York. Traduit avec l'autorisation de Atheneum Publishers *(page 87).*

Feng, Doreen Yen Hung, *The Joy of Chinese Cooking.* 1e édition par Faber et Faber Limited, Londres, 1952. Traduit avec l'autorisation de Faber et Faber Limited *(page 148).*

Foods of the World — *The Cooking of Vienna's Empire.* © 1968 Time Inc. Édité par Time-Life Books, Alexandria *(page 123).*

Foods of the World — *The Cooking of Spain and Portugal.* © 1969 Time Inc. Édité par Time-Life Books, Alexandria *(page 133).*

Foods of the World — *The Cooking of Scandinavia.* © 1969 Time Inc. Édité par Time-Life Books, Alexandria *(page 139).*

Fortin, Stanley, *The World Book of Pork Dishes.* © 1967 Stanley Fortin. 1e édition en Grande-Bretagne par Pelham Books Ltd., Londres 1967. Traduit avec l'autorisation Pelham Books Ltd *(page 109).*

Grigson, Jane, *Charcuterie & French Pork Cookery.* © 1967 Jane Grigson. Édité par Michael Joseph Ltd. Traduit avec l'autorisation de Michael Joseph Ltd. *(pages 89, 155 et 164).*

Grigson, Jane, *English Food.* Copyright © Jane Grigson 1974. 1e édition par Macmillan 1974. Édité par Penguin Books, 1977. Traduit avec l'autorisation de David Higham Associated Ltd., Londres, pour Jane Grigson *(page 147).*

Guillot, André, *La Grande Cuisine Bourgeoise.* © 1976, Flammarion, Paris. Édité par Flammarion et Cie, Paris. Reproduit avec l'autorisation de Flammarion et Cie. *(page 162).*

Guinaudeau-Franc, Zette, *Les Secrets des Fermes en Périgord*

Noir. Reproduit avec l'autorisation de Madame Guinaudeau-Franc *(page 141).*
Hawliczkowa, Helena, *Kuchnia Polska* (Rédacteur): Maria Librowska. Édité par Panstowe Wydawnictwo Ekonomiczne, Varsovie, 1976. Traduit avec l'autorisation de Agencja Autarska, Varsovie, pour l'auteur *(page 137).*
Hellermann, Dorothee V., *Das Kochbuch aus Hamburg.* © Copyright 1975 par Verlagsteam Wolfgang Hölker. Édité par Verlagsteam Wolfgang Hölker, Münster. Traduit avec l'autorisation de Verlagsteam Wolfgang Hölker *(page 146).*
Hess, Olga et Hess, Adolf Fr., *Wiener Küche,* 37e édition 1977. Copyright © par Franz Deuticke, Vienne, 1963. Édité par Franz Deuticke, Vienne. Traduit avec l'autorisation de Verlag Franz Deuticke *(pages 118 et 147).*
Hippisley Coxe, Antony et Araminta, *The Book of the Sausage.* © Araminta & Antony Hippisley Coxe, 1978. Édité par Pan Books Ltd., Londres. Traduit avec l'autorisation de Pan Books Ltd. *(page 85).*
Howe, Robin, *Cooking from the Commonwealth.* © Robin Howe 1958. 1e édition en 1958 par André Deutsch Limited, Londres. Traduit avec l'autorisation de Curtis Brown Ltd., Londres (agent littéraire) *(page 119).*
Howe, Robin, *Greek Cooking.* © Robin Howe 1960. 1e édition en 1960 par André Deutsch Limited, Londres. Traduit avec l'autorisation de Curtis Brown Ltd., Londres (agent littéraire) *(page 131).*
Jans, Hugh, *Bistro Koken.* © Unieboek BV/C.A.J. van Dishoeck, Bussum. Traduit avec l'autorisation de Unieboek BV/C.A.J. van Dishoeck *(pages 144 et 147).*
Jans, Hugh, *Koken in Een Kasserol.* © 1977 Hugh Jans. Édité par A.W. Bruna & Zoon, Utrecht/Anvers. Traduit avec l'autorisation de A.W. Bruna & Zoon *(page 142).*
Jans, Hugh, *Vrij Nederland, mars 1973.* Édité par Vrij Nederland, Amsterdam. Traduit avec l'autorisation de Hugh Jans *(page 103).*
Käkönen, Ulla, *Natural Cooking the Finnish Way.* Copyright © 1974 Ulla Käkönen. Édité par Quadrangle/The New York Times Book Co., New York. Traduit avec l'autorisation de Times Books, a Division of Quadrangle/The New York Times Books Co. *(page 129).*
Kennedy, Diana, *The Cuisines of Mexico.* Copyright © 1972 Diana Kennedy. Édité par Harper & Row, Publishers, Inc., New York. Traduit avec l'autorisation de Harper & Row, Publishers, Inc. *(page 94).*
Kiehne, Hermine et Hädecke, Maria, *Das Neue Kiehnle-Kochbuch.* © Walter Hädecke Verlag. Édité par Walter Hädecke Verlag, Lukas-Mosen-Weg. Traduit avec l'autorisation de Walter Hädecke Verlag *(pages 94 et 103).*
Koon, Mme Lee Chin, *Mrs. Lee's Cookbook.* (Rédactrice: Mme Pamelia Lee Suan Yew). Édité par Mrs. Lee's Cookbook, Singapour. Traduit avec l'autorisation de Mme Pamelia Lee Suan Yew *(page 97).*
Koranyi, Rose, *Livre de la Bonne Chère.* Édition Hungária, Budapest *(page 127).*
Koscher, Joseph, et al, *Les Recettes de la Table Alsacienne.* © Les Recettes de la Table Alsacienne, Librairie Istra, 15 rue des Juifs, Strasbourg (France). Édité par la Société Alsacienne d'Édition et de Diffusion, Strasbourg. Reproduit avec l'autorisation de la Librairie Istra *(pages 130, 135 et 152).*
Kulinarische Gerichte: Zu Gast bei Freunden, Copyright de la traduction par Verlag für die Frau DDR Leipzig. Édité par Verlag für die Frau, Leipzig et Verlag MIR, Moscou, 1977. Traduit avec l'autorisation de VAAP, Copyright The Agency of USSR, Moscou *(page 156).*
Kürtz, Jutta, *Das Kochbuch aus Schleswig-Holstein.* © Copyright 1976 par Verlagsteam Wolfgang Hölker. Édité par Verlagsteam Wolfgang Hölker, Münster. Traduit avec l'autorisation de Verlag Wolfgang Hölker *(pages 135 et 157).*
Labarre, Irène et Mercier, Jean, *La cuisine du Poitou et de la Vendée.* © Solar 1977. Édité par Solar, Paris. Reproduit avec l'autorisation de Solar *(page 114).*
Lallemand, Roger, *La Vraie Cuisine de la Bourgogne.* Édité par la Librairie Quartier Latin, La Rochelle. Reproduit avec l'autorisation de la Librairie Quartier Latin *(page 161).*
Lallemand, Roger, *La Vraie Cuisine de la Champagne.* Édité par la Librairie Quartier Latin, La Rochelle. Reproduit avec l'autorisation de la Librairie Quartier Latin *(page 115).*
Laloue, P. E., *Le Guide de la Charcuterie.* Copyright 1950 P. E. Laloue. Édité par Le Guide de la Charcuterie *(pages 110 et 117).*
Lasasso, Wilma Reiva, *Regional Italian Cooking.* © Wilma Reiva Lasasso, 1958. Édité par Collier Books/a Division of Macmillan Publishing Co., Inc., New York. Traduit avec l'autorisation de Macmillan Publishing Co., Inc. *(pages 97 et 148).*
Lo, Lucy, *Chinese Cooking With Lucy Lo.* Copyright © 1979 par Lucy Lo. Édité par Horwitz Publications, Hong Kong. Traduit avec l'autorisation de Horwitz Group Books Pty., Australie *(page 98).*
MacMiadhacháin, Anna, *Spanish Regional Cookery.* Copyright © Anna MacMiadhacháin, 1976. Édité par Penguin Books Ltd., Londres. Traduit avec l'autorisation de Penguin Books Ltd. *(page 146).*
Manual de Cocina. Édité par Editorial Almena, instituto del Bienestar, Ministerio de Cultura, Madrid, 1965. Traduit avec l'autorisation de Editorial de Almena *(pages 94 et 100).*
Marie, Annick, *Le Grand Livre de la Cuisine Bourguignonne.* Reproduit avec l'autorisation de Jean-Pierre Delarge, Paris *(page 161).*
Marin, Sanda, *Carte De Bucate.* Édité par Editura « Cartea Românească », Bucarest *(pages 139 et 164).*
Marukza-Bieniecka, B et Dekowski, J. P., *Kuchnia Regionalna Wczoraj i dzis.* Traduit avec l'autorisation de Agencja Autorska, Varsovie, pour les auteurs *(page 100).*
Martin, Peter et Joan., *Japanese Cooking.* Copyright © 1970 Peter et Joan Martin. 1e édition en 1970 par André Deutsch Limited, Londres. Traduit avec l'autorisation d'André Deutsch *(pages 91 et 97).*
Mei, Fu Pei, *Pei Mei's Chinese Cookbook.* Édité par T. & S., Industrial Co., Ltd., Taipei. Traduit avec l'autorisation de T. & S. Industrial Co., Ltd *(pages 98, 141 et 151).*
Meijden, J.M.J. Catenius-van der, *Groot Nieuw Volledig Indisch Kookboek.* Traduit avec l'autorisation de B. V. Uitgeverij W. van Hoeve, Amsterdam *(page 133).*
Menon, *La Cuisinière Bourgeoise, 1745 (pages 85 et 132).*
Miller, Gloria Bley, *The Thousand Recipe — Chinese Cookbook.* Copyright © 1966 Gloria Bley Miller. Édité par Grosset & Dunlap, New York 1970. Traduit avec l'autorisation de Gloria Bley Miller *(page 113).*
Miller, Jill Nhu Huong, *Vietnamese Cookery.* Copyright au Japon 1968, The Charles E. Tuttle Company, Inc. Édité par The Charles E. Tuttle Company, Inc., Tokyo. Traduit avec l'autorisation de The Charles E. Tuttle Company, Inc. *(pages 119 et 134).*
Molokhovets, Elena, *Podarok Molodym Khozyaikam.* Édité à St. Petersbourg, 1892 *(pages 116 et 144).*
Montagné, Prosper, *Nouveau Larousse Gastronomique.* © 1967, Augé, Gillon, Hollier-Larousse, Moreau et Cie. Édité par la Librairie Larousse, Paris. Reproduit avec l'autorisation de la Société Encyclopédique Universelle, Paris *(pages 89 et 124).*
Montagné, Prosper et Gottschalk, Dr. A., *Mon Menu - Guide d'Hygiène Alimentaire.* Reproduit avec l'autorisation de la Société d'Applications Scientifiques, Paris *(pages 101 et 102).*
Ochorowicz-Monatowa, Marja, *Polish Cookery.* (translated and adapted by Jean Karsavina). © 1958 Crown Publishers, Inc. Édité par Crown Publishers, Inc., New York, 1958. Traduit avec l'autorisation de Crown Publishers Inc. *(pages 84 et 162).*
Olney, Richard, *Simple French Food.* Copyright © 1974 Richard Olney. Édité par Atheneum Publishers Inc., New York, 1974. Traduit avec l'autorisation de A. M. Heath & Company Ltd., Londres *(pages 95, 100 et 159).*
Ortiz, Elisabeth Lambert, *Caribbean Cooking.* Copyright © Elisabeth Lambert Ortiz, 1973, 1975. Édité par Penguin Books Ltd., Londres. Traduit avec l'autorisation de John Farquharson Ltd., Londres *(pages 108, 127 et 137).*
Pareren, Mme Lily van (Rédactrice) *Prisma Vlees Boek 2 Kalfs- en varkensvlees.* © 1977 Het Spectrum. Édité par Uitgeverij Het Spectrum, Utrecht/Anvers. Traduit avec l'autorisation de Uitgeverij Het Spectrum *(page 163).*
Pascoe, Ann, *Cornish Recipes, Old and New. Copyright* © Tor Mark Press. Édité par Tor Mark Press, Truro. Traduit avec l'autorisation de Tor Mark Press *(page 157).*
Peck, Paula, *The Art of Good Cooking.* Copyright © 1961, Paula Peck. Édité par Simon & Schuster, a Division of Gulf & Western Corporation, New York. Traduit avec l'autorisation de John Schoffner Agency (agent littéraire) New York *(page 154).*
Pellaprat, Henri-Paul, *Le Nouveau Guide Culinaire.* Copyright © 1969, René Kramer Éditeur Castagnola/Lugano. Édité par René Kramer. Reproduit avec l'autorisation de René Kramer, Éditeur *(page 143).*
Pépin, Jacques, *A French Chef Cooks at Home.* Copyright © 1975 Jacques Pépin. Édité par Simon & Schuster, a Division of Gulf & Western Corporation, New York. Traduit avec l'autorisation de Simon & Schuster, a Division of Gulf & Western Corporation *(pages 86 et 128).*
Petits Propos Culinaires. N° 2, Août 1979. © 1979, Prospect Books. Édité par Prospect Books, Londres et Washington D.C. Traduit avec l'autorisation de l'Éditeur *(page 145).*
Petrov, Dr. L., Djelepov, Dr. N., Iordanov, Dr. E. et Uzunova, S., *Bulgarska Nazionalna Kuchniya.* © Dr. L. Petrov, Dr. N. Djelepov, Dr. E. Iordanov et S. Uzunova, c/o Jusautor, Sofia, 1978. Édité par Zemisdat, Sofia, 1978. Traduit avec l'autorisation de Jusautor Copyright Agency, Sofia *(pages 118, 129 et 149).*
Philippon, Henri, *Cuisine de Provence.* © Éditions Albin Michel, 1977. Édité aux Éditions Albin Michel, Paris. Reproduit avec l'autorisation des Éditions Albin Michel *(page 101).*
The Picayune Creole Cook Book. Édité par Dover Publications Inc., New York, 1971. Traduit avec l'autorisation de Dover Publications Inc. *(pages 87 et 121).*
Platt, June, *New England Cook Book.* © 1971 June Platt. Édité par Atheneum Publishers, New York. Traduit avec l'autorisation de Atheneum Publishers *(page 122).*
Point, Fernand, *Ma Gastronomie.* © 1969 Flammarion, Paris. Édité par Flammarion et Cie., Paris. Reproduit avec l'autorisation de Flammarion et Cie *(pages 114 et 126).*
Poulson, Joan, *Old Thames Valley Recipes.* © Joan Poulson 1977. Édité par Hendon Publishing Co., Ltd., Nelson. Traduit avec l'autorisation de Hendon Publishing Co., Ltd. *(page 86).*
Poulson, Joan, *Old Lancashire Recipes.* © Joan Poulson 1973. Édité par Hendon Publishing Co., Ltd., Nelson. Traduit avec l'autorisation de Hendon Publishing Co., Ltd *(page 154).*
Il Re Dei Cuochi. Édité par Adriano Salani, Editore, Florence, 1891 *(page 101).*
Read, Mme, *Miss Read's Country Cooking.* © 1969 Miss Read. Édité par Michael Joseph Ltd., Londres. Traduit avec l'autorisation de Michael Joseph Ltd. *(page 154).*
Reige, Odette, *Les Terrines de Viandes, de Coquillages, de Poissons et de Légumes.* © Alain Bouret, Les Loges, Paris 1979. Édité par Les Loges, Paris. Reproduit avec l'autorisation des Loges *(page 153).*
Rice, Bill, *Far Flung Food.* © Copyright 1974 Paul Rice - Chapman. Édité par Siam Communications Ltd., Bangkok. Traduit avec l'autorisation des Éditions CRÉER *(page 136).*
Robaglia, Suzanne, *Margaridou,* Éditions CRÉER, *Journal et recettes d'une cuisinière au pays d'Auvergne.* F 63340 Nonette, 1977. Reproduit avec l'autorisation des Éditions CRÉER *(page 156).*
Rossi, Emmanuelle (Compilateur), *La Vera Cuciniera Genovese.* Édité par Casa Editrice Bietti, Milan, 1973. Traduit avec l'autorisation de Casa Editrice Bietti *(page 121).*
Rundell, Mme, *Modern Damestic Cookery.* Édité par Milner et Company, Limited, Londres *(page 122).*
Saint-Ange, Madame E, *La Bonne Cuisine de Madame E. Saint-Ange.* Copyright 1929 Augé, Gillon, Hollier-Larousse, Moreau et Cie (Librairie Larousse), Paris. Édité par la Librairie Larousse, Paris. Reproduit avec l'autorisation des Éditions Chaix, Grenoble *(pages 92 et 105).*
Sarvis, Shirley, *Woman's Day Cooking Around The World.* © copyright 1978 Fawcett Publications, Inc. Édité par Simon & Schuster, a Division of Gulf & Western Corporation, New York. Traduit avec l'autorisation de C.B.S. Publications, Inc., New York *(page 89).*
Sheridan, Monica, *My Irish Cook Book.* Copyright © 1965 Monica Sheridan. Édité par Frederick Muller Limited, Londres, 1966. Également publié sous le titre « The Art of Irish Cooking » par Doubleday & Company, Inc., New York. Traduit avec l'autorisation de Doubleday & Company, Inc. *(pages 130 et 150).*
Sho, Michiko, *Joy Cooking — Pork Side Dishes.* © Shufunotomo Co., Ltd., 1978. Édité par Shufunotomo Co., Ltd., Tokyo. Traduit avec l'autorisation de Shufunotomo Co., Ltd

(page 120).
Singh, Dharamjit, *Indian Cookery.* Copyright © Dharmjit Singh, 1970. Édité par Penguin Books Ltd., Londres. Traduit avec l'autorisation de Penguin Books Ltd. *(page 134).*
Snaglewska, B. et Zahorska, I., *Potrawy Staropolskie I. Regionalne.* Édité par ZWCZSR, Varsovie 1976. Traduit avec l'autorisation de Agencja Autorska, Varsovie, pour les auteurs *(page 138).*
Spizzotin, Pier Antonio (Rédacteur) *I Quaderni del Cucchiaio d'Argento — Gli Arrosti.* © Editoriale Domus S.p.A., Milano 1979. Édité par Editoriale Domus, S.p.A. Traduit avec l'autorisation de Editoriale Domus S.p.A. *(pages 99, 106 et 140).*
Španko, Vojtech, *Slovenska Kucharka.* Édité par OBZOR, Bratislava, 1968. Traduit avec l'autorisation de LITA, Bratislava *(page 139).*
Stockli, Albert, *Splendid Fare.* Copyright © 1970 Albert Stockli, Inc. Édité par Alfred A. Knopf, Inc., New York 1975. Traduit avec l'autorisation d'Alfred A. Knopf, Inc. *(pages 107 et 163).*
Susanne, *Danish Cookery.* Copyright 1950 Andr. Fred. Host & Son. Édité en 1961 par W. H. Allen & Co., Ltd., Londres en association avec Andr. Fred. Host & Son, Copenhague. Traduit avec l'autorisation de Host & Sons Forlag, Copenhague

(page 143).
The Technique of Chinese Cooking. Édité par Tang's Publishing Company, Taiwan. Traduit avec l'autorisation de Tang's Publishing Company *(pages 97 et 119).*
Tobias, Doris et Merris, Mary, *The Golden Lemon.* Copyright © 1978 Doris Tobias et Mary Merris. Édité par Atheneum Publishers, New York, 1978. Traduit avec l'autorisation de Atheneum Publishers *(page 105).*
Troisgros, Jean et Pierre, *Cuisiniers à Roanne.* 1977 Éditions Robert Laffont S.A., Paris. Reproduit avec l'autorisation des Éditions Robert Laffont S.A. *(page 143).*
Valente, Maria Odette Cortes, *Cozinha Regional Portuguesa.* Édité par la Livraria Almedina, Coimbra, 1973. Traduit avec l'autorisation de la Livraria Almedina *(pages 91, 99 et 107).*
Venesz, József, *Hungarian Cuisine.* © Mme József Venesz. Édité par Corvina Press, Budapest. Traduit avec l'autorisation de Artisjus, Budapest, pour Mme József Venesz *(pages 87, 109, 111 et 121).*
Waldo, Myra, *The Complete Round-The-World Cookbook.* Copyright 1954, Myra Waldo Schwartz. Édité par Doubleday & Company, Inc., New York. Traduit avec l'autorisation de Doubleday & Company, Inc. *(pages 99 et 106).*
White, Florence (Rédacteur), *Good Things in England.* Édité

par Jonathan Cape Limited, Londres 1968. Traduit avec l'autorisation de Jonathan Cape Limited *(pages 86 et 95).*
Widenfelt, Sam (Rédacteur) *Favorite Swedish Recipes.* Édité par Dover Publications Inc., New York. Traduit avec l'autorisation de Dover Publications *(page 157).*
Willinsky, Grete, *Kochbuch der Büchergilde.* © Büchergilde Gutenberg, Francfort-sur-le-Main, 1958. Édité par Büchergilde Gutenberg. Traduit avec l'autorisation de Büchergilde Gutenberg *(pages 115 et 125).*
Wilson, José (Rédacteur) Copyright © 1956, 1957, 1958, 1959, 1960, 1961, 1962, 1963, 1964, 1965, 1966, 1967 The Condé Nast Publications Inc. Édité par The Condé Nast Publications Inc. Traduit avec l'autorisation de The Condé Nast Publications Inc. *(page 90).*
Wright, Carol, *Portuguese Food.* Copyright © 1969 Carol Wright. Édité par J. M. Dent & Sons Ltd., Londres. Traduit avec l'autorisation de Deborah Rogers Ltd., (agent littéraire), Londres *(page 96).*
Zuliani, Mariù Salvatori de, *La Cucina Di Versilia E Garfagnana.* Copyright © Franco Angeli Editore, Milan. Édité en 1969 par Franco Angeli Editore, Milan. Traduit avec l'autorisation de Franco Angeli Editore *(page 132).*

Remerciements et sources des illustrations

Les rédacteurs de cet ouvrage tiennent à exprimer leurs remerciements à Pat Alburey, Royston, Hertfordshire; John Davis, Londres; et Tim Fraser, Londres.

Ils remercient également les personnes et organismes suivants: R. Allen & Co., (Butchers) Ltd., Londres; Skeffington Ardron, Londres; Jacqueline Biancardi, Boulogne s/Seine; Sarah Bunney, Londres; Claire Clifton, Londres; T. Cole, A.P. Guyatt, H.I. Hutton, Harrods Meat and Charcuterie Department, Londres; Ann Dare, Meat Promotion Executive, Londres; Jennifer Davidson, Londres; Pamela Davidson, Londres; Daniel Dis, charcutier, Paris; W.J. Duncum, Hatfield, Hertfordshire; C.D. Figg, J.W. Strother, Meat & Livestock Commission, Bletchley, Milton Keynes; Julie French, Good Housekeeping Insitute, Londres; Frank Gerrard M.B.E., Londres; Diana Grant, Londres; Fayal Green, Londres; Henrietta Green, Londres; Maggie Heinz, Londres; R. Hibbin, F.J. Mallion, College for Distributive Trades,

Londres; Christie Horn, Londres; Judith Howlett, Londres; Marion Hunter, Sutton, Surrey; Brenda Jayes, Londres; Maria Johnson, Hatfield, Hertfordshire; Gabriel Lefevre, Paris; John Leslie, Londres; Christopher Maynard, Londres; Elizabeth Moreau, Langley Park, Buckinghamshire; Maria Mosby, Londres; Mariana Nasta, Londres; National Farmers Union, Londres; Dilys Naylor, Kingston, Surrey; Jo Oxley, Norden, Surrey; Jean-Pierre Paint, Paris; Randall & Aubin Ltd, Londres; Joanna Roberts, Londres; Alexa Stace, Londres; Anne Stephenson, Londres; Brigitte Trillat, Paris; Gabrielle Townsend, Londres; Maja Turçan-Parfitt, Londres.

Photographies de Tom Belshaw: 4, 10, 11 — à droite, 13 — en haut et en bas à gauche et au centre, 16, 17 — à gauche et à droite, 18 à 20, 22 — en bas, 23 — en bas, à gauche et au centre, 25 — en bas, 26 — en bas, 27 — en haut, 30 à 32, 34 à 47, 50 à 51, 52 — en haut, en bas à droite et au centre, 53 à 54, 55 — en haut, 58,

64 à 67, 72 — en haut, 73 — en haut, 74 — en bas, 75 — en bas, 77.

Autres photographes:
Alan Duns, 12, 13 — en bas à droite, 14 — en haut, en bas à gauche et au centre, 23 — en bas à droite, 24, 25 — en haut, 26 — en bas, 27 — en bas, 33, 48, 55 — en bas, 56 à 57, 68 à 71, 78 à 79, 82. John Elliot, 11 — à gauche et au centre, 17 — au centre, 22 — en haut, 23 — en haut. 62 à 63, 74 — en haut, 75 — en haut, 76. Eddy Ely, 14 — en bas à droite, 15, 60 à 61. Bob Komar, couverture, 28 à 29, 52 — en bas à gauche, 72 — en bas, 73 — en bas, 80 à 81. Louis Klein, 2.

Illustrations, 8 à 9, Ingrid Jacob. Tous les dessins proviennent de Mary Evans Picture Library et de sources privées.

Quadrichromies réalisées par Gilchrist Ltd.—Leeds, Angleterre.
Composition photographique par Photocompo Center, Bruxelles, Belgique.
Imprimé et relié par Brepols S.A. Turnhout, Belgique.

XXXXXXX